Bücherei des Marxismus-Leninismus

Friedrich Engels

Die Rolle der Gewalt in der Geschichte

Dietz Verlag Berlin
1987

Der Ausgabe liegen folgende Editionsprinzipien zugrunde: Rechtschreibung und Zeichensetzung sind, soweit vertretbar, modernisiert. Der Lautstand und die Silbenzahl der Wörter wurden nicht verändert. Allgemein übliche Abkürzungen wurden beibehalten. Alle in eckigen Klammern stehenden Überschriften, Wörter und Wortteile stammen von der Redaktion. Offensichtliche Druck- und Schreibfehler wurden stillschweigend korrigiert.

Fußnoten und Randbemerkungen von Engels sind durch hochgestellte Ziffern mit Stern, Fußnoten der Redaktion durch hochgestellte Ziffern gekennzeichnet. Auf Anmerkungen der Redaktion wird durch hochstehende Ziffern in eckigen Klammern verwiesen.

Für Hinweise auf Karl Marx/Friedrich Engels: Werke, Berlin 1956 ff., wird das Sigle MEW verwendet.

Der Verlag

Engels, Friedrich: Die Rolle der Gewalt in der Geschichte / Friedrich Engels. – 7. Aufl. – Berlin : Dietz Verl., 1987. – 224 S. : 2 Abb.
(Bücherei des Marxismus-Leninismus)

ISBN 3-320-00866-8

Mit 2 Abbildungen
7. Auflage 1987

Lizenznummer 1 · LSV 0036
Lektor: Waltraud Bergemann/Inge Neumann
Typographie: Horst Kinkel
Umschlag: Gerhard Schmidt
(unter Verwendung einer zeitgenössischen Zeichnung)
Printed in the German Democratic Republic
Fotosatz: Druckerei Neues Deutschland Berlin
Druck und Bindearbeit:
LVZ-Druckerei »Hermann Duncker«, Leipzig
Best.-Nr. 737 870 5
00250

Entwurf des Vorworts zur Broschüre »Die Rolle der Gewalt in der Geschichte«[1]

Geschrieben zwischen Ende Dezember 1887 und März 1888.
Erstmalig veröffentlicht in: Die Neue Zeit (Stuttgart), XIV. Jahrgang 1895–96, Erster Band, S. 677.
Nach: MEW, Bd. 21, S. 462.
Dem Text liegt die Handschrift zugrunde.

Die unten folgende Schrift ist ein Sonderabdruck aus meiner Arbeit: »Herrn Eugen Dührings Umwälzung der Wissenschaft« und umfaßt drei Kapitel, die dort den Titel »Gewaltstheorie«[2] führen. Sie sind schon früher in russischer Übersetzung besonders erschienen, und zwar als Anhang zur russischen Ausgabe meiner »Entwicklung des Sozialismus von der Utopie zur Wissenschaft«. In der vorliegenden Ausgabe sind nur die notwendigsten Änderungen und Zusätze gemacht. Aber der Sonderabdruck erfordert einen besondern Zusatz.

Wenn ich in deutscher Sprache eine Broschüre herausgebe über »die Rolle der Gewalt in der Geschichte«, so hat der deutsche Leser das Recht, von mir zu verlangen, daß ich meine Ansicht nicht verhehle über die sehr bedeutende Rolle, die die Gewalt in den letzten dreißig Jahren grade in seiner eignen Geschichte gespielt hat. Darum habe ich noch einen vierten Abschnitt angehängt[1], der natürlich nur die Hauptgesichtspunkte enthält. Vielleicht wird es mir später einmal vergönnt, diesen Gegenstand ausführlicher zu behandeln.

[1] *Siehe vorl. Band, S. 44–111*

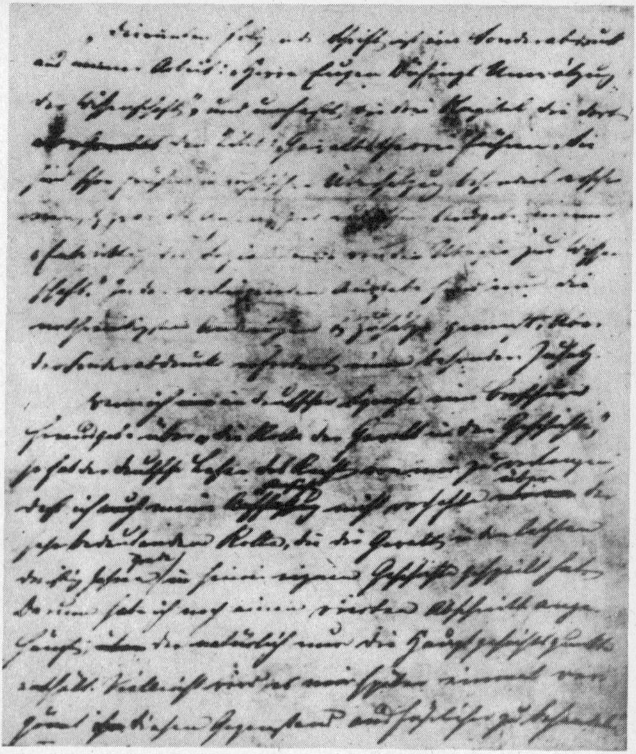

Manuskriptseite mit dem Entwurf
des Vorworts

Die Rolle der Gewalt in der Geschichte[1]

Kapitel I–III.
Geschrieben von Juni bis August 1877.
Erstmalig veröffentlicht in Fortsetzungen unter dem Titel »Herrn Eugen Dühring's Umwälzung der politischen Oekonomie« in: Vorwärts (Leipzig), Nr. 93, 96, 105 und 108 vom 10. und 17. August, 7. und 14. September 1877.
Nach: MEW, Bd. 20, S. 147–171.
Dem Text liegt die dritte, durchgesehene und vermehrte Auflage von Friedrich Engels: Herrn Eugen Dühring's Umwälzung der Wissenschaft, Stuttgart 1894, zugrunde.

Kapitel IV.
Geschrieben von Ende Dezember 1887 bis März 1888.
Erstmalig veröffentlicht in Fortsetzungen unter dem Titel »Gewalt und Oekonomie bei der Herstellung des neuen Deutschen Reichs. Ein nachgelassener Aufsatz von Friedrich Engels« in: Die Neue Zeit (Stuttgart), XIV. Jahrgang 1895–96, Erster Band, S. 678–687, 708–718, 740–747 und 810–815.
Nach: MEW, Bd. 21, S. 405–461.
Dem Text liegt die Handschrift zugrunde.

I

»Das Verhältnis der allgemeinen Politik zu den Gestaltungen des wirtschaftlichen Rechts ist in meinem System so entschieden und zugleich *so eigentümlich* bestimmt, daß eine besondre Hinweisung hierauf zur Erleichterung des Studiums nicht überflüssig sein dürfte. Die Gestaltung der *politischen* Beziehungen ist das *geschichtlich Fundamentale,* und die *wirtschaftlichen* Abhängigkeiten sind nur eine *Wirkung* oder ein Spezialfall und daher stets *Tatsachen zweiter Ordnung.* Einige der neuern sozialistischen Systeme machen den in die Augen fallenden Schein eines völlig umgekehrten Verhältnisses zum leitenden Prinzip, indem sie aus den wirtschaftlichen Zuständen die politischen Unterordnungen gleichsam herauswachsen lassen. Nun sind diese Wirkungen der zweiten Ordnung als solche allerdings vorhanden und in der Gegenwart am meisten fühlbar; aber das *Primitive muß in der unmittelbaren politischen Gewalt* und nicht erst in einer indirekten ökonomischen Macht gesucht werden.«[3]

Ebenso an einer andern Stelle, wo Herr Dühring

»von dem Satz ausgeht, daß die politischen Zustände die entscheidende Ursache der Wirtschaftslage sind und daß die umgekehrte Beziehung nur eine Rückwirkung zweiter Ordnung darstellt..., solange man die politische Gruppierung nicht um ihrer selbst willen zum Ausgangspunkt macht, sondern sie ausschließlich als *Mittel für Futterzwecke* behandelt, wird man, so radikal sozialistisch und revolutionär man auch erscheinen möge, dennoch ein verstecktes Stück Reaktion in sich bergen«[4].

Das ist die Theorie des Herrn Dühring. Sie wird hier und an vielen andern Stellen einfach aufgestellt, sozusagen dekretiert. Von auch nur dem geringsten Versuch des Beweises oder der Widerlegung der entgegenstehenden Ansicht ist nirgendwo in den drei dicken Büchern[5] die Rede. Und wenn die Beweisgründe so wohlfeil wären wie die Brombeeren, Herr Dühring gäbe uns keine Beweisgründe. Die Sache ist ja schon bewiesen durch den berühmten Sündenfall, wo Robinson den Freitag geknechtet hat. Das war eine Gewalttat, also eine politische

Tat. Und da diese Knechtung den Ausgangspunkt und die Grundtatsache der ganzen bisherigen Geschichte bildet und ihr die Erbsünde der Ungerechtigkeit einimpft, so zwar, daß sie in den spätern Perioden nur gemildert und »in die mehr indirekten ökonomischen Abhängigkeitsformen verwandelt« worden ist; da ebenfalls auf dieser Urknechtung das ganze bisher geltend gebliebne »Gewalteigentum« beruht, so ist klar, daß alle ökonomischen Erscheinungen aus politischen Ursachen zu erklären sind, nämlich aus der Gewalt. Und wem das nicht genügt, der ist ein versteckter Reaktionär.

Bemerken wir zuerst, daß man nicht weniger in sich selbst verliebt sein muß als Herr Dühring, um diese Ansicht für so »eigentümlich« zu halten, wie sie keineswegs ist. Die Vorstellung, als wären die politischen Haupt- und Staatsaktionen das Entscheidende in der Geschichte, ist so alt wie die Geschichtschreibung selbst und ist die Hauptursache davon, daß uns so wenig aufbewahrt worden ist über die sich im Hintergrund dieser lärmenden Auftritte still vollziehende und wirklich vorantreibende Entwicklung der Völker. Diese Vorstellung hat die ganze vergangne Geschichtsauffassung beherrscht und einen Stoß erhalten erst durch die französischen bürgerlichen Geschichtschreiber der Restaurationszeit[6]; »eigentümlich« ist dabei nur, daß Herr Dühring von alledem wieder nichts weiß.

Ferner: nehmen wir für einen Augenblick an, Herr Dühring habe darin recht, daß alle bisherige Geschichte sich auf die Knechtung des Menschen durch den Menschen zurückführen lasse, so sind wir damit noch lange nicht der Sache auf den Grund gekommen. Sondern es fragt sich zunächst: wie kam der Robinson dazu, den Freitag zu knechten? Des bloßen Vergnügens halber? Durchaus nicht. Wir sehn im Gegenteil, daß Freitag »als Sklave oder bloßes Werkzeug zum *wirtschaftlichen* Dienst gepreßt und eben auch nur als Werkzeug unterhalten wird«[7]. Robinson hat Freitag nur geknechtet, damit Freitag zum Nutzen Robinsons arbeite. Und wie kann Robinson aus Freitags Arbeit Nutzen für sich ziehn? Nur dadurch, daß Freitag mehr Lebensmittel durch seine Arbeit erzeugt, als Robinson ihm geben muß, damit er arbeitsfähig bleibe. Robinson hat also, gegen Herrn Dührings ausdrückliche Vorschrift, die durch die Knechtung Freitags hergestellte »politische Gruppierung nicht um ihrer selbst willen zum Ausgangspunkt gemacht, sondern sie ausschließlich *als Mittel für Futterzwecke* behandelt« und möge nun selber zusehn, wie er mit seinem Herrn und Meister Dühring fertig wird.

Das kindliche Exempel also, das Herr Dühring eigens erfunden hat, um die Gewalt als das »geschichtlich Fundamentale« nachzuweisen, es beweist, daß die Gewalt nur das Mittel, der ökonomische Vorteil dagegen der Zweck ist. Um soviel »fundamentaler« der Zweck ist als das seinetwegen angewandte Mittel, um ebensoviel fundamentaler ist in der Geschichte die ökonomische Seite des Verhältnisses gegenüber der politischen. Das Beispiel beweist also grade das Gegenteil von dem, was es beweisen soll. Und wie bei Robinson und Freitag, so in allen bisherigen Fällen von Herrschaft und Knechtschaft. Die Unterjochung war stets, um Herrn Dührings elegante Ausdrucksweise zu gebrauchen, »Mittel für Futterzwecke« (diese Futterzwecke im weitesten Sinn genommen), nie und nirgends aber eine »um ihrer selbst willen« eingeführte politische Gruppierung. Man muß Herr Dühring sein, um sich einbilden zu können, die Steuern seien im Staate nur »Wirkungen zweiter Ordnung« oder die heutige politische Gruppierung von herrschender Bourgeoisie und beherrschtem Proletariat sei »um ihrer selbst willen« da und nicht um der »Futterzwecke« der herrschenden Bourgeois willen, nämlich der Profitmacherei und Kapitalaufhäufung.

Kehren wir indes wieder zurück zu unsern beiden Männern. Robinson, »mit dem Degen in der Hand«[8], macht Freitag zu seinem Sklaven. Aber um dies fertigzubringen, braucht Robinson noch etwas andres als den Degen. Nicht einem jeden ist mit einem Sklaven gedient. Um einen solchen brauchen zu können, muß man über zweierlei verfügen: erstens über die Werkzeuge und Gegenstände für die Arbeit des Sklaven und zweitens über die Mittel für seinen notdürftigen Unterhalt. Ehe also Sklaverei möglich wird, muß schon eine gewisse Stufe in der Produktion erreicht und ein gewisser Grad von Ungleichheit in der Verteilung eingetreten sein. Und damit die Sklavenarbeit die herrschende Produktionsweise einer ganzen Gesellschaft werde, braucht es eine noch weit höhere Steigerung der Produktion, des Handels und der Reichtumsansammlung. In den alten naturwüchsigen Gemeinwesen mit Gesamteigentum am Boden kommt Sklaverei entweder gar nicht vor oder spielt nur eine sehr untergeordnete Rolle. Ebenso in der ursprünglichen Bauernstadt Rom; als dagegen Rom »Weltstadt« wurde und der italische Grundbesitz mehr und mehr in die Hände einer wenig zahlreichen Klasse enorm reicher Eigentümer kam, da wurde die Bauernbevölkerung verdrängt durch eine Bevölkerung von Sklaven. Wenn zur Zeit der Perserkriege die Zahl der Sklaven in Korinth auf 460 000, in Aegina auf 470 000 stieg und auf jeden Kopf der freien Bevölkerung zehn Sklaven kamen[9], so gehörte dazu noch etwas mehr als »Gewalt«, nämlich eine hochentwickelte Kunst- und Handwerksindustrie und ein ausgebreiteter Handel. Die Sklaverei in den amerikanischen Vereinigten Staaten beruhte weit weniger auf der Gewalt als auf der englischen Baumwollindustrie; in den Gegenden, wo keine Baumwolle wuchs oder die nicht, wie die Grenzstaaten, Sklavenzüchtung für die Baumwollstaaten trieben, starb sie von selbst aus, ohne Anwendung von Gewalt, einfach weil sie sich nicht bezahlte.

Wenn also Herr Dühring das heutige Eigentum ein Gewalteigentum nennt und es bezeichnet als

»diejenige Herrschaftsform, welche nicht etwa bloß eine Ausschließung des Nebenmenschen von dem Gebrauch der Naturmittel zur Existenz, sondern auch, was noch weit mehr bedeutet, die Unterjochung des Menschen zum Knechtsdienst *zugrunde liegen hat«*[10] –

so stellt er das ganze Verhältnis auf den Kopf. Die Unterjochung des Menschen zum Knechtsdienst, in allen ihren Formen, setzt beim Unterjocher die Verfügung voraus über die Arbeitsmittel, vermittelst deren allein er den Geknechteten verwenden, und bei der Sklaverei außerdem noch die Verfügung über die Lebensmittel, womit allein er den Sklaven am Leben erhalten kann. In allen Fällen also schon einen gewissen, den Durchschnitt überschreitenden Vermögensbesitz. Wie ist dieser entstanden? Jedenfalls ist es klar, daß er zwar geraubt sein, also auf *Gewalt* beruhn kann, aber daß dies keineswegs nötig ist. Er kann erarbeitet, erstohlen, erhandelt, erschwindelt sein. Er muß sogar erarbeitet sein, ehe er überhaupt geraubt werden kann.

Das Privateigentum tritt überhaupt in der Geschichte keineswegs auf als Ergebnis des Raubs und der Gewalt. Im Gegenteil. Es besteht schon, wenn auch unter Beschränkung auf gewisse Gegenstände, in der uralten naturwüchsigen Gemeinde aller Kulturvölker. Es entwickelt sich bereits innerhalb dieser Gemeinde, zunächst im Austausch mit Fremden, zur Form der Ware. Je mehr die Erzeugnisse der Gemeinde Warenform annehmen, d. h., je weniger von ihnen zum eignen Gebrauch des Produzenten und je mehr sie zum Zweck des Austausches produziert werden, je mehr der Austausch auch im Innern der Gemeinde die ursprüngliche naturwüchsige Arbeitsteilung verdrängt, desto ungleicher wird der Vermögensstand der einzelnen Gemeindeglieder, desto tiefer wird die alte Gemeinschaft des Bodenbesitzes untergraben, desto rascher treibt das Gemeinwesen seiner Auflösung in ein Dorf von Parzellenbauern entgegen. Der orientalische Despotismus und die wechselnde Herrschaft erobernder Nomadenvölker konnten diesen alten Gemeinwesen Jahrtausende hindurch nichts anhaben; die allmähliche Zerstörung ihrer naturwüchsigen Hausindustrie durch die Konkurrenz der Erzeugnisse der großen Industrie bringt sie mehr und mehr in Auflösung. Von Gewalt ist da ebensowenig die Rede wie bei der noch jetzt stattfindenden Aufteilung des gemeinsamen Ackerbesitzes der »Gehöferschaften« an der Mosel und im Hochwald; die Bauern finden es eben in ihrem Interesse, daß das Privateigentum am Acker an Stelle des Gemeineigentums trete.[11] Selbst die Bildung einer naturwüchsigen Aristokratie, wie sie bei Kelten, Germanen und im indischen Fünfstromland auf Grund des gemeinsamen Bodeneigentums erfolgt, beruht zunächst keineswegs auf Gewalt, sondern auf Freiwilligkeit und Gewohnheit. Überall, wo das Privateigentum sich herausbildet, geschieht dies infolge veränderter Produktions- und Austauschverhältnisse, im Interesse der Steigerung der Produktion und der Förderung des Verkehrs – also aus ökonomischen Ursachen. Die Gewalt spielt dabei gar keine Rolle. Es ist doch klar, daß die Einrichtung des Privateigentums schon bestehn muß, ehe der Räuber sich fremdes Gut *aneignen* kann; daß also die Gewalt zwar den Besitzstand verändern, aber nicht das Privateigentum als solches erzeugen kann.

Aber auch um die »Unterjochung des Menschen zum Knechtsdienst« in ihrer modernsten Form, in der Lohnarbeit, zu erklären, können wir weder die Gewalt noch das Gewalteigentum brauchen. Wir haben schon erwähnt, welche Rolle bei der Auflösung der alten Gemeinwesen, also bei der direkten oder indirekten Verallgemeinerung des Privateigentums, die Verwandlung der Arbeitsprodukte in Waren, ihre Erzeugung nicht für den eignen Verzehr, sondern für den Austausch spielt. Nun aber hat Marx im »Kapital« sonnenklar nachgewiesen – und Herr Dühring hütet sich, auch nur mit einer Silbe darauf einzugehn –, daß auf einem gewissen Entwicklungsgrad die Warenproduktion sich in kapitalistische Produktion verwandelt und daß auf dieser Stufe »das auf Warenproduktion und Warenzirkulation beruhende Gesetz der Aneignung oder Gesetz des Privateigentums durch seine eigne, innere, unvermeidliche Dialektik in sein Gegenteil umschlägt: der Austausch von Äquivalenten, der als die ursprüngliche Operation erschien, hat sich so gedreht, daß nur zum Schein ausgetauscht wird, indem erstens der gegen Arbeitskraft ausgetauschte Kapitalteil selbst nur ein Teil des ohne Äquivalent angeeigneten fremden Arbeitsprodukts ist und zweitens von seinem Produzenten, dem Arbeiter, nicht nur ersetzt, sondern mit neuem Surplus« (Überschuß) »ersetzt werden muß... Ursprünglich erschien uns das Eigentum gegründet auf eigne Arbeit... Eigentum erscheint jetzt« (am Schluß der Marxschen Entwicklung), »auf Seite des Kapitalisten als das Recht, fremde unbezahlte Arbeit, auf Seite des Arbeiters als Unmöglichkeit, sein eignes Produkt anzueignen. Die Scheidung zwischen Eigentum und Arbeit wird zur notwendigen Konsequenz eines Gesetzes, das scheinbar von ihrer Identität ausging.«[12] Mit andern Worten: selbst wenn wir die Möglichkeit alles Raubs, aller Gewalttat und aller Prellerei ausschließen, wenn wir annehmen, daß alles Privateigentum ursprünglich auf eigner Arbeit des Besitzers beruhe und daß im ganzen fernern Verlauf nur gleiche Werte gegen gleiche Werte ausgetauscht werden, so kommen wir dennoch bei der Fortentwicklung der Produktion und des Austausches mit Notwendigkeit auf die gegenwärtige kapitalistische Produktionsweise, auf die Monopolisierung der Produktions- und Lebensmittel in den Händen der einen, wenig zahlreichen Klasse, auf die Herabdrückung der andern, die ungeheure Mehrzahl bildenden Klasse zu besitzlosen Proletariern, auf den periodischen Wechsel von Schwindelproduktion und Handelskrise und auf die ganze gegenwärtige Anarchie in der Produktion. Der ganze Hergang ist aus rein ökonomischen Ursachen erklärt, ohne daß auch nur ein einziges Mal der Raub, die Gewalt, der Staat oder irgendwelche politische Einmischung nötig gewesen wäre. Das »Gewalteigentum« erweist sich auch hier bloß als eine renommistische Phrase, die den Mangel an Verständnis des wirklichen Verlaufs der Dinge verdecken soll.

Dieser Verlauf, historisch ausgedrückt, ist die Entwicklungsgeschichte der Bourgeoisie. Wenn die »politischen Zustände die entscheidende Ursache der Wirtschaftslage sind«, so muß die moderne Bourgeoisie nicht im Kampf mit dem Feudalismus sich entwickelt haben, sondern sein freiwillig erzeugtes Schoßkind sein. Jedermann weiß, daß das Gegenteil stattgefunden hat. Ursprünglich dem herrschenden Feudaladel zinspflichtiger, aus Hörigen und Leibeignen aller Art sich rekrutierender, unterdrückter Stand, hat das Bürgertum in fortwährendem Kampf mit dem Adel einen Machtposten nach dem andern erobert und schließlich in den entwickeltsten Ländern an seiner Stelle die Herrschaft in Besitz genommen; in Frankreich, indem es den Adel direkt stürzte, in England, indem es ihn mehr und mehr verbürgerlichte und ihn sich als seine eigne ornamentale Spitze einverleibte. Und wie brachte es dies fertig! Lediglich durch Veränderung der »Wirtschaftslage«, der eine Veränderung der politischen Zustände früher oder später, freiwillig oder erkämpft, nachfolgte. Der Kampf der Bourgeoisie gegen den Feudaladel ist der Kampf der Stadt gegen das Land, der Industrie gegen den Grundbesitz, der Geldwirtschaft gegen die Naturalwirtschaft, und die entscheidenden Waffen der Bürger in diesem Kampfe waren ihre, durch die Entwicklung der erst handwerksmäßigen, später zur Manufaktur vorschreitenden Industrie und durch die Ausbreitung des Handels sich fortwährend steigernden *ökonomischen* Machtmittel. Während dieses ganzen Kampfs stand die politische Gewalt auf Seite des Adels, mit Ausnahme einer Periode, wo die königliche Macht das Bürgertum gegen den Adel benutzte, um den einen Stand durch den andern im Schach zu halten; aber von dem Augenblick, wo das noch immer politisch ohnmächtige Bürgertum, vermöge seiner wachsenden ökonomischen Macht, gefährlich zu werden anfing, verbündete sich das Königtum wieder mit dem Adel und rief dadurch zuerst in England, dann in Frankreich die Revolution des Bürgertums hervor. Die »politischen Zustände« in Frankreich waren unverändert geblieben, während die »Wirtschaftslage« ihnen entwachsen war. Dem politischen Stand nach war der Adel alles, der Bürger nichts; der sozialen Lage nach war der Bürger jetzt die wichtigste Klasse im Staat, während dem Adel alle seine sozialen Funktionen abhanden gekommen waren und er nur noch in seinen Revenuen die Bezahlung dieser verschwundnen Funktionen einstrich. Damit nicht genug: das Bürgertum war in seiner ganzen Produktion eingezwängt geblieben in die feudalen politischen Formen des Mittelalters, denen diese Produktion – nicht nur die Manufaktur, sondern selbst das Handwerk – längst entwachsen war: in alle die, zu bloßen Schikanen und Fesseln der Produktion gewordnen, tausendfachen Zunftprivilegien und lokalen und provinzialen Zollschranken. Die Revolution des Bürgertums machte dem ein Ende. Nicht aber indem sie, nach Herrn Dührings Grundsatz, die Wirtschaftslage den politischen Zuständen anpaßte – das hatte ja grade Adel und Königtum jahrelang umsonst versucht –, sondern indem sie umgekehrt den alten modrigen politischen Plunder beiseite warf und politische Zustände schuf, in denen die neue »Wirtschaftslage« bestehn und sich entwickeln konnte. Und sie hat sich in dieser ihr angemessenen politischen und rechtlichen Atmosphäre glänzend entwickelt, so glänzend, daß die Bourgeoisie schon nicht mehr weit von der Stellung ist, die der Adel 1789 einnahm: sie wird mehr und mehr nicht nur sozial überflüssig, sondern soziales Hindernis; sie scheidet mehr und mehr aus der Produktionstätigkeit aus und wird mehr und mehr, wie seinerzeit der Adel, eine bloß Revenuen einstreichende Klasse; und sie hat diese Umwälzung ihrer eignen Stellung und die Erzeugung einer neuen Klasse, des Proletariats, fertiggebracht, ohne irgendwelchen Gewaltshokuspokus, auf rein ökonomischem Wege. Noch mehr. Sie hat dies Resultat ihres eignen Tun und Treibens keineswegs gewollt – im Gegenteil, es hat sich mit unwiderstehlicher Gewalt gegen ihren Willen und gegen ihre Absicht durchgesetzt; ihre eignen Produktivkräfte sind ihrer Leitung entwachsen und treiben, wie mit Naturnotwendigkeit, die ganze bürgerliche Gesellschaft dem Untergang oder der Umwälzung entgegen. Und wenn die Bourgeois jetzt an die Gewalt appellieren, um die zusammenbrechende »Wirtschaftslage« vor dem Einsturz zu bewahren, so beweisen sie damit nur, daß sie in derselben Täuschung befangen sind wie Herr Dühring, als seien »die politischen Zustände die entscheidende Ursache der Wirtschaftslage«; daß sie sich einbilden, ganz wie Herr Dühring, sie könnten mit dem »Primitiven«, mit »der unmittelbar politischen Gewalt« jene »Tatsachen zweiter Ordnung«, die Wirtschaftslage und ihre unabwendbare Entwicklung umschaffen und also die ökonomischen Wirkungen der Dampfmaschine und der von ihr getriebnen modernen Maschinerie, des Welthandels und der heutigen Bank- und Kreditentwicklung mit Krupp-Kanonen und Mauser-Gewehren wieder aus der Welt schießen.

II

Betrachten wir indes diese allmächtige »Gewalt« des Herrn Dühring etwas näher. Robinson knechtet den Freitag »mit dem Degen in der Hand«. Woher hat er den Degen? Auch auf den Phantasie-Inseln der Robinsonaden wachsen bis jetzt die Degen nicht auf den Bäumen, und Herr Dühring bleibt jede Antwort auf diese Frage schuldig. Ebensogut wie Robinson sich einen Degen verschaffen konnte, ebensogut dürfen wir annehmen, daß Freitag eines schönen Morgens erscheint mit einem geladnen Revolver in der Hand, und dann kehrt sich das ganze »Gewalt«-Verhältnis um: Freitag kommandiert, und Robinson muß schanzen. Wir bitten die Leser um Verzeihung, daß wir so konsequent auf die eigentlich in die Kinderstube und nicht in die Wissenschaft gehörige Geschichte von Robinson und Freitag zurückkommen, aber was können wir dafür? Wir sind genötigt, Herrn Dührings axiomatische Methode gewissenhaft anzuwenden, und es ist nicht unsre Schuld, wenn wir uns dabei stets auf dem Gebiete der reinen Kindlichkeit bewegen. Also der Revolver siegt über den Degen, und damit wird es doch wohl auch dem kindlichsten Axiomatiker begreiflich sein, daß die Gewalt kein bloßer Willensakt ist, sondern sehr reale Vorbedingungen zu ihrer Betätigung erfordert, namentlich *Werkzeuge*, von denen das vollkommnere das unvollkommnere überwindet; daß ferner diese Werkzeuge produziert sein müssen, womit zugleich gesagt ist, daß der Produzent vollkommnerer Gewaltwerkzeuge, vulgo Waffen, den Produzenten der unvollkommneren besiegt, und daß, mit Einem Wort, der Sieg der Gewalt beruht auf der Produktion von Waffen und diese wieder auf der Produktion überhaupt, also – auf der »ökonomischen Macht«, auf der »Wirtschaftslage«, auf den der Gewalt zur Verfügung stehenden *materiellen* Mitteln.

Die Gewalt, das ist heutzutage die Armee und die

Kriegsflotte, und beide kosten, wie wir alle zu unsrem Schaden wissen, »heidenmäßig viel Geld«. Die Gewalt aber kann kein Geld machen, sondern höchstens schon gemachtes wegnehmen, und das nützt auch nicht viel, wie wir ebenfalls zu unserm Schaden mit den französischen Milliarden[13] erfahren haben. Das Geld muß also schließlich doch geliefert werden vermittelst der ökonomischen Produktion; die Gewalt wird also wieder durch die Wirtschaftslage bestimmt, die ihr die Mittel zur Ausrüstung und Erhaltung ihrer Werkzeuge verschafft. Aber damit nicht genug. Nichts ist abhängiger von ökonomischen Vorbedingungen als grade Armee und Flotte. Bewaffnung, Zusammensetzung, Organisation, Taktik und Strategie hängen vor allem ab von der jedesmaligen Produktionsstufe und den Kommunikationen. Nicht die »freien Schöpfungen des Verstandes«[14] genialer Feldherrn haben hier umwälzend gewirkt, sondern die Erfindung besserer Waffen und die Veränderung des Soldatenmaterials; der Einfluß der genialen Feldherrn beschränkt sich im besten Fall darauf, die Kampfweise den neuen Waffen und Kämpfern anzupassen.[15]

Im Anfang des 14. Jahrhunderts kam das Schießpulver von den Arabern zu den Westeuropäern und wälzte, wie jedes Schulkind weiß, die ganze Kriegführung um. Die Einführung des Schießpulvers und der Feuerwaffen war aber keineswegs eine Gewalttat, sondern ein industrieller, also wirtschaftlicher Fortschritt. Industrie bleibt Industrie, ob sie auf die Erzeugung oder die Zerstörung von Gegenständen sich richtet. Und die Einführung der Feuerwaffen wirkte umwälzend nicht nur auf die Kriegführung selbst, sondern auch auf die politischen Herrschafts- und Knechtschaftsverhältnisse. Zur Erlangung von Pulver und Feuerwaffen gehörte Industrie und Geld, und beides besaßen die Städtebürger. Die Feuerwaffen waren daher von Anfang an Waffen der Städte und der auf die Städte gestützten, emporkommenden Monarchie gegen den Feudaladel. Die bisher unnahbaren Steinmauern der Adelsburgen erlagen den Kanonen der Bürger, die Kugeln der bürgerlichen Handbüchsen schlugen durch die ritterlichen Panzer. Mit der geharnischten Kavallerie des Adels brach auch die Adelsherrschaft zusammen; mit der Entwicklung des Bürgertums wurden Fußvolk und Geschütz mehr und mehr die entscheidenden Waffengattungen; durch das Geschütz gezwungen, mußte das Kriegshandwerk sich eine neue, ganz industrielle Unterabteilung zulegen: das Ingenieurwesen.

Die Ausbildung der Feuerwaffen ging sehr langsam vor sich. Das Geschütz blieb schwerfällig, die Handrohre trotz vieler Einzelerfindungen roh. Es dauerte über dreihundert Jahre, bis ein Gewehr zustande kam, das zur Bewaffnung der gesamten Infanterie taugte. Erst anfangs des 18. Jahrhunderts verdrängte das Steinschloßgewehr mit Bajonett die Pike endgültig aus der Bewaffnung des Fußvolks. Das damalige Fußvolk bestand aus den stramm exzerzierenden, aber ganz unzuverlässigen, nur mit dem Stock zusammengehaltnen, aus den verkommensten Elementen der Gesellschaft, oft aus gepreßten, feindlichen Kriegsgefangenen sich zusammensetzenden fürstlichen Werbesoldaten, und die einzige Kampfform, in der diese Soldaten das neue Gewehr zur Verwendung bringen konnten, war die Lineartaktik, die unter Friedrich II. ihre höchste Vollendung erreichte. Das ganze Fußvolk eines Heeres wurde in einem dreigliedrigen, sehr langen hohlen Viereck aufgestellt und bewegte sich in Schlachtordnung nur als Ganzes; höchstens wurde einem der beiden Flügel gestattet, sich etwas vorzuschieben oder zurückzuhalten. Diese unbehülfliche Masse war in Ordnung zu bewegen nur auf einem ganz ebnen Gelände, und auch da nur im langsamen Tempo (fünfundsiebzig Schritt auf die Minute); eine Änderung der Schlachtordnung während des Gefechts war unmöglich, und Sieg oder Niederlage wurden, sobald die Infanterie einmal im Feuer war, in kurzer Zeit mit Einem Schlag entschieden.

Diesen unbehülflichen Linien traten im Amerikanischen Unabhängigkeitskrieg Rebellenhaufen entgegen, die zwar nicht exzerzieren, aber desto besser aus ihren gezognen Büchsen schießen konnten, die für ihre eigensten Interessen fochten, also nicht desertierten wie die Werbetruppen, und die den Engländern nicht den Gefallen taten, ihnen ebenfalls in Linie und auf freier Ebene gegenüberzutreten, sondern in aufgelösten, rasch beweglichen Schützenschwärmen und in den deckenden Wäldern. Die Linie war hier machtlos und erlag den unsichtbaren und unerreichbaren Gegnern. Das Tiraillieren war wieder erfunden – eine neue Kampfweise infolge eines veränderten Soldatenmaterials.

Was die amerikanische Revolution begonnen, das vollendete die französische, auch auf militärischem Gebiet. Den geübten Werbeheeren der Koalition hatte sie ebenfalls nur schlecht geübte, aber zahlreiche Massen entgegenzustellen, das Aufgebot der ganzen Nation. Mit diesen Massen aber galt es, Paris zu schützen, also ein bestimmtes Gebiet zu decken, und das konnte nicht ohne Sieg in offner Massenschlacht geschehn. Das bloße Schützengefecht reichte nicht aus; es mußte eine Form auch für die Massenverwendung gefunden werden, und sie fand sich in der *Kolonne.* Die Kolonnenstellung erlaubte auch wenig geübten Truppen, sich mit ziemlicher Ordnung zu bewegen und das selbst mit einer größern Marschgeschwindigkeit (hundert Schritt und darüber in der Minute), sie erlaubte, die steifen Formen der alten Linienordnung zu durchbrechen, in jedem, also auch in dem der Linie ungünstigsten Terrain zu fechten, die Truppen in jeder irgendwie angemessenen Art zu gruppieren und, in Verbindung mit dem Gefecht zerstreuter Schützen, die feindlichen Linien aufzuhalten, zu beschäftigen, zu ermatten, bis der Moment gekommen, wo man sie am entscheidenden Punkt der Stellung mit in Reserve gehaltnen Massen durchbrach. Diese neue, auf der Verbindung von Tirailleurs und Kolonnen und auf der Einteilung der Armee in selbständige, aus allen Waffen zusammengesetzte Divisionen oder Armeekorps beruhende, von Napoleon nach ihrer taktischen wie strategischen Seite vollständig ausgebildete Kampfweise war demnach notwendig geworden vor allem durch das veränderte Soldatenmaterial der französischen Revolution. Sie hatte aber auch noch zwei sehr wichtige technische Vorbedingungen: erstens die von Gribeauval konstruierte leichtere Lafettierung der Feldgeschütze, wodurch allein diesen die von ihnen jetzt verlangte raschere Bewegung möglich wurde, und zweitens die in Frankreich 1777 eingeführte, dem Jagdgewehr entlehnte Schweifung des bisher ganz grade in der Verlängerung des Laufs sich fortsetzenden Flintenkolbens, die es möglich machte, auf einen einzelnen Mann zu zielen, ohne notwendig vorbeizuschießen. Ohne diesen Fortschritt aber hätte man mit dem alten Gewehr nicht tiraillieren können.

Das revolutionäre System der Bewaffnung des ganzen Volks wurde bald auf eine Zwangsaushebung (mit Stellvertretung durch Loskauf für die Begüterten) beschränkt und in dieser Form von den meisten großen Staaten des Festlands angenommen. Nur Preußen versuchte in seinem Landwehrsystem[16] die Wehrkraft des Volks in größerm Maße heranzuziehn. Preußen war zudem der erste Staat, der sein ganzes Fußvolk – nachdem der zwischen 1830 und 1860 ausgebildete, kriegsbrauchbare gezogne Vorderlader eine kurze Rolle gespielt – mit der neuesten Waffe versah, dem gezognen Hinterlader. Beiden Einrichtungen verdankte es seine Erfolge von 1866[17].

Im Deutsch-Französischen Krieg[18] traten zuerst zwei Heere einander gegenüber, die beide gezogne Hinterlader führten, und zwar beide mit wesentlich denselben taktischen Formationen wie zur Zeit des alten glattläufigen Steinschloßgewehrs. Nur daß die Preußen in der Einführung der Kompaniekolonne den Versuch gemacht hatten, eine der neuen Bewaffnung angemessenere Kampfform zu finden. Als aber am 18. August bei St-Privat[19] die preußische Garde mit der Kompaniekolonne Ernst zu machen versuchte, verloren die am meisten beteiligten fünf Regimenter in höchstens zwei Stunden über ein Drittel ihrer Stärke (176 Offiziere und 5114 Mann), und von da an war auch die Kompaniekolonne als Kampfform gerichtet, nicht minder als die Bataillonskolonne und die Linie; jeder Versuch wurde aufgegeben, fernerhin irgendwelche geschlossene Trupps dem feindlichen Gewehrfeuer auszusetzen, und der Kampf wurde deutscherseits nur noch in jenen dichten Schützenschwärmen geführt, in die sich die Kolonne bisher unter dem einschlagenden Kugelhagel schon regelmäßig von selbst aufgelöst, die man aber von oben herab als ordnungswidrig bekämpft hatte; und ebenso wurde nun im Bereich des feindlichen Gewehrfeuers der *Laufschritt* die einzige Bewegungsart. Der Soldat war wieder einmal gescheiter gewesen als die Offiziere; die einzige Gefechtsform, die bisher im Feuer des Hinterladers sich bewährt, hatte *er* instinktmäßig gefunden und setzte sie trotz des Sträubens der Führung erfolgreich durch.

Mit dem Deutsch-Französischen Krieg ist ein Wendepunkt eingetreten von ganz andrer Bedeutung als alle frühern. Erstens sind die Waffen so vervollkommnet, daß ein neuer Fortschritt von irgendwelchem umwälzenden Einfluß nicht mehr möglich ist. Wenn man Kanonen hat, mit denen man ein Bataillon treffen kann, soweit das Auge es unterscheidet, und Gewehre, die für einen einzelnen Mann als Zielpunkt dasselbe leisten und bei denen das Laden weniger Zeit raubt als das Zielen, so sind alle weitern Fortschritte für den Feldkrieg mehr oder weniger gleichgültig. Die Ära der Entwicklung ist nach dieser Seite hin also im wesentlichen abgeschlossen. Zweitens aber hat dieser Krieg alle kontinentalen Großstaaten gezwungen, das verschärfte preußische Landwehrsystem bei sich einzuführen und damit eine Militärlast, bei der sie in wenigen Jahren zugrunde gehn müssen. Die Armee ist Hauptzweck des Staats, ist Selbstzweck geworden; die Völker sind nur noch dazu da, die Soldaten zu liefern und zu ernähren. Der Militarismus beherrscht und verschlingt Europa. Aber dieser Militarismus trägt auch den Keim seines eignen Untergangs in sich. Die Konkurrenz der einzelnen Staaten untereinander zwingt sie einerseits, jedes Jahr mehr Geld auf Armee, Flotte, Geschütze etc. zu verwenden, also den finanziellen Zusammenbruch mehr und mehr zu beschleunigen; andrerseits mit der allgemeinen Dienstpflicht mehr und mehr Ernst und damit schließlich das ganze Volk mit dem Waffengebrauch vertraut zu machen; es also zu befähigen, in einem gewissen Moment seinen Willen gegenüber der kommandierenden Militärherrlichkeit durchzusetzen. Und dieser Moment tritt ein, sobald die Masse des Volks – ländliche und städtische Arbeiter und Bauern – einen Willen *hat.* Auf diesem Punkt schlägt das Fürstenheer um in ein Volksheer; die Maschine versagt den Dienst, der Militarismus geht unter an der Dialektik seiner eignen Entwicklung. Was die bürgerliche Demokratie von 1848 nicht fertigbringen konnte, eben weil sie *bürgerlich* war und nicht proletarisch, nämlich den arbeitenden Massen einen Willen geben, dessen Inhalt ihrer Klassenlage entspricht – das wird der Sozialismus unfehlbar erwirken. Und das bedeutet die Sprengung des Militarismus und mit ihm aller stehenden Armeen *von innen heraus.*

Das ist die eine Moral unsrer Geschichte der modernen Infanterie. Die zweite Moral, die uns wieder zu Herrn Dühring zurückführt, ist, daß sich die ganze Organisation und Kampfweise der Armeen, und damit Sieg und Niederlage, abhängig erweist von materiellen, das heißt ökonomischen Bedingungen: vom Menschen- und vom Waffenmaterial, also von der Qualität und Quantität der Bevölkerung und von der Technik. Nur ein Jägervolk wie die Amerikaner konnte das Tiraillieren wieder erfinden – und sie waren Jäger aus rein ökonomischen Ursachen, eben wie jetzt aus rein ökonomischen Ursachen dieselben Yankees der alten Staaten sich in Bauern, Industrielle, Seefahrer und Kaufleute verwandelt haben, die nicht mehr in den Urwäldern tiraillieren, dafür aber um so besser auf dem Felde der Spekulation, wo sie es auch in der Massenverwendung weit gebracht haben. – Nur eine Revolution wie die französische, die den Bürger und namentlich den Bauer ökonomisch emanzipierte, konnte die Massenheere und zugleich die freien Bewegungsformen finden, an denen die alten steifen Linien zerschellten – die militärischen Abbilder des Absolutismus, den sie verfochten. Und wie die Fortschritte der Technik, sobald sie militärisch verwendbar und auch verwendet wurden, sofort Änderungen, ja Umwälzungen der

Kampfweise fast gewaltsam erzwangen, oft noch dazu gegen den Willen der Heeresleitung, das haben wir Fall für Fall gesehn. Wie sehr außerdem die Kriegführung von der Produktivität und den Kommunikationsmitteln des eignen Hinterlandes wie des Kriegsschauplatzes abhängt, darüber kann heutzutage schon ein strebsamer Unteroffizier Herrn Dühring aufklären. Kurz, überall und immer sind es ökonomische Bedingungen und Machtmittel, die der »Gewalt« zum Siege verhelfen, ohne die sie aufhört, Gewalt zu sein, und wer nach Dühringschen Grundsätzen das Kriegswesen vom entgegengesetzten Standpunkte aus reformieren wollte, der könnte nichts ernten als Prügel.[1*]

Gehn wir nun vom Lande aufs Wasser, so bietet sich uns allein in den letzten zwanzig Jahren eine noch ganz anders durchgreifende Umwälzung. Das Schlachtschiff des Krimkriegs[21] war der hölzerne Zwei- und Dreidecker von 60 bis 100 Kanonen, der vorzugsweise noch durch Segel bewegt wurde und nur zur Aushülfe eine schwache Dampfmaschine hatte. Er führte hauptsächlich 32pfünder von etwa 50 Zentner Rohrgewicht, daneben nur wenige 68pfünder von 95 Zentnern. Gegen Ende des Kriegs traten eisengepanzerte schwimmende Batterien auf, schwerfällige, fast unbewegliche, aber dem damaligen Geschütz gegenüber unverletzliche Ungeheuer. Bald wurde die Eisenpanzerung auch auf die Schlachtschiffe übertragen; anfangs noch dünn, vier Zoll Eisenstärke galt schon für einen äußerst schweren Panzer. Aber der artilleristische Fortschritt überholte bald die Panzerung; für jede Panzerstärke, die nach der Reihe angewandt wurde, fand sich ein neues, schweres Geschütz, das sie mit Leichtigkeit durchschlug. So sind wir jetzt bereits bei zehn-, zwölf-, vierzehn-, vierundzwanzigzölliger Panzerstärke (Italien will ein Schiff mit drei Fuß dickem Panzer bauen lassen)

[1*] Im preußischen Generalstab weiß man dies auch schon ganz gut. »Die *Grundlage* des Kriegswesens ist in erster Reihe die *wirtschaftliche* Lebensgestaltung der Vöker überhaupt«, sagt Herr Max Jähns, Hauptmann im Generalstab, in einem wissenschaftlichen Vortrag (»Köln. Ztg.«, 20. April 1876, drittes Blatt).[20]

auf der einen Seite angekommen; auf der andern bei gezognen Geschützen von 25, 35, 80, ja 100 Tons (à 20 Zentner) Rohrgewicht, die Geschosse von 300, 400, 1700 bis 2000 Pfund auf früher unerhörte Entfernungen schleudern. Das heutige Schlachtschiff ist ein riesiger gepanzerter Schraubendampfer, von 8000 bis 9000 Tonnen Gehalt und 6000 bis 8000 Pferdekraft, mit Drehtürmen und vier, höchstens sechs schweren Geschützen und mit einem, unter der Wasserlinie in einer Ramme zum Niederrennen feindlicher Schiffe auslaufenden Bug; es ist eine einzige kolossale Maschine, auf der der Dampf nicht nur die schnelle Fortbewegung bewirkt, sondern auch die Steuerung, das Ankerwinden, die Drehung der Türme, die Richtung und Ladung der Geschütze, das Auspumpen des Wassers, das Einnehmen und Herablassen der Boote – die selbst teilweise wieder Dampfkraft führen – usw. Und so wenig ist der Wettkampf zwischen Panzerung und Geschützwirkung zum Abschluß gekommen, daß ein Schiff heutzutage fast regelmäßig schon nicht mehr den Ansprüchen genügt, schon veraltet ist, ehe es vom Stapel gelassen wird. Das moderne Schlachtschiff ist nicht nur ein Produkt, sondern zugleich ein Probestück der modernen großen Industrie, eine schwimmende Fabrik – vornehmlich allerdings zur Erzeugung von Geldverschwendung. Das Land, wo die große Industrie am meisten entwickelt ist, hat beinahe das Monopol des Baues dieser Schiffe. Alle türkischen, fast alle russischen, die meisten deutschen Panzerschiffe sind in England gebaut; Panzerplatten von irgendwelcher Brauchbarkeit werden fast nur in Sheffield gemacht; von den drei Eisenwerken Europas, die allein imstande sind, die schwersten Geschütze zu liefern, kommen zwei (Woolwich und Elswick) auf England, das dritte (Krupp) auf Deutschland. Hier zeigt sich aufs handgreiflichste, wie die »unmittelbare politische Gewalt«, die nach Herrn Dühring die »entscheidende Ursache der Wirtschaftslage« ist, im Gegenteil vollständig von der Wirtschaftslage unterjocht ist; wie nicht nur die Herstellung, sondern auch die Behandlung des Gewaltwerkzeugs zur See, des Schlachtschiffs, selbst ein

Zweig der modernen großen Industrie geworden ist. Und daß dies so geworden, geht niemandem mehr wider die Haare als grade der Gewalt, dem Staat, dem jetzt ein Schiff so viel kostet wie früher eine ganze kleine Flotte; der es mit ansehn muß, daß diese teuren Schiffe, noch ehe sie ins Wasser kommen, schon veraltet, also entwertet sind; und der sicher ebensoviel Verdruß darüber empfindet wie Herr Dühring, daß der Mann der »Wirtschaftslage«, der Ingenieur, jetzt an Bord viel wichtiger ist als der Mann der »unmittelbaren Gewalt«, der Kapitän. Wir dagegen haben durchaus keinen Grund, uns zu ärgern, wenn wir sehn, wie in diesem Wettkampf zwischen Panzer und Geschütz das Schlachtschiff bis zu der Spitze der Künstlichkeit ausgebildet wird, die es ebenso unerschwinglich wie kriegsunbrauchbar macht[1*], und wie dieser Kampf damit auch auf dem Gebiet des Seekriegs jene innern dialektischen Bewegungsgesetze offenbart, nach denen der Militarismus, wie jede andre geschichtliche Erscheinung, an den Konsequenzen seiner eignen Entwicklung zugrunde geht.

Auch hier also sehn wir sonnenklar, daß keineswegs »das Primitive in der unmittelbaren politischen Gewalt und nicht erst in einer indirekten ökonomischen Macht gesucht werden« muß. Im Gegenteil. Was zeigt sich grade als »das Primitive« der Gewalt selbst? Die ökonomische Macht, die Verfügung über die Machtmittel der großen Industrie. Die politische Gewalt zur See, die auf den modernen Schlachtschiffen beruht, erweist sich als durchaus nicht »unmittelbar«, sondern grade als *vermittelt* durch die ökonomische Macht, die hohe Ausbildung der Metallurgie, das Kommando über geschickte Techniker und ergiebige Kohlengruben.

Indes, wozu das alles? Man gebe im nächsten Seekriege Herrn Dühring den Oberbefehl, und er vernichtet alle die von der Wirtschaftslage geknechteten Panzerflotten ohne Torpedos und andre Kunststücke, einfach vermittelst seiner »unmittelbaren Gewalt«.

[1*] Die Vervollkommnung des letzten Erzeugnisses der großen Industrie für den Seekrieg, des sich selbst fortbewegenden Torpedos, scheint dies verwirklichen

III

»Ein sehr wichtiger Umstand liegt darin, daß tatsächlich die Beherrschung der *Natur* durch diejenige des *Menschen* erst überhaupt (!) vor sich gegangen ist« (eine Beherrschung ist vor sich gegangen!). »Die Bewirtschaftung des Grundeigentums in größern Strecken ist nie und nirgends ohne die vorgängige Knechtung des Menschen zu irgendeiner Art von Sklaven- oder Frondienst vollzogen worden. Die Aufrichtung einer ökonomischen Herrschaft über die Dinge hat die politische, soziale und ökonomische Herrschaft des Menschen über den Menschen zur Voraussetzung gehabt. Wie hätte man sich einen großen Grundherrn nur denken können, ohne zugleich seine Herrenschaft über Sklaven, Hörige oder indirekt Unfreie in den Gedanken einzuschließen? Was möchte wohl die Kraft des einzelnen, die sich höchstens mit den Kräften der Familienhülfe ausgestattet sähe, für eine umfangreichere Ackerkultur bedeutet haben und bedeuten? Die Ausbeutung des Landes oder die ökonomische Herrschaftsausdehnung über dasselbe in einem die natürlichen Kräfte des einzelnen übersteigenden Umfang ist in der bisherigen Geschichte nur dadurch möglich geworden, daß vor oder zugleich mit der Begründung der Bodenherrschaft auch die zugehörige Knechtung des Menschen durchgeführt wurde. In den spätern Perioden der Entwicklung ist diese Knechtung gemildert worden ... ihre gegenwärtige Gestalt ist in den höher zivilisierten Staaten eine mehr oder minder durch Polizeiherrschaft geleitete Lohnarbeit. Auf der letztern beruht also die praktische Möglichkeit derjenigen Art des heutigen Reichtums, welcher sich in der umfangreicheren Bodenherrschaft und (!) im größern Grundbesitz darstellt. Selbstverständlich sind alle andern Gattungen des Verteilungsreichtums geschichtlich auf ähnliche Weise zu erklären und die indirekte Abhängigkeit des Menschen vom Menschen, welche gegenwärtig den Grundzug der ökonomisch am weitesten entwickelten Zustände bildet, kann nicht aus sich selbst, sondern nur als eine etwas verwandelte Erbschaft einer frühern direkten Unterwerfung und Enteignung verstanden und erklärt werden.«[23]

So Herr Dühring.

zu sollen; das kleinste Torpedoboot wäre damit dem gewaltigsten Panzerschiff überlegen. (Man erinnere sich übrigens, daß obiges 1878 geschrieben wurde.)[22]

These: Die Beherrschung der Natur (durch den Menschen) setzt die Beherrschung des Menschen (durch den Menschen) voraus.

Beweis: Die Bewirtschaftung des Grund*eigentums in größern Strecken* ist nie und nirgends anders als durch Knechte erfolgt.

Beweis des Beweises: Wie kann es große Grundbesitzer geben ohne Knechte, da der große Grundbesitzer mit seiner Familie ohne Knechte ja nur einen geringen Teil seines Besitzes bebauen könnte.

Also: Um zu beweisen, daß der Mensch, um die Natur sich zu unterwerfen, vorher den Menschen knechten mußte, verwandelt Herr Dühring »die Natur« ohne weiteres in »Grundeigentum in größern Strecken« und dies Grundeigentum – unbestimmt wessen? – sofort wieder in das Eigentum eines großen Grundherrn, der natürlich ohne Knechte sein Land nicht bebauen kann.

Erstens sind »Beherrschung der Natur« und »Bewirtschaftung des Grundeigentums« keineswegs dasselbe. Die Beherrschung der Natur wird in der Industrie in ganz anders kolossalem Maßstab ausgeübt als im Ackerbau, der sich bis heute vom Wetter beherrschen lassen muß, statt das Wetter zu beherrschen.

Zweitens, wenn wir uns auf die Bewirtschaftung des Grundeigentums in größern Strecken beschränken, so kommt es darauf an, wem dies Grundeigentum gehört. Und da finden wir im Anfang der Geschichte aller Kulturvölker nicht den »großen Grundherrn«, den uns Herr Dühring hier unterschiebt mit seiner gewöhnlichen Taschenspielermanier, die er »natürliche Dialektik«[24] nennt – sondern Stamm- und Dorfgemeinden mit gemeinsamem Grundbesitz. Von Indien bis Irland ist die Bewirtschaftung des Grundeigentums in größern Strecken ursprünglich durch solche Stamm- und Dorfgemeinden vor sich gegangen, und zwar bald in gemeinschaftlicher Bebauung des Ackerlandes für Rechnung der Gemeinde, bald in einzelnen, von der Gemeinde den Familien auf Zeit zugeteilten Ackerparzellen bei fortdauernder Gemeinnutzung von Wald- und Weideland. Es ist wiederum bezeichnend für »die eindringendsten Fachstudien« des Herrn Dühring »auf dem politischen und juristischen Gebiet«[25], daß er von allen diesen Dingen nichts weiß; daß seine sämtlichen Werke eine totale Unbekanntschaft atmen mit den epochemachenden Schriften Maurers über die ursprüngliche deutsche Markverfassung[26], die Grundlage des gesamten deutschen Rechts, und mit der hauptsächlich durch Maurer angeregten, noch stets anschwellenden Literatur, die sich mit dem Nachweis der ursprünglichen Gemeinschaftlichkeit des Grundbesitzes bei allen europäischen und asiatischen Kulturvölkern und mit der Darstellung seiner verschiednen Daseins- und Auflösungsformen beschäftigt. Wie auf dem Gebiet des französischen und englischen Rechts Herr Dühring »seine ganze Ignoranz sich selbst erworben« hatte, so groß sie auch war, so auf dem Gebiet des deutschen Rechts seine noch weit größere. Der Mann, der sich so gewaltig über den beschränkten Horizont der Universitätsprofessoren erbost, er steht auf dem Gebiet des deutschen Rechts noch heute höchstens da, wo die Professoren vor zwanzig Jahren standen.

Es ist eine reine »freie Schöpfung und Imagination«[27] des Herrn Dühring, wenn er behauptet, daß zur Bewirtschaftung des Grundeigentums auf größern Strecken Grundherrn und Knechte erforderlich gewesen seien. Im ganzen Orient, wo die Gemeinde oder der Staat Grundeigentümer ist, fehlt sogar das Wort Grundherr in den Sprachen, worüber sich Herr Dühring bei den englischen Juristen Rats erholen kann, die sich in Indien ebenso umsonst mit der Frage abquälten: wer ist Grundeigentümer? – wie weiland Fürst Heinrich LXXII. von Reuß-Greiz-Schleiz-Lobenstein-Eberswalde mit der Frage: wer ist Nachtwächter? Erst die Türken haben im Orient in den von ihnen eroberten Ländern eine Art grundherrlichen Feudalismus eingeführt. Griechenland tritt schon im Heroenzeitalter in die Geschichte ein mit einer Ständegliederung, die selbst wieder das augenscheinliche Erzeugnis einer längern, unbekannten Vorgeschichte ist; aber auch da wird der Boden vorwiegend von selbständigen Bauern bewirtschaftet; die größern Güter der Edlen und Stammesfürsten bilden die Ausnahme und verschwinden ohnehin bald nachher. Italien ist urbar gemacht worden vorwiegend von Bauern; als in den letzten Zeiten der römischen Republik die großen Güterkomplexe, die Latifundien, die Parzellenbauern verdrängten und durch Sklaven ersetzten, ersetzten sie zugleich den Ackerbau durch Viehzucht und richteten, wie schon Plinius wußte, Italien zugrunde (latifundia Italiam perdidere)[28]. Im Mittelalter herrscht in ganz Europa (namentlich bei der Urbarmachung von Ödland) die Bauernkultur vor, wobei es für die vorliegende Frage gleichgültig ist, ob und welche Abgaben diese Bauern an irgendwelchen Feudalherren zu zahlen hatten. Die friesischen, niedersächsischen, flämischen und niederrheinischen Kolonisten, die das den Slawen entrissene Land östlich der Elbe in Bebauung nahmen, taten dies als freie Bauern unter sehr günstigen Zinssätzen, keineswegs aber in »irgendeiner Art von Frondienst«. – In Nordamerika ist bei weitem der größte Teil des Landes durch Arbeit freier Bauern der Kultur erschlossen worden, während die großen Grundherrn des Südens mit ihren Sklaven und ihrem Raubbau den Boden erschöpften, bis er nur noch Tannen trug, so daß die Baumwollkultur immer weiter nach Westen wandern mußte. In Australien und Neuseeland sind alle Versuche der englischen Regierung, eine Bodenaristokratie künstlich herzustellen, gescheitert. Kurz, wenn wir die tropischen und subtropischen Kolonien ausnehmen, in denen das Klima dem Europäer die Ackerbauarbeit verbietet, erweist sich der vermittelst seiner Sklaven oder Fronknechte die Natur seiner Herrschaft unterwerfende, den Boden urbar machende große Grundherr als ein pures Phantasiegebilde. Im Gegenteil. Wo er im Altertum auftritt, wie in Italien, macht er nicht Wüstland urbar, sondern verwandelt das von Bauern urbar gemachte Ackerland in Viehweide, entvölkert und ruiniert ganze Länder. Erst in neuerer Zeit, erst seitdem die dichtere Bevölkerung den Bodenwert gehoben und namentlich seit die Entwicklung der Agronomie auch schlechtern Boden verwendbarer gemacht hat – erst da hat der große Grundbesitz angefangen, an der Urbarmachung von Ödland und Weideland in großem Maßstab sich zu beteiligen, und das vornehmlich durch Diebstahl am Gemeindeland der Bauern, sowohl in England wie in Deutschland. Und auch das nicht ohne Gegengewicht. Für jeden Acker Gemeindeland, den die großen Grundbesitzer in England urbar gemacht, haben sie in Schottland mindestens drei Acker urbares Land in Schaftrift und zuletzt gar in bloßes Jagdrevier für Hochwild verwandelt.

Wir haben es hier nur mit der Behauptung des Herrn Dühring zu tun, daß die Urbarmachung größerer Landstriche, also doch wohl so ziemlich des ganzen Kulturgebiets »nie und nigends« anders vollzogen worden sei als durch große Grundherrn und Knechte – eine Behauptung, von der wir gesehn haben, daß sie eine wahrhaft unerhörte Unkenntnis der Geschichte »zur Voraussetzung hat«. Wir haben uns also hier weder darum zu kümmern, inwiefern zu verschiednen Zeiten bereits ganz oder größtenteils urbare Landstriche durch Sklaven (wie zur Blütezeit Griechenlands) oder Hörige (wie die Fronhöfe seit dem Mittelalter) bebaut worden sind, noch darum, welches die gesellschaftliche Funktion der großen Grundbesitzer zu verschiednen Zeiten gewesen ist.

Und nachdem Herr Dühring uns dies meisterhafte Phantasiegemälde vorgehalten, von dem man nicht weiß, was man mehr bewundern soll, die Taschenspielerkunst der Deduktion oder die Geschichtsfälschung – ruft er triumphierend aus:

»Selbstverständlich sind alle andern Gattungen des Verteilungsreichtums *geschichtlich auf ähnliche Weise zu erklären!*«[29]

Womit er sich natürlich die Mühe erspart, über die Entstehung z. B. des Kapitals auch nur ein einziges weiteres Wörtchen zu verlieren.

Wenn Herr Dühring mit seiner Beherrschung des Menschen durch den Menschen als Vorbedingung der Beherrschung der

Natur durch den Menschen im allgemeinen nur sagen will, daß unser gesamter gegenwärtiger ökonomischer Zustand, die heute erreichte Entwicklungsstufe von Ackerbau und Industrie, das Resultat einer sich in Klassengegensätzen, in Herrschafts- und Knechtschaftsverhältnissen abwickelnden Gesellschaftsgeschichte ist, so sagt er etwas, das seit dem »Kommunistischen Manifest« längst Gemeinplatz geworden ist. Es kommt eben darauf an, die Entstehung der Klassen und der Herrschaftsverhältnisse zu erklären, und wenn Herr Dühring dafür immer nur das eine Wort »Gewalt« hat, so sind wir damit genausoweit wie am Anfang. Die einfache Tatsache, daß die Beherrschten und Ausgebeuteten zu allen Zeiten weit zahlreicher sind als die Herrscher und Ausbeuter, daß also die wirkliche Gewalt bei jenen ruht, reicht allein hin, um die Torheit der ganzen Gewaltstheorie klarzustellen. Es handelt sich also immer noch um die Erklärung der Herrschafts- und Knechtschaftsverhältnisse.

Sie sind auf zwiefachem Wege entstanden.

Wie die Menschen ursprünglich aus dem Tierreich – im engern Sinne – heraustreten, so treten sie in die Geschichte ein: noch halb Tiere, roh, noch ohnmächtig gegenüber den Kräften der Natur, noch unbekannt mit ihren eignen; daher arm wie die Tiere und kaum produktiver als sie. Es herrscht eine gewisse Gleichheit der Lebenslage und für die Familienhäupter auch eine Art Gleichheit der gesellschaftlichen Stellung – wenigstens eine Abwesenheit von Gesellschaftsklassen, die noch in den naturwüchsigen, ackerbautreibenden Gemeinwesen der spätern Kulturvölker fortdauert. In jedem solchen Gemeinwesen bestehn von Anfang an gewisse gemeinsame Interessen, deren Wahrung einzelnen, wenn auch unter Aufsicht der Gesamtheit, übertragen werden muß: Entscheidung von Streitigkeiten; Repression von Übergriffen einzelner über ihre Berechtigung hinaus; Aufsicht über Gewässer, besonders in heißen Ländern; endlich, bei der Waldursprünglichkeit der Zustände, religiöse Funktionen. Dergleichen Beamtungen finden sich in den urwüchsigen Gemeinwesen zu jeder Zeit, so in den ältesten deutschen Markgenossenschaften und noch heute in Indien. Sie sind selbstredend mit einer gewissen Machtvollkommenheit ausgerüstet und die Anfänge der Staatsgewalt. Allmählich steigern sich die Produktivkräfte; die dichtere Bevölkerung schafft hier gemeinsame, dort widerstreitende Interessen zwischen den einzelnen Gemeinwesen, deren Gruppierung zu größern Ganzen wiederum eine neue Arbeitsteilung, die Schaffung von Organen zur Wahrung der gemeinsamen, zur Abwehr der widerstreitenden Interessen hervorruft. Diese Organe, die schon als Vertreter der gemeinsamen Interessen der ganzen Gruppe, jedem einzelnen Gemeinwesen gegenüber eine besondre, unter Umständen sogar gegensätzliche Stellung haben, verselbständigen sich bald noch mehr, teils durch die, in einer Welt, wo alles naturwüchsig hergeht, fast selbstverständlich eintretende Erblichkeit der Amtsführung, teils durch ihre, mit der Vermehrung der Konflikte mit andern Gruppen wachsende Unentbehrlichkeit. Wie diese Verselbständigung der gesellschaftlichen Funktion gegenüber der Gesellschaft mit der Zeit sich bis zur Herrschaft über die Gesellschaft steigern konnte, wie der ursprüngliche Diener, wo die Gelegenheit günstig, sich allmählich in den Herrn verwandelte, wie je nach den Umständen dieser Herr als orientalischer Despot oder Satrap, als griechischer Stammesfürst, als keltischer Clanchef usw. auftrat, wieweit er sich bei dieser Verwandlung schließlich auch der Gewalt bediente, wie endlich die einzelnen herrschenden Personen sich zu einer herrschenden Klasse zusammenfügten, darauf brauchen wir hier nicht einzugehn. Es kommt hier nur darauf an, festzustellen, daß der politischen Herrschaft überall eine gesellschaftliche Amtstätigkeit zugrunde lag; und die politische Herrschaft hat auch dann nur auf die Dauer bestanden, wenn sie diese ihre gesellschaftliche Amtstätigkeit vollzog. Wie viele Despotien auch über Persien und Indien aufoder untergegangen sind, jede wußte ganz genau, daß sie vor allem die Gesamtunternehmerin der Berieselung der Flußtäler war, ohne die dort kein Ackerbau möglich. Erst den aufgeklärten Engländern war es vorbehalten, dies in Indien zu übersehn; sie ließen die Rieselkanäle und Schleusen verfallen und entdecken jetzt endlich durch die regelmäßig wiederkehrenden Hungersnöte, daß sie die einzige Tätigkeit vernachlässigt haben, die ihre Herrschaft in Indien wenigstens ebenso rechtmäßig machen könnte wie die ihrer Vorgänger.

Neben dieser Klassenbildung ging aber noch eine andre. Die naturwüchsige Arbeitsteilung innerhalb der ackerbauenden Familie erlaubte auf einer gewissen Stufe des Wohlstands die Einfügung einer oder mehrerer fremden Arbeitskräfte. Dies war besonders der Fall in Ländern, wo der alte Gemeinbesitz am Boden bereits zerfallen oder doch wenigstens die alte gemeinsame Bebauung der Einzelbebauung der Bodenanteile durch die entsprechenden Familien gewichen war. Die Produktion war so weit entwickelt, daß die menschliche Arbeitskraft jetzt mehr erzeugen konnte, als zu ihrem einfachen Unterhalt nötig war; die Mittel, mehr Arbeitskräfte zu unterhalten, waren vorhanden; diejenigen, sie zu beschäftigen, ebenfalls; die Arbeitskraft bekam einen *Wert.* Aber das eigne Gemeinwesen und der Verband, dem es angehörte, lieferte keine disponiblen, überschüssigen Arbeitskräfte. Der Krieg dagegen lieferte sie, und der Krieg war so alt wie die gleichzeitige Existenz mehrerer Gemeinschaftsgruppen nebeneinander. Bisher hatte man mit den Kriegsgefangnen nichts anzufangen gewußt, sie also einfach erschlagen, noch früher hatte man sie verspeist. Aber auf der jetzt erreichten Stufe der »Wirtschaftslage« erhielten sie einen Wert; man ließ sie also leben und machte sich ihre Arbeit dienstbar. So wurde die Gewalt, statt die Wirtschaftslage zu beherrschen, im Gegenteil in den Dienst der Wirtschaftslage gepreßt. Die *Sklaverei* war erfunden. Sie wurde bald die herrschende Form der Produktion bei allen, über das alte Gemeinwesen hinaus sich entwickelnden Völkern, schließlich aber auch eine der Hauptursachen ihres Verfalls. Erst die Sklaverei machte die Teilung der Arbeit zwischen Ackerbau und Industrie auf größerm Maßstab möglich, und damit die Blüte der alten Welt, das

Griechentum. Ohne Sklaverei kein griechischer Staat, keine griechische Kunst und Wissenschaft; ohne Sklaverei kein Römerreich. Ohne die Grundlage des Griechentums und des Römerreichs aber auch kein modernes Europa. Wir sollten nie vergessen, daß unsere ganze ökonomische, politische und intellektuelle Entwicklung einen Zustand zur Voraussetzung hat, in dem die Sklaverei ebenso notwendig wie allgemein anerkannt war. In diesem Sinne sind wir berechtigt zu sagen: Ohne antike Sklaverei kein moderner Sozialismus.

Es ist sehr wohlfeil, über Sklaverei und dergleichen in allgemeinen Redensarten loszuziehn und einen hohen sittlichen Zorn über dergleichen Schändlichkeit auszugießen. Leider spricht man damit weiter nichts aus als das, was jedermann weiß, nämlich daß diese antiken Einrichtungen unsern heutigen Zuständen und unsern durch diese Zustände bestimmten Gefühlen nicht mehr entsprechen. Wir erfahren damit aber kein Wort darüber, wie diese Einrichtungen entstanden sind, warum sie bestanden und welche Rolle sie in der Geschichte gespielt haben. Und wenn wir hierauf eingehn, so müssen wir sagen, so widerspruchsvoll und so ketzerisch das auch klingen mag, daß die Einführung der Sklaverei unter den damaligen Umständen ein großer Fortschritt war. Es ist nun einmal eine Tatsache, daß die Menschheit vom Tiere angefangen und daher barbarische, fast tierische Mittel nötig gehabt hat, um sich aus der Barbarei herauszuarbeiten. Die alten Gemeinwesen, wo sie fortbestanden, bilden seit Jahrtausenden die Grundlage der rohesten Staatsform, der orientalischen Despotie, von Indien bis Rußland. Nur wo sie sich auflösten, sind die Völker aus sich selbst weiter vorangeschritten, und ihr nächster ökonomischer Fortschritt bestand in der Steigerung und Fortbildung der Produktion vermittelst der Sklavenarbeit. Es ist klar: solange die menschliche Arbeit noch so wenig produktiv war, daß sie nur wenig Überschuß über die notwendigen Lebensmittel hinaus lieferte, war Steigerung der Produktivkräfte, Ausdehnung des Verkehrs, Entwicklung von Staat und Recht, Begründung von Kunst und Wissenschaft nur möglich vermittelst einer gesteigerten Arbeitsteilung, die zu ihrer Grundlage haben mußte die große Arbeitsteilung zwischen den die einfache Handarbeit besorgenden Massen und den die Leitung der Arbeit, den Handel, die Staatsgeschäfte und späterhin die Beschäftigung mit Kunst und Wissenschaft betreibenden wenigen Bevorrechteten. Die einfachste, naturwüchsigste Form dieser Arbeitsteilung war eben die Sklaverei. Bei den geschichtlichen Voraussetzungen der alten, speziell der griechischen Welt konnte der Fortschritt zu einer auf Klassengegensätzen gegründeten Gesellschaft sich nur vollziehn in der Form der Sklaverei. Selbst für die Sklaven war dies ein Fortschritt; die Kriegsgefangnen, aus denen die Masse der Sklaven sich rekrutierte, behielten jetzt wenigstens das Leben, statt daß sie früher gemordet oder noch früher gar gebraten wurden.

Fügen wir bei dieser Gelegenheit hinzu, daß alle bisherigen geschichtlichen Gegensätze von ausbeutenden und ausgebeuteten, herrschenden und unterdrückten Klassen ihre Erklärung finden in derselben verhältnismäßig unentwickelten Produktivität der menschlichen Arbeit. Solange die wirklich arbeitende Bevölkerung von ihrer notwendigen Arbeit so sehr in Anspruch genommen wird, daß ihr keine Zeit zur Besorgung der gemeinsamen Geschäfte der Gesellschaft – Arbeitsleitung, Staatsgeschäfte, Rechtsangelegenheiten, Kunst, Wissenschaft etc. – übrigbleibt, solange mußte stets eine besondre Klasse bestehn, die, von der wirklichen Arbeit befreit, diese Angelegenheiten besorgte; wobei sie denn nie verfehlte, den arbeitenden Massen zu ihrem eignen Vorteil mehr und mehr Arbeitslast aufzubürden. Erst die durch die große Industrie erreichte ungeheure Steigerung der Produktivkräfte erlaubt, die Arbeit auf alle Gesellschaftsglieder ohne Ausnahme zu verteilen und dadurch die Arbeitszeit eines jeden so zu beschränken, daß für alle hinreichend freie Zeit bleibt, um sich an den allgemeinen Angelegenheiten der Gesellschaft – theoretischen wie praktischen – zu beteiligen. Erst jetzt also ist jede herrschende und ausbeutende Klasse überflüssig, ja ein

Hindernis der gesellschaftlichen Entwicklung geworden, und erst jetzt auch wird sie unerbittlich beseitigt werden, mag sie auch noch so sehr im Besitz der »unmittelbaren Gewalt« sein.

Wenn also Herr Dühring über das Griechentum die Nase rümpft, weil es auf Sklaverei begründet war, so kann er den Griechen mit demselben Recht den Vorwurf machen, daß sie keine Dampfmaschinen und elektrischen Telegraphen hatten. Und wenn er behauptet, unsre moderne Lohnknechtung sei nur als eine etwas verwandelte und gemilderte Erbschaft der Sklaverei und nicht aus sich selbst (das heißt aus den ökonomischen Gesetzen der modernen Gesellschaft) zu erklären, so heißt das entweder nur, daß Lohnarbeit wie Sklaverei Formen der Knechtschaft und der Klassenherrschaft sind, was jedes Kind weiß, oder es ist falsch. Denn mit demselben Recht könnten wir sagen, die Lohnarbeit sei nur zu erklären als eine gemilderte Form der Menschenfresserei, der jetzt überall festgestellten, ursprünglichen Form der Verwendung der besiegten Feinde.

Hiernach ist es klar, welche Rolle die Gewalt in der Geschichte gegenüber der ökonomischen Entwicklung spielt. Erstens beruht alle politische Gewalt ursprünglich auf einer ökonomischen, gesellschaftlichen Funktion und steigert sich in dem Maß, wie durch Auflösung der ursprünglichen Gemeinwesen die Gesellschaftsglieder in Privatproduzenten verwandelt, also den Verwaltern der gemeinsam-gesellschaftlichen Funktionen noch mehr entfremdet werden. Zweitens, nachdem sich die politische Gewalt gegenüber der Gesellschaft verselbständigt, aus der Dienerin in die Herrin verwandelt hat, kann sie in zweierlei Richtung wirken. Entweder wirkt sie im Sinn und in der Richtung der gesetzmäßigen ökonomischen Entwicklung. In diesem Fall besteht kein Streit zwischen beiden, die ökonomische Entwicklung wird beschleunigt. Oder aber sie wirkt ihr entgegen, und dann erliegt sie, mit wenigen Ausnahmen, der ökonomischen Entwicklung regelmäßig. Diese wenigen Ausnahmen sind einzelne Fälle von Eroberung, wo die roheren Eroberer die Bevölkerung eines

Landes ausrotteten oder vertrieben und die Produktivkräfte, mit denen sie nichts anzufangen wußten, verwüsteten oder verkommen ließen. So die Christen im maurischen Spanien den größten Teil der Berieselungswerke, auf denen der hochentwickelte Acker- und Gartenbau der Mauren beruht hatte. Jede Eroberung durch ein roheres Volk stört selbstredend die ökonomische Entwicklung und vernichtet zahlreiche Produktivkräfte. Aber in der ungeheuren Mehrzahl der Fälle von dauernder Eroberung muß der rohere Eroberer sich der höhern »Wirtschaftslage«, wie sie aus der Eroberung hervorgeht, anpassen; er wird von den Eroberten assimiliert und muß meist sogar ihre Sprache annehmen. Wo aber – abgesehn von Eroberungsfällen – die innere Staatsgewalt eines Landes in Gegensatz tritt zu seiner ökonomischen Entwicklung, wie das bisher auf gewisser Stufe fast für jede politische Gewalt eingetreten ist, da hat der Kampf jedesmal geendigt mit dem Sturz der politischen Gewalt. Ausnahmslos und unerbittlich hat die ökonomische Entwicklung sich Bahn gebrochen – das letzte schlagendste Beispiel davon haben wir schon erwähnt: die Große Französische Revolution. Hinge, nach Herrn Dührings Lehre, die Wirtschaftslage und mit ihr die ökonomische Verfassung eines bestimmten Landes einfach von der politischen Gewalt ab, so ist gar nicht abzusehen, warum denn es Friedrich Wilhelm IV. nach 1848 nicht gelingen wollte, trotz seines »herrlichen Kriegsheeres«[30], die mittelalterlichen Zünfte und andre romantische Marotten auf die Eisenbahnen, Dampfmaschinen und die sich eben entwickelnde große Industrie seines Landes zu pfropfen; oder warum der Kaiser von Rußland [Alexander II.], der doch noch viel gewaltiger ist, nicht nur seine Schulden nicht bezahlen, sondern nicht einmal ohne fortwährendes Anpumpen der »Wirtschaftslage« von Westeuropa seine »Gewalt« zusammenhalten kann.

Für Herrn Dühring ist die Gewalt das absolut Böse, der erste Gewaltsakt ist ihm der Sündenfall, seine ganze Darstellung ist eine Jammerpredigt über die hiermit vollzogne Ansteckung der ganzen bisherigen Geschichte mit der

Erbsünde, über die schmähliche Fälschung aller natürlichen und gesellschaftlichen Gesetze durch diese Teufelsmacht, die Gewalt. Daß die Gewalt aber noch eine andre Rolle in der Geschichte spielt, eine revolutionäre Rolle, daß sie, in Marx' Worten, die Geburtshelferin jeder alten Gesellschaft ist, die mit einer neuen schwanger geht[31], daß sie das Werkzeug ist, womit sich die gesellschaftliche Bewegung durchsetzt und erstarrte, abgestorbne politische Formen zerbricht – davon kein Wort bei Herrn Dühring. Nur unter Seufzen und Stöhnen gibt er die Möglichkeit zu, daß zum Sturz der Ausbeutungswirtschaft vielleicht Gewalt nötig sein werde – leider! denn jede Gewaltsanwendung demoralisiere den, der sie anwendet. Und das angesichts des hohen moralischen und geistigen Aufschwungs, der die Folge jeder siegreichen Revolution war! Und das in Deutschland, wo ein gewaltsamer Zusammenstoß, der dem Volk ja aufgenötigt werden kann, wenigstens den Vorteil hätte, die aus der Erniedrigung des Dreißigjährigen Kriegs[32] in das nationale Bewußtsein gedrungne Bedientenhaftigkeit auszutilgen. Und diese matte, saft- und kraftlose Predigerdenkweise macht den Anspruch, sich der revolutionärsten Partei aufzudrängen, die die Geschichte kennt?

IV

Wenden wir nun unsre Theorie an auf die deutsche Geschichte von heute und ihre Gewaltspraxis von Blut und Eisen. Wir werden daraus klar ersehen, weshalb die Politik von Blut und Eisen zeitweilig Erfolg haben mußte und weshalb sie schließlich zugrunde gehn muß.

Der Wiener Kongreß hatte 1815 Europa in einer Weise verteilt und verschachert, die die totale Unfähigkeit der Potentaten und Staatsmänner vor aller Welt klarlegte.[33] Der allgemeine Völkerkrieg gegen Napoleon war der Rückschlag des bei allen Völkern von Napoleon mit Füßen getretenen Nationalgefühls. Zum Dank dafür traten die Fürsten und Diplomaten des Wiener Kongresses dies Nationalgefühl noch schnöder unter die Füße. Die kleinste Dynastie galt mehr als das größte Volk. Deutschland und Italien wurden wieder in Kleinstaaten zersplittert, Polen wurde zum vierten Mal geteilt, Ungarn blieb unterjocht. Und man kann nicht einmal sagen, daß den Völkern Unrecht geschah, warum ließen sie sich's gefallen, und warum hatten sie im russischen Zaren [Alexander I.] ihren Befreier begrüßt?

Aber das konnte nicht dauern. Seit dem Ausgang des Mittelalters arbeitet die Geschichte auf die Konstituierung Europas aus großen Nationalstaaten hin. Solche Staaten allein sind die normale politische Verfassung des europäischen herrschenden Bürgertums und sind ebenso unerläßliche Vorbedingung zur Herstellung des harmonischen internationalen Zusammenwirkens der Völker, ohne welches die Herrschaft des Proletariats nicht bestehn kann. Um den internationalen Frieden zu sichern, müssen vorerst alle vermeidlichen nationalen Reibungen beseitigt, muß jedes Volk unabhängig und Herr im eignen Hause sein. Mit der Entwicklung des Handels, des Ackerbaus, der Industrie und damit der sozialen Machtstellung der Bourgeoisie hob sich also überall das Nationalgefühl, verlangten die zersplitterten und unterdrückten Nationen Einheit und Selbständigkeit.

Die Revolution von 1848 war daher überall außerhalb Frankreichs auf Befriedigung ebensosehr der nationalen wie der freiheitlichen Forderungen gerichtet. Aber hinter der im ersten Anlauf siegreichen Bourgeoisie erhob sich überall schon die drohende Gestalt des Proletariats, das den Sieg in Wirklichkeit erkämpft hatte, und trieb die Bourgeoisie in die Arme der eben besiegten Gegner – der monarchischen, bürokratischen, halbfeudalen und militärischen Reaktion, der die Revolution 1849 erlag. In Ungarn, wo dies nicht der Fall war, marschierten die Russen ein und warfen die Revolution nieder.[34] Damit nicht zufrieden, kam der russische Zar [Nikolaus I.] nach Warschau und saß dort zu Gericht als Schiedsrichter von Europa.[35] Er ernannte den Glücksburger Christian, seine fügsame Kreatur, zum Thronfolger Dänemarks.[36] Er demütigte Preußen, wie es noch nie gedemütigt worden, indem er ihm selbst die schwächsten Gelüste auf Ausbeutung deutscher Einheitsbestrebungen verbot und es zwang, den Bundestag[37] wiederherzustellen und sich Östreich zu unterwerfen. Das ganze Resultat der Revolution, auf den ersten Blick, schien also zu sein, daß in Östreich und Preußen nach konstitutioneller Form, aber im alten Geist, regiert wurde und daß der russische Zar Europa mehr beherrschte als je zuvor.

In Wirklichkeit aber hatte die Revolution das Bürgertum auch der zerstückelten Länder, und namentlich Deutschlands, mächtig aus dem alten ererbten Schlendrian aufgerüttelt. Es hatte einen, wenn auch bescheidnen, Anteil an der politischen Macht bekommen; und jeder politische Erfolg der Bourgeoisie wird ausgebeutet in einem industriellen Aufschwung. Das »tolle Jahr«[38], das man glücklich hinter sich hatte, bewies dem Bürgertum handgreiflich, daß es mit der alten Lethargie und Schlafmützigkeit jetzt ein für allemal ein Ende nehmen müsse. Infolge des kalifornischen und australischen Goldregens und andrer Umstände trat eine Ausdehnung der Weltmarktsverbindungen und ein Aufschwung der Geschäfte ein wie noch nie vorher; es galt, hier anzufassen und sich seinen Anteil zu sichern. Die Anfänge großer Industrie, die seit 1830 und namentlich seit 1840 am Rhein, in Sachsen, in Schlesien, in Berlin und in einzelnen Städten des Südens entstanden, wurden jetzt rasch fortgebildet und erweitert, die Hausindustrie der Landbezirke dehnte sich mehr und mehr aus, der Eisenbahnbau wurde beschleunigt, und die bei alledem enorm steigende Auswanderung schuf eine deutsche transatlantische Dampfschiffahrt, die keiner Subvention bedurfte. Mehr als je vorher setzten sich deutsche Kaufleute in allen überseeischen Handelsplätzen fest, vermittelten einen immer größeren Teil des Welthandels und fingen allmählich an, den Absatz nicht nur englischer, sondern auch deutscher Industrieprodukte zu vermitteln.

Dieser sich mächtig hebenden Industrie und dem sich an sie knüpfenden Handel aber mußte die deutsche Kleinstaaterei mit ihren vielfachen verschiednen Handels- und Gewerbegesetzgebungen bald eine unerträgliche Fessel werden. Alle paar Meilen weit ein andres Wechselrecht, andre Bedingungen bei Ausübung eines Gewerbes, überall, aber überall andre Schikanen, bürokratische und fiskalische Fußangeln, ja oft noch Zunftschranken, gegen die nicht einmal eine Konzession half! Und dazu die vielen verschiednen Heimatgesetzgebungen[39] und Aufenthaltsbeschränkungen, die es den Kapitalisten unmöglich machten, disponible Arbeitskräfte in genügender Zahl auf die Punkte zu werfen, wo Erz, Kohle, Wasserkraft und andre Naturbegünstigung die Anlage von industriellen Unternehmungen gebot! Die Fähigkeit, die massenhafte Arbeitskraft des Vaterlands ungehindert auszubeuten, war die erste Bedingung der industriellen Entwicklung; überall aber, wo der patriotische Fabrikant Arbeiter von allen Enden zusammenzog, stemmte sich Polizei und Armenverwaltung gegen die Niederlassung der Zuzügler. Ein deutsches Reichsbürgerrecht und volle Freizügigkeit für alle Reichsbürger, eine einheitliche Handels- und Gewerbegesetzgebung, das waren nicht mehr patriotische Phantasien überspannter Studenten, das waren jetzt notwendige Lebensbedingungen der Industrie.

Dazu in jedem Staat und Staatchen andres Geld, andres Maß und Gewicht, oft genug zweierlei und dreierlei im selben Staat. Und von allen diesen zahllosen Gattungen von Münze, Maß oder Gewicht wurde keine einzige auf dem Weltmarkt anerkannt. Was Wunder also, daß Kaufleute und Fabrikanten, die auf dem Weltmarkt verkehrten oder mit importierten Artikeln zu konkurrieren hatten, zu all den vielen Münzen, Maßen und Gewichten auch noch ausländische anwenden mußten, daß baumwollne Garne nach englischen Pfunden gehaspelt, seidne Zeuge nach Meterlänge angefertigt, Rechnungen fürs Ausland in Pfund Sterling, Dollars, Francs ausgestellt wurden? Und wie sollten große Kreditinstitute zustande kommen auf diesen beschränkten Währungsgebieten, mit Banknoten in Gulden hier, in preußischen Talern dort, daneben Taler Gold, Taler »Neue Zweidrittel«, Mark Banco, Mark Kurant, Zwanzigguldenfuß, Vierundzwanzigguldenfuß[40], bei endlosen Kursberechnungen und Kursschwankungen?

Und wenn es gelang, dies alles schließlich zu überwinden, wieviel Kraft war bei allen diesen Reibungen draufgegangen, wieviel Geld und Zeit war verloren! Und man fing endlich auch in Deutschland an zu merken, daß heutzutage Zeit Geld ist.

Auf dem Weltmarkt hatte sich die junge deutsche Industrie zu bewähren, nur durch die Ausfuhr konnte sie groß werden. Dazu gehörte, daß sie in der Fremde den Schutz des Völkerrechts genoß. Der englische, französische, amerikanische Kaufmann konnte im Ausland sich immer noch etwas mehr erlauben als zu Hause. Seine Gesandtschaft trat für ihn ein und im Notfall auch ein paar Kriegsschiffe. Aber der Deutsche! In der Levante konnte wenigstens der Östreicher sich einigermaßen auf seine Gesandtschaft verlassen, sonst half sie ihm auch nicht viel. Wo aber ein preußischer Kaufmann in der

Fremde sich bei seinem Gesandten über widerfahrene Unbill beklagte, da hieß es fast immer: »Das geschieht Euch ganz recht, was habt Ihr hier zu suchen, warum bleibt Ihr nicht hübsch zu Hause?« Der Kleinstaatler vollends war überall erst recht rechtlos. Wohin man kam, standen die deutschen Kaufleute unter fremdem, französischem, englischem, amerikanischem Schutz oder hatten sich in der neuen Heimat schleunigst naturalisieren lassen.[1*] Und selbst wenn ihre Gesandten sich hätten für sie verwenden wollen, was hätte es genützt? Die deutschen Gesandten selbst wurden über See behandelt wie die Schuhputzer.

Man sieht hieraus, wie das Verlangen nach einem einheitlichen »Vaterland« einen sehr materiellen Hintergrund besaß. Es war nicht mehr der nebelhafte Drang wartburgsfestlicher Burschenschafter[41], »wo Mut und Kraft in deutschen Seelen flammten« und wo es nach einer französischen Melodie »den Jüngling fortriß mit Sturmeswehn, fürs Vaterland in Kampf und Tod zu gehn«[42], um die romantische Kaiserherrlichkeit des Mittelalters wiederherzustellen, und wo der sturmeswehende Jüngling auf seine alten Tage ein ganz gemeiner pietistischer und absolutistischer Fürstenknecht wurde. Es war auch nicht mehr der der Erde schon bedeutend nähergekommene Einheitsruf der Advokaten und sonstigen bürgerlichen Ideologen des Hambacher Festes[43], die die Freiheit und Einheit um ihrer selbst willen zu lieben glaubten und gar nicht merkten, daß die Verschweizerung Deutschlands zu einer Kantönlirepublik, auf die das Ideal der am wenigsten Unklaren unter ihnen hinauslief, ebenso unmöglich war wie das hohenstaufische Kaisertum[44] jener Studenten. Nein, es war das aus der unmittelbaren Geschäftsnot hervorbrechende Begehren des praktischen Kaufmanns und Industriellen nach Wegfegung all des historisch überkommenen kleinstaatlichen Plunders, der der freien Entfaltung von Handel und Gewerbe im Wege stand, nach Beseitigung all der überflüssigen Reibung, die der deutsche Geschäftsmann erst zu Hause über-

1* Weerth

winden mußte, wenn er den Weltmarkt betreten wollte, und deren alle seine Konkurrenten überhoben waren. Die deutsche Einheit war eine wirtschaftliche Notwendigkeit geworden. Und die Leute, die sie jetzt forderten, wußten, was sie wollten. Sie waren im Handel und zum Handel auferzogen, verstanden zu handeln und ließen mit sich handeln. Sie wußten, daß man recht hoch fordern, aber auch liberal ablassen muß. Sie sangen von »des Deutschen Vaterland«[45], darin auch Steierland, Tirol und »das Östreich, an Ehren und an Siegen reich«, und:

»Von der Maas bis an die Memel,
von der Etsch bis an den Belt,
Deutschland, Deutschland über alles,
über alles in der Welt«[46] –

aber sie waren bereit, auf dieses immer größer sein müssende Vaterland einen recht beträchtlichen Rabatt für bare Zahlung – 25 bis 30 % zu bewilligen. Ihr Einheitsplan war gemacht und sofort praktikabel.

Die deutsche Einheit war aber keine bloß deutsche Frage. Seit dem Dreißigjährigen Krieg[32] war keine einzige gemeindeutsche Angelegenheit mehr entschieden worden ohne die sehr fühlbare Einmischung des Auslands.[1*] Friedrich II. hatte 1740 Schlesien erobert mit Hülfe der Franzosen.[49] Frankreich und Rußland hatten 1803 die Reorganisation des Heiligen Römischen Reichs durch den Reichsdeputationshauptschluß[50] buchstäblich diktiert. Dann hatte Napoleon Deutschland nach seiner Konvenienz eingerichtet. Und endlich, auf dem Wiener Kongreß[2*], war es aufs neue, hauptsächlich durch Rußland und in zweiter Linie durch England und Frankreich, in sechsunddreißig Staaten mit über zweihundert besondern großen und kleinen Landfetzen zersplittert worden, und die deutschen Dynasten, ganz wie 1802/1803 auf dem Regensburger Reichstag, hatten dabei redlich mitgeholfen und die Zersplitterung noch ärger gemacht. Zudem waren einzelne

[1*] West[fälischer][47] und Tesch[ener] Friede[48]
[2*] Deutschland – Polen

Stücke von Deutschland fremden Fürsten überliefert. So war Deutschland nicht nur machtlos und hülflos, in innerem Hader sich aufreibend, politisch, militärisch und selbst industriell zur Nichtigkeit verdammt. Sondern, was noch weit schlimmer, Frankreich und Rußland hatten durch wiederholten Brauch ein Recht erworben auf die Zersplitterung Deutschlands, ganz wie Frankreich und Östreich ein Recht sich anmaßten, darüber zu wachen, daß Italien zerstückelt blieb. Es war dies angebliche Recht, das der Zar Nikolaus 1850 geltend gemacht hatte, indem er, jede eigenmächtige Verfassungsänderung sich gröblichst verbittend, die Wiederherstellung des Bundestags, dieses Ausdrucks der Ohnmacht Deutschlands, erzwang.

Die Einheit Deutschlands mußte also erkämpft werden nicht nur gegen die Fürsten und sonstigen inneren Feinde, sondern auch gegen das Ausland. Oder aber – mit Hülfe des Auslands. Und wie stand es damals im Ausland?

In Frankreich hatte Louis Bonaparte den Kampf zwischen Bourgeoisie und Arbeiterklasse benutzt, um sich mit Hülfe der Bauern in die Präsidentschaft und mit Hülfe der Armee auf den Kaiserthron zu schwingen. Aber ein neuer, von der Armee gemachter Kaiser Napoleon innerhalb der Grenzen des Frankreichs von 1815 – das war ein totgebornes Unding. Das wiedergeborne napoleonische Kaiserreich, das hieß die Ausdehnung Frankreichs bis an den Rhein, die Verwirklichung des erblichen Traums des französischen Chauvinismus. Zunächst aber war der Rhein für Louis Bonaparte nicht zu haben; jeder Versuch in dieser Richtung hätte eine europäische Koalition gegen Frankreich zur Folge gehabt. Dagegen bot sich eine Gelegenheit, die Machtstellung Frankreichs zu heben und der Armee neue Lorbeeren zuzuwenden durch einen im Einklang mit fast ganz Europa geführten Krieg gegen Rußland, das die revolutionäre Periode Westeuropas benutzt hatte, um in aller Stille die Donaufürstentümer zu besetzen und einen neuen türkischen Eroberungskrieg vorzubereiten. England verband sich mit Frankreich, Östreich war beiden günstig, nur das heroische Preußen küßte die russische Rute, die es gestern noch gezüchtigt, und blieb in russenfreundlicher Neutralität. Aber weder England noch Frankreich wollten eine ernstliche Besiegung des Gegners, und so endete der Krieg in einer sehr gelinden Demütigung Rußlands und in einer russisch-französischen Allianz gegen Östreich.[1*]

Der Krimkrieg machte Frankreich zur leitenden Macht Europas und den Abenteurer Louis-Napoléon zum größten Mann des Tages, was freilich nicht viel sagen will. Aber der Krimkrieg hatte Frankreich keinen Gebietszuwachs gebracht

[1*] Der Krimkrieg[21] war eine einzige kolossale Komödie der Irrungen, wo man sich bei jedem neuen Auftritt fragt: Wer soll hier geprellt werden? Aber die Komödie kostete ungezählte Schätze und reichlich eine Million Menschenleben. Kaum war der Kampf im Gang, so marschierte Östreich in die Donaufürstentümer; die Russen zogen sich vor ihnen zurück. Dadurch war, solange Östreich neutral blieb, ein Krieg an der russischen Landgrenze gegen die Türkei unmöglich gemacht. Aber Östreich war für einen Krieg an dieser Grenze als Alliierter zu haben, vorausgesetzt, daß der Krieg ernsthaft geführt wurde um die Wiederherstellung Polens und die dauernde Zurückschiebung der russischen Westgrenze. Dann hätte auch Preußen mitgemußt, durch das Rußland jetzt noch alle seine Zufuhren bezog; Rußland wäre zu Lande wie zu Wasser blockiert gewesen und mußte rasch erliegen. Aber das war nicht die Absicht der Alliierten. Sie waren im Gegenteil froh, jetzt aller Gefahr eines ernsthaften Kriegs enthoben zu sein. Palmerston schlug vor, den Kriegsschauplatz nach der Krim zu verlegen – was Rußland wünschte –, und Louis-Napoléon ging nur zu gern darauf ein. Der Krieg konnte hier nur noch ein Scheinkrieg bleiben, und so waren alle Hauptbeteiligten zufriedengestellt. Aber der Kaiser Nikolaus setzte sich in den Kopf, hier einen ernstlichen Krieg zu führen, und vergaß dabei, daß, was für einen Scheinkrieg sein günstigstes, für einen ernstlichen Krieg sein ungünstigstes Terrain war. Die Stärke Rußlands in der Verteidigung – die ungeheuere Ausdehnung seines dünnbevölkerten, unwegsamen und an Hülfsquellen armen Gebiets – kehrt sich bei jedem russischen Angriffskrieg gegen Rußland selbst und nirgends mehr als in der Richtung der Krim. Die südrussischen Steppen, die das Grab des Angreifers hätten werden müssen, wurden das Grab der russischen Armeen, die Nikolaus mit brutal-dummer Rücksichtslosigkeit eine nach der anderen – zuletzt mitten im Winter – nach Sewastopol trieb. Und als die letzte, eiligst zusammengeraffte, kaum notdürftig ausgerüstete, elend verpflegte Heersäule an zwei Drittel ihres Bestands auf dem Marsch verloren hatte (ganze Bataillone kamen im Schneesturm um) und der Rest nicht imstande war, die Feinde vom russischen Boden zu vertreiben, da brach der aufgeblasene Hohlkopf Nikolaus jämmerlich zusammen und vergiftete sich. Von da an wurde der Krieg wieder Scheinkrieg und führte bald zum Friedensschluß.

und trug daher in seinem Schoß einen neuen Krieg, worin Louis-Napoléon seinen wahren Beruf erfüllen sollte als »Mehrer des Reichs«[51]. Dieser neue Krieg war schon während des ersten eingefädelt worden, indem Sardinien erlaubt wurde, sich der westmächtlichen Allianz anzuschließen als Satellit des kaiserlichen Frankreichs und speziell als sein Vorposten gegen – Östreich; er wurde weiter vorbereitet beim Friedensschluß durch das Einverständnis Louis-Napoléons mit Rußland[52], dem nichts genehmer war als eine Züchtigung Östreichs.

Louis-Napoléon war jetzt der Abgott der europäischen Bourgeoisie. Nicht nur wegen seiner »Gesellschaftsrettung« vom 2. Dezember 1851[53], wo er zwar die politische Herrschaft der Bourgeoisie vernichtet, aber nur um ihre soziale Herrschaft zu retten. Nicht nur weil er gezeigt, wie das allgemeine Stimmrecht unter günstigen Umständen in ein Werkzeug zur Unterdrückung der Massen verwandelbar sei; nicht nur weil unter seiner Herrschaft Industrie und Handel und namentlich Spekulation und Börsenschwindel einen nie gekannten Aufschwung genommen. Sondern vor allem, weil die Bourgeoisie in ihm den ersten »großen Staatsmann« erkannte, der Fleisch von ihrem Fleisch, Bein von ihrem Bein war. Er war Emporkömmling, wie jeder echte Bourgeois auch. »In allen Wassern gewaschen«, karbonaristischer Verschwörer[54] in Italien, Artillerieoffizier in der Schweiz, verschuldeter vornehmer Lumpazivagabundus und Spezial-Konstabler in England[55], aber stets und überall Prätendent, hatte er sich durch eine abenteuerliche Vergangenheit und durch moralische Bloßstellung in allen Ländern zum Kaiser der Franzosen und Leiter der Geschicke Europas vorbereitet, wie der Musterbourgeois, der Amerikaner, durch eine Reihe ehrlicher und betrügerischer Bankerotte sich vorbereitet zum Millionär. Als Kaiser machte er nicht nur die Politik dem kapitalistischen Erwerb und dem Börsenschwindel dienstbar, sondern betrieb auch die Politik selbst ganz nach den Grundsätzen der Fondsbörse und spekulierte auf das »Nationalitätsprinzip«[56]. Die

Zersplitterung Deutschlands und Italiens war der bisherigen französischen Politik ein unveräußerliches Grundrecht Frankreichs gewesen; Louis-Napoléon schickte sich sofort an, dies Grundrecht stückweise zu verschachern gegen sogenannte Kompensationen. Er war bereit, Italien und Deutschland zur Beseitigung der Zersplitterung behülflich zu sein, vorausgesetzt, daß Deutschland und Italien jeden Schritt zur nationalen Einigung hin ihm bezahlten mit der Abtretung von Gebiet. Damit wurde nicht nur der französische Chauvinismus befriedigt und das Kaiserreich allmählich auf die Grenzen von 1801[57] gebracht, sondern Frankreich auch wieder als die spezifisch aufgeklärte und völkerbefreiende Macht und Louis-Napoléon als der Beschützer der unterdrückten Nationalitäten hingestellt. Und die ganze aufgeklärte und nationalitätsbegeisterte – weil bei der Hinwegräumung aller Geschäftshindernisse vom Weltmarkt lebhaft interessierte – Bourgeoisie jubelte dieser weltbefreienden Aufklärung einstimmig zu.

Der Anfang wurde in Italien gemacht.[1*] Hier herrschte seit 1849 Östreich unbeschränkt, und Östreich war damals der allgemeine Sündenbock Europas. Die Magerkeit der Resultate des Krimkriegs wurden nicht der Unentschlossenheit der Westmächte zugeschoben, die nur einen Scheinkrieg gewollt, sondern der unentschiednen Haltung Östreichs, an der niemand mehr schuld gewesen als die Westmächte selbst. Rußland aber war durch den Vormarsch der Östreicher an den Pruth – den Dank für die russische Hülfe in Ungarn 1849 – so verletzt (obwohl grade dieser Vormarsch Rußland gerettet), daß es jeden Angriff auf Östreich mit Freuden sah. Preußen zählte nicht mehr und wurde schon auf dem Pariser Friedenskongreß[58] en canaille behandelt. Und so wurde der Krieg zur Befreiung Italiens »bis zur Adria« mit Rußlands Mitwirkung eingefädelt, im Frühjahr 1859 unternommen und im Sommer schon am Mincio beendigt. Östreich war nicht aus Italien hinausgeworfen, Italien war nicht »frei bis zur Adria« und nicht geeinigt, Sardinien hatte Zuwachs erhalten, aber

[1*] Orsini

Frankreich hatte Savoyen und Nizza erworben und damit, gegen Italien, die Grenzen von 1801.[59]

Aber damit waren die Italiener nicht zufrieden. In Italien herrschte damals noch die eigentliche Manufaktur vor, die große Industrie war noch in den Windeln. Die Arbeiterklasse war noch bei weitem nicht durchgängig expropriiert und proletarisiert; in den Städten besaß sie noch ihre eignen Produktionsmittel, auf dem Lande war die industrielle Arbeit Nebenerwerb kleiner grundbesitzender oder pachtender Bauern. Daher war die Energie der Bourgeoisie noch nicht gebrochen durch den Gegensatz gegen ein modernes klassenbewußtes Proletariat. Und da in Italien die Zersplitterung nur durch die östreichische Fremdherrschaft bestand, unter deren Schutz die Fürsten die Mißregierung bis aufs äußerste getrieben, so stand auch der großgrundbesitzende Adel und die städtische Volksmasse auf Seite der Bourgeoisie als der Vorkämpferin der nationalen Unabhängigkeit. Die Fremdherrschaft aber war 1859, außer in Venetien, abgeschüttelt, ihre fernere Einmischung in Italien durch Frankreich und Rußland unmöglich gemacht, niemand fürchtete sie mehr. Und Italien besaß in Garibaldi einen Helden von antikem Charakter, der Wunder tun konnte und Wunder tat. Mit tausend Freischärlern warf er das ganze Königreich Neapel über den Haufen, einigte Italien tatsächlich, zerriß das künstliche Gewebe bonapartischer Politik. Italien war frei und der Sache nach geeint – aber nicht durch Louis-Napoléons Ränke, sondern durch die Revolution.

Seit dem italienischen Krieg war die auswärtige Politik des zweiten französischen Kaiserreichs niemandem ein Geheimnis mehr. Die Besieger des großen Napoleon sollten gezüchtigt werden – aber l'un après l'autre, einer nach dem andern. Rußland und Östreich hatten ihr Teil erhalten, der nächste an der Reihe war Preußen. Und Preußen war verachteter als je; seine Politik während des italienischen Kriegs war feig und jämmerlich gewesen, ganz wie zur Zeit des Baseler Friedens 1795[60]. Mit der »Politik der freien Hand«[61] war es dahin gekommen, daß es ganz vereinsamt in Europa stand, daß alle seine großen und kleinen Nachbarn sich auf das Schauspiel freuten, wie Preußen in die Pfanne gehauen werde, daß seine Hand frei war nur noch für dies eine: das linke Rheinufer an Frankreich abzutreten.

In der Tat war in den ersten Jahren nach 1859 überall und nirgends mehr als am Rhein selbst die Überzeugung verbreitet, daß das linke Rheinufer unrettbar Frankreich verfallen sei. Man wünschte es nicht grade, aber man sah es kommen wie ein unabwendbares Verhängnis, und – geben wir der Wahrheit die Ehre – man fürchtete es auch nicht eben sehr. Bei den Bauern und Kleinbürgern wurden die alten Erinnerungen an die Franzosenzeit, die wirklich die Freiheit gebracht hatte, wieder wach; von der Bourgeoisie war die Finanzaristokratie, besonders in Köln, schon tief in die Mogeleien des Pariser Crédit mobilier[62] und andrer bonapartistische Schwindelkompanien verwickelt und schrie laut nach der Annexion.[1*]

Aber der Verlust des linken Rheinufers, das war die Schwächung nicht nur Preußens, sondern auch Deutschlands. Und Deutschland war gespaltner als je. Östreich und Preußen einander entfremdeter als je durch Preußens Neutralität im italienischen Krieg, das kleine Fürstengezücht halb ängstlich, halb lüstern nach Louis-Napoléon schielend als dem Protektor eines erneuerten Rheinbunds[63] – das war die Lage des offiziellen Deutschlands. Und das in einem Moment, wo nur die vereinigten Kräfte der ganzen Nation imstande waren, die Gefahr der Zerstückelung abzuwenden.

Wie aber die Kräfte der ganzen Nation einigen? Drei Wege lagen offen, nachdem die fast ausnahmslos nebelhaften Versuche von 1848 gescheitert waren, aber auch eben dadurch manchen Nebel zerstreut hatten.

Der erste Weg war der der wirklichen Einigung durch Be-

[1*] Daß dies damals die allgemeine Stimmung am Rhein, davon haben Marx und ich uns an Ort und Stelle oft genug überzeugt. Linksrheinische Industrielle frugen mich u. a., wie sich ihre Industrie unter dem französischen Zolltarif befinden werde.

seitigung aller Einzelstaaten, also der offen revolutionäre Weg. Dieser Weg hatte soeben in Italien zum Ziel geführt; die savoyische Dynastie hatte sich der Revolution angeschlossen und dadurch die Krone Italiens eingeheimst. Solch kühner Tat aber waren unsre deutschen Savoyer, die Hohenzollern, und selbst ihre verwegensten Cavours à la Bismarck absolut unfähig. Das Volk hätte alles selbst tun müssen – und in einem Krieg um das linke Rheinufer wäre es wohl imstande gewesen, das Nötige zu tun. Der unvermeidliche Rückzug der Preußen über den Rhein, stehender Krieg an den Rheinfestungen, der dann unzweifelhafte Verrat der süddeutschen Fürsten konnten hinreichen, eine nationale Bewegung zu entfachen, vor der die ganze Dynastenwirtschaft zerstob. Und dann war Louis-Napoléon der erste, der den Degen einsteckte. Das zweite Kaiserreich konnte als Gegner nur reaktionäre Staaten gebrauchen, denen gegenüber es als Fortführer der französischen Revolution, als Völkerbefreier erschien. Gegen ein selbst in Revolution begriffenes Volk war es ohnmächtig; ja, die siegreiche deutsche Revolution konnte den Anstoß geben zum Sturz des ganzen französischen Kaisertums. Das war der günstigste Fall; im ungünstigsten, wenn die Dynasten der Bewegung Herr wurden, verlor man zeitweilig das linke Rheinufer an Frankreich, legte den aktiven oder passiven Verrat der Dynasten vor aller Welt bloß und schuf eine Zwangslage, worin Deutschland kein andrer Ausweg blieb als die Revolution, die Verjagung sämtlicher Fürsten, die Herstellung der deutschen einheitlichen Republik.

Wie die Dinge lagen, konnte dieser Weg zur Einigung Deutschlands nur betreten werden, wenn Louis-Napoléon den Krieg um die Rheingrenze anfing. Dieser Krieg unterblieb jedoch – aus bald zu erwähnenden Gründen. Damit aber hörte auch die Frage der nationalen Einigung auf, eine unaufschiebbare Lebensfrage zu sein, die gelöst werden mußte von heute auf morgen, bei Strafe des Untergangs. Die Nation konnte einstweilen warten.

Der zweite Weg war die Einigung unter der Vorherrschaft

Östreichs. Östreich hatte 1815 die ihm durch die napoleonischen Kriege aufgedrängte Lage eines kompakten, abgerundeten Staatsgebiets willig beibehalten. Seine vormaligen abgetrennten Besitzungen in Süddeutschland beanspruchte es nicht wieder; es begnügte sich mit der Anfügung alter und neuer Landstriche, die sich geographisch und strategisch an den noch übrigen Kern der Monarchie anpassen ließen. Die durch die Schutzzölle Josephs II. eingeleitete, durch die italienische Polizeiwirtschaft Franz' I. verschärfte, durch die Auflösung des Deutschen Reichs[64] und den Rheinbund auf die Spitze getriebne Scheidung Deutsch-Östreichs vom übrigen Deutschland blieb auch nach 1815 faktisch in Kraft. Metternich umgab seinen Staat nach der deutschen Seite hin mit einer förmlichen chinesischen Mauer. Die Zölle hielten die stofflichen, die Zensur die geistigen Produkte Deutschlands draußen, die namenlosesten Paßschikanen beschränkten den persönlichen Verkehr auf das notwendigste Minimum. Im Innern sicherte eine selbst in Deutschland einzig dastehende absolutistische Willkür vor jeder, auch der leisesten, politischen Regung. So hatte Östreich der ganzen bürgerlich-liberalen Bewegung Deutschlands absolut ferngestanden. Mit 1848 fiel wenigstens die geistige Scheidewand großenteils hinweg; aber die Ereignisse jenes Jahrs und ihre Folgen waren wenig geeignet, Östreich dem übrigen Deutschland näherzubringen; im Gegenteil, Östreich pochte mehr und mehr auf seine unabhängige Großmachtsstellung. Und so kam es, daß, obwohl die östreichischen Soldaten der Bundesfestungen[65] beliebt und die preußischen verhaßt und verspottet waren und obwohl Östreich im ganzen vorwiegend katholischen Süden und Westen noch immer populär und angesehn war, dennoch niemand ernstlich an eine Einigung Deutschlands unter östreichischer Vorherrschaft dachte, außer etwa ein paar deutsche kleine und Mittelstaatsfürsten.

Es konnte auch gar nicht anders sein. Östreich hatte es selbst nicht anders gewollt, trotzdem es in der Stille romantische Kaiserträume großzog. Die östreichische Zollgrenze war mit der Zeit die einzige noch übrige materielle Scheidewand innerhalb Deutschlands geblieben und wurde um so schärfer empfunden. Die unabhängige Großmachtspolitik hatte keinen Sinn, wenn sie nicht die Preisgebung deutscher zugunsten spezifisch östreichischer, also italienischer, ungarischer etc. Interessen bedeutete. Wie vor so nach der Revolution blieb Östreich der reaktionärste, der modernen Strömung am widerwilligsten folgende Staat Deutschlands und dazu – die einzige noch übrige, spezifisch katholische Großmacht. Je mehr die nachmärzliche Regierung[66] die alte Pfaffen- und Jesuitenwirtschaft wiederherzustellen strebte, desto unmöglicher wurde ihr die Hegemonie über ein zu zwei Dritteln protestantisches Land. Und endlich war eine Einigung Deutschlands unter Östreich nur möglich durch Sprengung Preußens. Sowenig aber diese an sich ein Unglück für Deutschland bedeutet, so wäre doch die Sprengung Preußens durch Östreich ebenso unheilvoll gewesen, wie die Sprengung Östreichs durch Preußen sein würde vor dem bevorstehenden Sieg der Revolution in Rußland (nach welchem sie überflüssig wird, weil das dann überflüssig gemachte Östreich von selbst zerfallen muß).

Kurz, die deutsche Einheit unter Östreichs Fittichen war ein romantischer Traum und erwies sich als solcher, als die deutschen Klein- und Mittelfürsten 1863 in Frankfurt zusammentraten, um Franz Joseph von Östreich zum deutschen Kaiser auszurufen. Der König von Preußen blieb einfach weg, und die Kaiserkomödie fiel elend ins Wasser.[67]

Blieb der dritte Weg: die Einigung unter preußischer Spitze. Und dieser, weil wirklich eingeschlagen, führt uns aus dem Gebiet der Spekulation wieder herab auf den solideren, wenn auch ziemlich unflätigen Boden der praktischen, der »Realpolitik«[68].

Seit Friedrich II. sah Preußen in Deutschland wie in Polen ein bloßes Eroberungsgebiet, von dem man nimmt, was man kriegen kann, von dem es sich aber auch von selbst versteht, daß man es mit andern zu teilen hat. Teilung Deutschlands mit dem Ausland – zunächst mit Frankreich – das war der »deutsche Beruf« Preußens seit 1740. »Je vais, je crois, jouer votre jeu; si les as me viennent, nous partagerons« (ich glaube, ich werde Euer Spiel spielen; bekomme ich die Asse, so teilen wir) – das waren Friedrichs Abschiedsworte an den französischen Gesandten [Beauvau], als er in seinen ersten Krieg[49] zog. Getreu diesem »deutschen Beruf« verriet Preußen 1795 Deutschland im Baseler Frieden, willigte (Vertrag vom 5. August 1796) gegen Zusicherung von Gebietszuwachs im voraus in die Abtretung des linken Rheinufers an Frankreich und kassierte bei dem von Rußland und Frankreich diktierten Reichsdeputationshauptschluß den Lohn des Reichsverrats auch wirklich ein.[69] 1805 verriet es seine Bundesgenossen Rußland und Östreich nochmals, sobald ihm Napoleon Hannover vorhielt – den Köder, worauf es jedesmal anbiß –, verfing sich aber in seiner eignen Dummschlauheit dermaßen, daß es nun doch in Krieg mit Napoleon kam und bei Jena die verdiente Züchtigung erhielt.[70] Im Nachgefühl dieser Hiebe wollte Friedrich Wilhelm III. selbst nach den Siegen von 1813 und 1814 auf alle westdeutschen Außenposten verzichten, sich auf den Besitz von Nordostdeutschland beschränken, sich, ähnlich wie Östreich, möglichst aus Deutschland zurückziehn – was ganz Westdeutschland in einen neuen Rheinbund unter russischer oder französischer Schutzherrschaft verwandelt hätte. Der Plan gelang nicht; ganz wider den Willen des Königs wurden ihm Westfalen und die Rheinprovinz aufgezwungen und damit ein neuer »deutscher Beruf«.

Mit den Annexionen – den Ankauf einzelner winziger Landfetzen ausgenommen – war es jetzt vorderhand vorbei. Im Innern kam allgemach die alte junkerlich-bürokratische Wirtschaft wieder in Flor; die in bittrer Not dem Volk gemachten Verfassungszusagen wurden beharrlich gebrochen. Aber bei alledem kam das Bürgertum auch in Preußen immer mehr auf, denn ohne Industrie und Handel war selbst der hochnasige preußische Staat jetzt eine Null. Langsam, widerhaarig, in homöopathischen Dosen mußten ökonomische

Konzessionen an das Bürgertum gemacht werden. Und nach einer Seite hin boten diese Konzessionen die Aussicht, Preußens »deutschen Beruf« zu unterstützen: indem Preußen, um die fremden Zollgrenzen zwischen seinen beiden Hälften zu beseitigen, die anschließenden deutschen Staaten zur Zolleinigung einlud. So entstand der Zollverein, bis 1830 frommer Wunsch (nur Hessen-Darmstadt war beigetreten), dann aber, bei dem etwas rascheren Tempo der politischen und ökonomischen Bewegung, bald den größten Teil Innerdeutschlands ökonomisch an Preußen annektierend.[71] Die nichtpreußischen Küstenländer blieben bis nach 1848 noch draußen.

Der Zollverein war ein großer Erfolg Preußens. Daß er einen Sieg über den östreichischen Einfluß bedeutete, war noch das wenigste. Die Hauptsache war, daß er das ganze Bürgertum der Mittel- und Kleinstaaten auf Seite Preußens stellte. Sachsen ausgenommen, war kein deutscher Staat vorhanden, dessen Industrie sich nur annähernd in dem Maße entwickelt hatte wie die preußische; und das war nicht allein natürlichen und geschichtlichen Vorbedingungen geschuldet, sondern auch dem größeren Zollgebiet und innern Markt. Und je mehr der Zollverein sich ausbreitete und die Kleinstaaten in diesen innern Markt aufnahm, desto mehr gewöhnten sich die angehenden Bourgeois dieser Staaten, nach Preußen zu blicken als ihrer ökonomischen und dereinst auch politischen Vormacht. Und wie die Bourgeois sangen, so pfiffen die Professoren. Was in Berlin die Hegelianer philosophisch konstruierten, daß Preußen an die Spitze Deutschlands zu treten berufen sei, das demonstrierten in Heidelberg die Schüler Schlossers historisch, namentlich Häusser und Gervinus. Dabei war natürlich vorausgesetzt, daß Preußen sein ganzes politisches System ändre, die Forderungen der Ideologen der Bourgeoisie erfülle.[1*]

[1*] Die »Rheinische Zeitung«[72] von 1842 diskutierte von diesem Standpunkt aus die Frage von der preußischen Hegemonie. Gervinus sagte mir schon im Sommer 1843 in Ostende: Preußen muß an die Spitze Deutschlands treten; dazu ist aber dreierlei nötig: Preußen muß eine Verfassung geben, es muß Preßfreiheit geben, und es muß eine auswärtige Politik annehmen, die Farbe hat.

Alles dies geschah aber nicht aus besondrer Vorliebe für den preußischen Staat, wie etwa die italienischen Bourgeois Piemont als leitenden Staat akzeptierten, nachdem es sich offen an die Spitze der nationalen und konstitutionellen Bewegung gestellt. Nein, es geschah widerwillig, die Bourgeois nahmen Preußen als das kleinste Übel: weil Östreich sie von seinem Markt ausschloß und weil Preußen, verglichen mit Östreich, immer noch einen gewissen bürgerlichen Charakter hatte, schon wegen seiner finanziellen Filzigkeit. Zwei gute Einrichtungen hatte Preußen vor andern Großstaaten voraus: die allgemeine Wehrpflicht und den allgemeinen Schulzwang. Es hatte sie eingeführt in Zeiten verzweifelter Not und hatte sich, in bessern Tagen, damit begnügt, sie durch nachlässige Ausführung und absichtliche Verhunzung ihres unter Umständen gefahrvollen Charakters zu entkleiden. Aber sie bestanden auf dem Papier fort, und damit erhielt sich Preußen die Möglichkeit, die in der Volksmasse schlummernde potentielle Energie eines Tags in einem Grade zu entfalten, der für eine gleiche Volkszahl anderswo unerreichbar blieb. Die Bourgeoisie fand sich in diese beiden Einrichtungen; die persönliche Dienstpflicht der Einjährigen[73], also der Bourgeoissöhne, war um 1840 leicht und ziemlich wohlfeil durch Bestechung zu umgehn, zumal damals in der Armee selbst nur wenig Wert auf aus kaufmännischen und industriellen Kreisen rekrutierte Landwehroffiziere[16] gelegt wurde. Und die vom Schulzwang noch übrige, unbestreitbar in Preußen vorhandne, größere Anzahl von Leuten mit einer gewissen Summe Elementarkenntnissen war der Bourgeoisie im höchsten Grad nützlich; sie wurde, mit dem Fortschritt der großen Industrie, schließlich sogar ungenügend.[1*] Die Klagen über die sich in starken Steuern ausdrückenden hohen Kosten beider Einrichtungen[2*] wurden vornehmlich beim Kleinbürgertum laut;

[1*] Noch zur Zeit des Kulturkampfs[74] klagten mir rheinische Fabrikanten, sie könnten sonst vortreffliche Arbeiter nicht zu Aufsehern befördern wegen Mangel genügender Schulkenntnisse. Dies sei besonders in den katholischen Gegenden der Fall.

[2*] Mittelschulen für die Bourgeoisie

die emporkommende Bourgeoisie rechnete sich heraus, daß die allerdings fatalen, aber unvermeidlichen künftigen Großmachtskosten reichlich durch die gesteigerten Profite aufgewogen würden.

Kurz, die deutschen Bourgeois machten sich über die preußische Liebenswürdigkeit keine Illusionen. Wenn seit 1840 die preußische Hegemonie bei ihnen in Ansehn kam, so geschah dies nur, weil und in dem Maß wie die preußische Bourgeoisie, infolge ihrer rascheren ökonomischen Entwicklung, wirtschaftlich und politisch an die Spitze der deutschen Bourgeoisie trat, weil und in dem Maß wie die Rotteck und Welcker des altkonstitutionellen Südens von den Camphausen, Hansemann und Milde des preußischen Nordens, die Advokaten und Professoren von den Kaufleuten und Fabrikanten in den Schatten gestellt wurden. Und in der Tat war in den preußischen Liberalen der letzten Jahre vor 1848, namentlich in den rheinischen, ein ganz anders revolutionärer Hauch zu spüren als in den Kantönli-Liberalen des Südens[75]. Damals entstanden die beiden besten politischen Volkslieder seit dem 16. Jahrhundert, das Lied vom Bürgermeister Tschech und das von der Freifrau von Droste-Vischering[76], über deren Frevelhaftigkeit sich heute dieselben Leute im Alter entsetzen, die 1846 flott mitsangen:

Hatte je ein Mensch so'n Pech
Wie der Bürgermeister Tschech,
Daß er diesen dicken Mann
Auf zwei Schritt nicht treffen kann!

Aber das sollte alles bald anders werden. Die Februarrevolution[77] kam und die Wiener Märztage[78] und die Berliner Revolution vom 18. März[79]. Die Bourgeoisie hatte gesiegt, ohne ernsthaft zu kämpfen, sie hatte den ernsthaften Kampf, als er kam, gar nicht einmal gewollt. Denn sie, die noch vor kurzem mit dem Sozialismus und Kommunismus jener Zeit kokettiert hatte (am Rhein namentlich), merkte jetzt plötzlich, daß sie nicht nur einzelne Arbeiter gezüchtet hatte, sondern eine Arbeiter*klasse*, ein zwar noch halb im Traum befangnes, aber doch allmählich erwachendes, seiner innersten Natur nach revolutionäres Proletariat. Und dies Proletariat, das überall den Sieg für die Bourgeoisie erkämpft hatte, stellte, namentlich in Frankreich, bereits Forderungen, die mit dem Bestand der ganzen bürgerlichen Ordnung unvereinbar waren; in Paris kam es zum ersten furchtbaren Kampf zwischen beiden Klassen am 23. Juni 1848[80]; nach viertägiger Schlacht unterlag das Proletariat. Von da an trat die Masse der Bourgeoisie in ganz Europa auf die Seite der Reaktion, verband sich mit den eben erst von ihr mit Hülfe der Arbeiter gestürzten absolutistischen Bürokraten, Feudalen und Pfaffen gegen die Feinde der Gesellschaft, eben dieselben Arbeiter.

In Preußen geschah dies in der Form, daß die Bourgeoisie ihre eignen gewählten Vertreter im Stich ließ und ihrer Zersprengung durch die Regierung im November 1848 mit heimlicher oder offner Freude zusah.[81] Das junkerlich-bürokratische Ministerium, das jetzt an die zehn Jahre lang in Preußen sich breitmachte, mußte zwar in konstitutionellen Formen regieren, rächte sich aber dafür durch ein System kleinlicher, bisher selbst in Preußen unerhörter Schikanen und Plakkereien, unter dem niemand mehr zu leiden hatte als die Bourgeoisie. Diese aber war bußfertig in sich gegangen, nahm die herabregnenden Hiebe und Tritte demütig hin als Strafe für ihre einstigen revolutionären Gelüste und lernte jetzt allmählich das denken, was sie später aussprach: Hunde sind wir ja doch!

Da kam die Regentschaft. Um seine Königstreue zu beweisen, hatte Manteuffel den Thronfolger, jetzigen Kaiser [Wilhelm I.], gradeso mit Spionen umgeben lassen wie jetzt Puttkamer die Redaktion des »Sozialdemokrat«[82]. Als der Thronfolger Regent wurde, erhielt Manteuffel natürlich sofort einen beseitigenden Fußtritt, und die Neue Ära brach an.[83] Es war nur ein Dekorationswechsel. Der Prinzregent geruhte, den Bourgeois zu erlauben, wieder liberal zu sein. Die Bourgeois machten mit Vergnügen Gebrauch von dieser Erlaubnis, bildeten sich aber ein, sie hätten jetzt das Heft in der Hand, der preußische Staat müsse nach ihrer Pfeife tanzen. Das war aber keineswegs die Absicht »in maßgebenden Kreisen«, wie der Reptilienstil[84] lautet. Die Armeereorganisation sollte der Preis sein, mit dem die liberalen Bourgeois die Neue Ära bezahlten. Die Regierung verlangte damit nur die Durchführung der allgemeinen Wehrpflicht bis zu dem Grad, der um 1816 üblich gewesen. Vom Standpunkt der liberalen Opposition ließ sich dagegen absolut nichts sagen, das nicht ihren eignen Phrasen von Preußens Machtstellung und deutschem Beruf ebenfalls ins Gesicht geschlagen hätte. Die liberale Opposition knüpfte aber an ihre Bewilligung die Bedingung der gesetzlichen zweijährigen Maximaldienstzeit. Dies war an sich ganz rationell, es frug sich aber, ob diese zu erzwingen sei, ob die liberale Bourgeoisie des Landes bereit sei, für diese Bedingung bis zum äußersten, mit Gut und Blut einzustehn. Die Regierung beharrte fest auf drei Dienstjahren, die Kammer auf zwei; der Konflikt brach aus.[85] Und mit dem Konflikt in der Militärfrage wurde die äußere Politik wieder entscheidend, auch für die innere.

Wir haben gesehn, wie Preußen durch seine Haltung im Krimkrieg und im italienischen Krieg sich um den letzten Rest von Achtung gebracht hatte. Diese jämmerliche Politik fand eine teilweise Entschuldigung im schlechten Zustand der Armee. Da man auch schon vor 1848 ohne ständische Bewilligung keine neuen Steuern auflegen oder Anleihen aufnehmen konnte, aber auch keine Stände dazu einberufen wollte, war nie Geld genug für die Armee vorhanden, und diese verkam unter der grenzenlosen Knickerei gänzlich. Der unter Friedrich Wilhelm III. eingerissene Paraden- und Gamaschengeist tat den Rest. Wie hülflos diese Paradearmee sich 1848 auf den dänischen Schlachtfeldern bewies, kann man beim Grafen Waldersee nachlesen. Die Mobilmachung 1850 war ein vollständiges Fiasko; es fehlte an allem, und was vorhanden, war meist untauglich.[86] Dem war nun zwar durch Geldbewilligung von seiten der Kammern abgeholfen; die Armee war aus dem alten Schlendrian aufgerüttelt worden, der Felddienst verdrängte, wenigstens großenteils, den Paradedienst. Aber die Stärke der Armee war noch immer dieselbe wie um 1820, während alle andern Großmächte, namentlich Frankreich, von dem grade jetzt die Gefahr drohte, ihre Heeresmacht bedeutend gesteigert hatten. Und dabei bestand in Preußen allgemeine Wehrpflicht; jeder Preuße war Soldat auf dem Papier, während doch die Bevölkerung von $10^1/_2$ Millionen (1817) auf $17^3/_4$ Millionen (1858) gewachsen war und die Rahmen der Armee nicht hinreichten, mehr als ein Drittel der wehrfähigen Leute aufzunehmen und auszubilden. Jetzt verlangte die Regierung eine Verstärkung der Armee, die fast genau dem seit 1817 eingetretenen Bevölkerungszuwachs entsprach. Aber dieselben liberalen Abgeordneten, die in einem fort von der Regierung verlangten, sie solle an die Spitze Deutschlands treten, Deutschlands Machtstellung nach außen wahren, sein Ansehn unter den Nationen wiederherstellen – diese selben Leute knickerten und schacherten und wollten nichts bewilligen, es sei denn auf Grund der zweijährigen Dienstzeit. Hatten sie denn die Macht, ihren Willen, auf dem sie so hartnäckig bestanden, auch durchzusetzen? Stand denn das Volk oder auch nur die Bourgeoisie hinter ihnen, zum Losschlagen bereit?

Im Gegenteil. Die Bourgeoisie jubelte ihren Redekämpfen gegen Bismarck zu, aber in Wirklichkeit organisierte sie eine Bewegung, die, wenn auch unbewußt, so doch tatsächlich gegen die Politik der preußischen Kammermehrheit gerichtet war. Die Eingriffe Dänemarks in die holsteinische Verfassung, die gewaltsamen Dänisierungsversuche in Schleswig entrüsteten den deutschen Bürger.[87] Von den Großmächten geschurigelt zu werden, das war er gewohnt; aber von dem kleinen Dänemark Fußtritte zu erhalten, das entflammte seinen Zorn. Der Nationalverein[88] wurde gebildet; die Bourgeoisie grade der Kleinstaaten bildete seine Stärke. Und der Nationalverein, durch und durch liberal wie er war, verlangte vor allen Dingen nationale Einigung unter Führung Preußens, eines liberalen Preußens womöglich, eines wie immer beschaffnen Preußens im Notfall. Daß endlich einmal vorangemacht, daß die elende

Stellung der Deutschen auf dem Weltmarkt als Menschen zweiter Klasse beseitigt, daß Dänemark gezüchtigt, den Großmächten in Schleswig-Holstein die Zähne gezeigt würden, das war es vor allem, was der Nationalverein forderte. Und dabei war jetzt die Forderung der preußischen Spitze[89] von allen den Unklarheiten und Duseleien befreit, die ihr bis 1850 noch angehaftet hatten. Man wußte ganz genau, daß sie die Hinauswerfung Östreichs aus Deutschland, die tatsächliche Beseitigung der kleinstaatlichen Souveränität bedeute und daß beides ohne den Bürgerkrieg und ohne Teilung Deutschlands nicht zu haben war. Aber man fürchtete den Bürgerkrieg nicht mehr, und die Teilung zog nur das Fazit aus der östreichischen Zollabsperrung. Die Industrie und der Handel Deutschlands hatten sich zu einer Höhe entwickelt, das Netz deutscher Handelshäuser, das den Weltmarkt umspannte, war so ausgebreitet und so dicht geworden, daß die Kleinstaaterei zu Hause und die Recht- und Schutzlosigkeit im Ausland nicht länger zu ertragen waren. Und während die stärkste politische Organisation, die die deutsche Bourgeoisie je besessen, ihnen dies tatsächliche Mißtrauensvotum gab, feilschten die Berliner Abgeordneten an der Dienstzeit herum!

Das war die Lage, als Bismarck sich anschickte, in die äußere Politik tätig einzugreifen.

Bismarck ist Louis-Napoléon, übersetzt aus dem französischen abenteuernden Kronprätendenten in den preußischen Krautjunker und deutschen Korpsburschen. Ganz wie Louis-Napoléon ist Bismarck ein Mann von großem praktischem Verstand und großer Schlauheit, ein geborner und geriebner Geschäftsmann, der unter andern Umständen auf der New-Yorker Börse den Vanderbilts und Jay Goulds den Rang streitig gemacht hätte, wie er denn auch sein Privatschäfchen hübsch ins trockene gebracht hat. Mit diesem entwickelten Verstand auf dem Gebiet des praktischen Lebens ist aber häufig eine entsprechende Beschränktheit des Gesichtskreises verknüpft, und hierin übertrifft Bismarck seinen französischen Vorgänger. Denn dieser hatte doch seine »napoleonischen

Ideen«[90] während seiner Vagabundenzeit sich selbst herausgearbeitet – sie waren auch darnach –, während Bismarck, wie wir sehn werden, nie auch nur die Spur einer eignen politischen Idee zustande brachte, sondern nur die fertigen Ideen andrer sich zurechtkombinierte. Diese Borniertheit war aber grade sein Glück. Ohne sie hätte er es nie fertiggebracht, die ganze Weltgeschichte vom spezifisch preußischen Gesichtspunkt aus sich vorzustellen; und hatte diese seine stockpreußische Weltanschauung ein Loch, wodurch das Tageslicht hineindrang, so war er irr an seiner ganzen Mission, und es war aus mit seiner Glorie. Freilich, als er seine besondre, ihm von außen vorgeschriebne Mission in seiner Weise erfüllt hatte, da war er dann auch am Ende seines Lateins; wir werden sehn, zu welchen Sprüngen er genötigt war infolge seines absoluten Mangels an rationellen Ideen und seiner Unfähigkeit, die von ihm selbst geschaffne geschichtliche Lage zu begreifen.

Wenn Louis-Napoléon durch seine Vergangenheit sich angewöhnt hatte, in der Wahl seiner Mittel wenig Rücksichten zu beobachten, so lernte Bismarck aus der Geschichte der preußischen Politik, namentlich der des sog. großen Kurfürsten [Friedrich Wilhelm] und Friedrichs II., darin noch weniger skrupulös zu verfahren, wobei er sich das erhebende Bewußtsein erhalten konnte, er bleibe hierin der vaterländischen Tradition getreu. Sein Geschäftsverstand lehrte ihn, seine Junkergelüste zurückzudrängen, wo es sein mußte; als dies nicht mehr nötig schien, traten sie wieder grell hervor; es war dies freilich ein Zeichen des Niedergangs. Seine politische Methode war die des Korpsburschen; die burlesk-wörtliche Interpretation des Bierkomments, wodurch man sich auf der Korpskneipe aus der Schlinge zieht, wandte er in der Kammer ganz ungeniert auf die preußische Verfassung an; sämtliche Neuerungen, die er in die Diplomatie eingeführt, sind dem Korpsstudententum entlehnt. Wenn aber Louis-Napoléon oft in entscheidenden Momenten unsicher wurde, wie beim Staatsstreich 1851, wo Morny ihm positiv Gewalt antun mußte, damit er das Angefangne auch durchführe, und wie am Vorabend des Kriegs 1870[18], wo seine Unsicherheit ihm seine ganze Stellung verdarb, so muß man Bismarck nachsagen, daß ihm das nie passiert ist. Den hat seine Willenskraft nie im Stich gelassen; viel eher schlug sie in offne Brutalität um. Und hierin vor allem liegt das Geheimnis seiner Erfolge. Sämtlichen in Deutschland herrschenden Klassen, Junkern wie Bourgeois, ist der letzte Rest von Energie so sehr abhanden gekommen, es ist im »gebildeten« Deutschland so sehr Sitte geworden, keinen Willen zu haben, daß der einzige Mann unter ihnen, der wirklich noch einen Willen hat, eben dadurch zu ihrem größten Mann und zum Tyrannen über sie alle geworden ist, vor dem sie wider beßres Wissen und Gewissen, wie sie selbst es nennen, bereitwillig »über den Stock springen«. Allerdings, im »ungebildeten« Deutschland ist man noch nicht so weit; das Arbeitervolk hat gezeigt, daß es einen Willen hat, mit dem auch der starke Wille Bismarcks nicht fertig wird.

Eine brillante Laufbahn lag vor unserm altmärkischen Junker, wenn er nur Mut und Verstand hatte zuzugreifen. War nicht Louis-Napoléon der Abgott der Bourgeoisie grade dadurch geworden, daß er ihr Parlament zersprengt, aber ihre Profite erhöht hatte? Und hatte Bismarck nicht dieselben Geschäftstalente, die die Bourgeois so sehr an dem falschen Napoleon bewunderten? Zog es ihn nicht nach seinem Bleichröder wie Louis-Napoléon nach seinem Fould? Lag nicht 1864 in Deutschland ein Widerspruch vor zwischen den Bourgeoisvertretern in der Kammer, die an der Dienstzeit abknickern wollten, und den Bourgeois draußen im Nationalverein, die um jeden Preis nationale Taten wollten, Taten, wozu man Militär braucht? Ein ganz ähnlicher Widerspruch wie der in Frankreich 1851 zwischen den Bourgeois in der Kammer, die die Macht des Präsidenten im Zaum halten, und den Bourgeois draußen, die Ruhe und starke Regierung wollten, Ruhe um jeden Preis – und welchen Widerspruch Louis-Napoléon gelöst hatte, indem er die Parlamentskrakeeler zersprengte und der Masse der Bourgeois Ruhe gab? Lagen die Dinge in

Deutschland nicht noch viel sichrer für einen kühnen Griff? War nicht der Reorganisationsplan fix und fertig geliefert von der Bourgeoisie, und verlangte nicht sie selbst laut nach dem energischen preußischen Staatsmann, der ihren Plan ausführen, Östreich von Deutschland ausschließen, die Kleinstaaten unter Preußens Vorherrschaft einigen sollte? Und wenn man dabei die preußische Verfassung etwas unsanft behandeln, die Ideologen in und außerhalb der Kammer nach Verdienst beiseite schieben mußte, konnte man nicht, wie Louis Bonaparte, sich auf das allgemeine Stimmrecht stützen? Was konnte demokratischer sein als die Einführung des allgemeinen Stimmrechts? Hatte Louis-Napoléon nicht seine gänzliche Gefahrlosigkeit – bei richtiger Behandlung – dargetan? Und bot nicht grade dies allgemeine Stimmrecht das Mittel, an die großen Volksmassen zu appellieren, ein bißchen mit der neuerstehenden sozialen Bewegung zu kokettieren, wenn die Bourgeoisie sich widerhaarig erwies?

Bismarck griff zu. Es galt, den Staatsstreich Louis-Napoléons zu wiederholen, der deutschen Bourgeoisie die wirklichen Machtverhältnisse handgreiflich klarzumachen, ihre liberalen Selbsttäuschungen gewaltsam zu zersprengen, aber ihre mit den preußischen Wünschen zusammenfallenden nationalen Forderungen durchzuführen. Zunächst bot Schleswig-Holstein die Handhabe zum Handeln. Das Terrain der auswärtigen Politik war vorbereitet. Der russische Zar [Alexander II.] war durch die von Bismarck 1863 gegen die insurgierten Polen geleisteten Schergendienste gewonnen[91]; Louis-Napoléon war ebenfalls bearbeitet worden und konnte seine Gleichgültigkeit, wo nicht seine stille Begünstigung der Bismarckschen Pläne durch sein geliebtes »Nationalitätsprinzip« entschuldigen; in England war Palmerston Premierminister, hatte aber den kleinen Lord John Russell nur zu dem Zweck ins auswärtige Amt gesetzt, damit er sich dort recht lächerlich mache. Östreich aber war Preußens Konkurrent um die Vorherrschaft in Deutschland und durfte sich grade in dieser Angelegenheit um so weniger von Preußen den Rang ablaufen lassen, als es 1850 und 1851 als Büttel des Kaisers Nikolaus in Schleswig-Holstein sich in der Tat noch gemeiner benommen hatte als selbst Preußen.[92] Die Lage war also äußerst günstig. So sehr Bismarck Östreich haßte, und so gern Östreich an Preußen hinwiederum sein Mütchen gekühlt hätte, so blieb ihnen beim Tod Friedrichs VII. von Dänemark doch nichts andres übrig, als gemeinsam – unter stillschweigender russischer und französischer Erlaubnis – gegen Dänemark einzuschreiten. Der Erfolg war im voraus gesichert, solange Europa neutral blieb; dies war der Fall, die Herzogtümer wurden erobert und im Frieden abgetreten.[93]

Preußen hatte bei diesem Krieg den Nebenzweck gehabt, seine seit 1850 nach neuen Grundsätzen ausgebildete und 1860 reorganisierte und verstärkte Armee vor dem Feind zu versuchen. Sie hatte sich über alles Erwarten gut bewährt, und zwar in den verschiedensten Kriegslagen. Daß das Zündnadelgewehr dem Vorderlader weit überlegen sei und daß man verstehe, es richtig zu gebrauchen, bewies das Gefecht bei Lyngby in Jütland, wo 80 hinter einem Knick postierte Preußen durch ihr Schnellfeuer die dreifache Anzahl Dänen in die Flucht schlugen. Gleichzeitig hatte man Gelegenheit zu bemerken, wie die Östreicher aus dem italienischen Kriege und der Fechtart der Franzosen nur die Lehre gezogen hatten, das Schießen tauge nichts, der wahre Soldat müsse alsbald mit dem Bajonett den Feind werfen, und schrieb sich das hinter die Ohren, da man sich eine willkommnere feindliche Taktik vor den Mündungen der Hinterlader gar nicht wünschen konnte. Und um die Östreicher baldmöglichst instand zu setzen, sich hiervon praktisch zu überzeugen, überantwortete man beim Frieden die Herzogtümer der gemeinsamen Souveränität Östreichs und Preußens, schuf also eine rein provisorische Lage, die Konflikte über Konflikte erzeugen mußte und es dadurch ganz in Bismarcks Hand legte, wann er einen solchen Konflikt zu seinem großen Streich gegen Östreich benutzen wollte. Bei der Sitte der preußischen Politik, eine günstige Situation »rücksichtslos bis aufs äußerste auszunutzen«, wie Herr von Sybel das nennt, war es selbstverständlich, daß unter dem Vorwand der Befreiung Deutscher von dänischem Druck an 200000 dänische Nordschleswiger mit an Deutschland annektiert wurden. Wer aber leer ausging, das war der schleswig-holsteinische Thronkandidat der Kleinstaaten und der deutschen Bourgeoisie, der Herzog von Augustenburg.[94]

So hatte Bismarck in den Herzogtümern der deutschen Bourgeoisie ihren Willen gegen ihren Willen getan. Er hatte die Dänen vertrieben, hatte dem Ausland Trotz geboten, und das Ausland hatte sich nicht gerührt. Aber die Herzogtümer, kaum befreit, wurden als erobertes Land behandelt, gar nicht um ihren Willen befragt, sondern kurzerhand zwischen Östreich und Preußen provisorisch geteilt. Preußen war wieder eine Großmacht geworden, war nicht mehr das fünfte Rad am europäischen Wagen; die Erfüllung der nationalen Wünsche der Bourgeoisie war im besten Zuge, aber der gewählte Weg war nicht der liberale der Bourgeoisie. Der preußische Militärkonflikt dauerte also fort, wurde sogar immer unlösbarer. Der zweite Akt der Bismarckschen Haupt- und Staatsaktion mußte eingeleitet werden.

Der dänische Krieg hatte einen Teil der nationalen Wünsche erfüllt. Schleswig-Holstein war »befreit«, das Warschauer und Londoner Protokoll, worin die Großmächte Deutschlands Erniedrigung vor Dänemark besiegelt[95], war ihnen zerrissen vor die Füße geworfen, und sie hatten nicht gemuckt. Östreich und Preußen standen wieder zusammen, die Truppen beider hatten nebeneinander gesiegt, und kein Potentat dachte mehr daran, deutsches Gebiet anzutasten. Louis-Napoléons Rheingelüste, bisher durch anderweitige Beschäftigung – die italienische Revolution, den polnischen Aufstand, die dänischen Verwicklungen, endlich den Zug nach Mexiko[96] – in den Hintergrund gedrängt, hatten jetzt keine Aussicht mehr. Für einen konservativen preußischen Staatsmann war also die Weltlage nach außen hin ganz nach Wunsch. Aber Bismarck war bis 1871 nie, und damals erst recht nicht, konservativ, und die deutsche Bourgeoisie war keineswegs befriedigt.

Das deutsche Bürgertum bewegte sich nach wie vor in dem bekannten Widerspruch. Einerseits verlangte es die ausschließliche politische Macht für sich, d. h. für ein aus der liberalen Kammermajorität gewähltes Ministerium; und ein solches Ministerium hätte einen zehnjährigen Kampf mit dem durch die Krone vertretenen alten System zu führen gehabt, bis seine neue Machtstellung definitiv anerkannt war; also zehn Jahre innerer Schwächung. Andrerseits aber forderte es eine revolutionäre Umgestaltung Deutschlands, die nur durch die Gewalt, also nur durch eine tatsächliche Diktatur, durchführbar war. Und dabei hatte das Bürgertum von 1848 an Schlag auf Schlag, in jedem entscheidenden Moment, den Beweis geliefert, daß es auch nicht die Spur der nötigen Energie besaß, um, sei es das eine, sei es das andre, durchzusetzen – geschweige beides. Es gibt in der Politik nur zwei entscheidende Mächte: die organisierte Staatsgewalt, die Armee, und die unorganisierte, elementare Gewalt der Volksmassen. An die Massen zu appellieren, hatte das Bürgertum 1848 verlernt; es fürchtete sie noch mehr als den Absolutismus. Die Armee aber stand keineswegs zu seiner Verfügung. Wohl aber zur Verfügung Bismarcks.

Bismarck hatte in dem noch andauernden Verfassungskonflikt die parlamentarischen Forderungen der Bourgeoisie aufs äußerste bekämpft. Aber er brannte vor Begierde, ihre nationalen Forderungen durchzuführen; stimmten sie doch mit den geheimsten Herzenswünschen der preußischen Politik. Wenn er jetzt nochmals der Bourgeoisie gegen ihren Willen den Willen tat, wenn er die Einigung Deutschlands, wie die Bourgeoisie sie formuliert hatte, zur Wahrheit machte, so war der Konflikt von selbst beseitigt, und Bismarck mußte ebenso der Abgott der Bourgeois werden wie sein Vorbild Louis-Napoléon.

Die Bourgeoisie lieferte ihm das Ziel, Louis-Napoléon den Weg zum Ziel; die Ausführung allein blieb Bismarcks Werk.

Um Preußen an die Spitze Deutschlands zu stellen, mußte man nicht nur Östreich mit Gewalt aus dem Deutschen Bunde[37] treiben, sondern auch die Kleinstaaten unterwerfen. Ein solcher frischer fröhlicher Krieg[97] Deutscher gegen Deutsche war in der preußischen Politik ja von jeher das Hauptmittel der Gebietserweiterung gewesen; vor so etwas fürchtete sich kein braver Preuße. Ebensowenig konnte das zweite Hauptmittel irgendwie Bedenken erregen: die Allianz mit dem Auslande gegen Deutsche. Den sentimentalen Alexander von Rußland hatte man in der Tasche. Louis-Napoléon hatte den piemontesischen Beruf Preußens in Deutschland nie verkannt und war ganz bereit, mit Bismarck ein Geschäftchen zu machen. Konnte er, was er brauchte, auf friedlichem Weg erhalten, in der Form von Kompensationen, so zog er das vor. Auch brauchte er ja nicht das ganze linke Rheinufer auf einmal; gab man es ihm stückweise, je einen Streifen für jeden neuen Vorschritt Preußens, so war das weniger auffällig und führte doch zum Ziel. Wog doch in den Augen der französischen Chauvins eine Quadratmeile am Rhein ganz Savoyen und Nizza auf. Mit Louis-Napoléon wurde also verhandelt, seine Erlaubnis zur Vergrößerung Preußens und zu einem Norddeutschen Bund[98] erwirkt. Daß ihm dafür ein Stück deutsches Gebiet am Rhein angeboten worden, ist außer Zweifel[1*]; in den Verhandlungen mit Govone sprach Bismarck von Rheinbayern und Rheinhessen.[99] Er hat dies zwar nachher abgeleugnet. Aber ein Diplomat, namentlich ein preußischer, hat seine eignen Ansichten über die Grenzen, innerhalb deren man berechtigt oder sogar verpflichtet ist, der Wahrheit gelinde Gewalt anzutun. Die Wahrheit ist ja ein Frauenzimmer, hat's also, nach der Junkervorstellung, eigentlich ganz gern. Louis-Napoléon war nicht so dumm, die Vergrößerung Preußens zu gestatten, ohne daß Preußen ihm Kompensation versprach; eher hätte Bleichröder Geld ohne Zinsen ausgeliehen. Aber er kannte seine Preußen nicht genug und wurde schließlich doch geprellt. Kurz und gut, nachdem er sicher

[1*] Teilung – Mainlinie

gemacht war, verband man sich mit Italien zum »Stoß ins Herz«.

Der Philister verschiedner Länder hat sich über diesen Ausdruck tief entrüstet. Ganz mit Unrecht. À la guerre comme à la guerre.[1] Der Ausdruck beweist bloß, daß Bismarck den deutschen Bürgerkrieg 1866[17] für das erkannte, was er war, nämlich eine *Revolution,* und daß er bereit war, diese Revolution durchzusetzen mit revolutionären Mitteln. Und das tat er. Sein Verfahren gegenüber dem Bundestag war revolutionär. Statt sich der verfassungsmäßigen Entscheidung der Bundesbehörden zu unterwerfen, warf er ihnen Bundesbruch vor – eine reine Ausrede –, sprengte den Bund, proklamierte eine neue Verfassung mit einem durch das revolutionäre allgemeine Stimmrecht gewählten Reichstag und verjagte schließlich den Bundestag aus Frankfurt.[100] In Oberschlesien richtete er eine ungarische Legion ein unter dem Revolutionsgeneral Klapka und andern Revolutionsoffizieren, deren Mannschaft, ungarische Überläufer und Kriegsgefangne, Krieg führen sollten gegen ihren eignen legitimen Kriegsherrn.[101][1*] Nach Eroberung Böhmens erließ Bismarck eine Proklamation »an die Bewohner des glorreichen Königreichs Böhmen«[102], deren Inhalt den Traditionen der Legitimität ebenfalls arg ins Gesicht schlug. Im Frieden nahm er für Preußen die sämtlichen Besitzungen dreier legitimer deutscher Bundesfürsten und einer Freien Stadt weg[103], ohne daß diese Verjagung von Fürsten, die nicht minder »von Gottes Gnaden« waren als der König von Preußen, sein christliches und legitimistisches Gewissen irgendwie beschwerten. Kurz, es war eine vollständige Revolution, mit revolutionären Mitteln durchgeführt. Wir sind natürlich die letzten, ihm daraus einen Vorwurf zu machen. Was wir ihm vorwerfen, ist im Gegenteil, daß er nicht revolutionär genug, daß er nur preußischer Revolutionär von oben war, daß er eine ganze Revolution anfing in einer Stellung, wo er nur eine halbe durchführen konnte, daß er, einmal auf der

1* Eid!

1 Krieg ist Krieg.

Bahn der Annexionen, mit vier lumpigen Kleinstaaten zufrieden war.

Nun aber kam der kleine Napoleon hinterdrein gehinkt und forderte seinen Lohn. Er hatte während des Kriegs am Rhein nehmen können, was ihm gefiel; nicht nur das Land, auch die Festungen waren entblößt. Er zauderte; er erwartete einen langwierigen, beide Teile ermattenden Krieg – und nun kamen diese raschen Schläge, die Niederwerfung Östreichs binnen acht Tagen. Er forderte zuerst – was Bismarck dem General Govone als mögliches Entschädigungsgebiet bezeichnet – Rheinbayern und Rheinhessen mit Mainz. Das aber konnte Bismarck jetzt nicht mehr geben, selbst wenn er gewollt hätte. Die gewaltigen Erfolge des Kriegs hatten ihm neue Verpflichtungen auferlegt. In dem Augenblick, wo Preußen sich zum Schutz und Schirm Deutschlands aufwarf, konnte es nicht den Schlüssel des Mittelrheins, Mainz, an das Ausland verschachern. Bismarck schlug ab. Louis-Napoléon ließ mit sich handeln; er verlangte nur noch Luxemburg, Landau, Saarlouis und das Saarbrücker Kohlenrevier. Aber auch dies konnte Bismarck nicht mehr abtreten, um so weniger, als hier auch preußisches Gebiet beansprucht wurde. Warum hatte Louis-Napoléon nicht selbst zugegriffen, zur rechten Zeit, als die Preußen in Böhmen festsaßen? Genug, aus den Kompensationen für Frankreich wurde nichts. Daß das einen späteren Krieg mit Frankreich bedeutete, wußte Bismarck; aber das war ihm grade recht.

In den Friedensschlüssen nutzte Preußen diesmal die günstige Lage nicht so rücksichtslos aus, als dies sonst, im Glück, seine Gewohnheit war. Und aus guten Gründen. Sachsen und Hessen-Darmstadt wurden in den neuen Norddeutschen Bund gezogen und wurden schon deshalb geschont. Bayern, Württemberg und Baden mußten glimpflich behandelt werden, weil Bismarck die geheimen Schutz- und Trutzbündnisse mit ihnen abzuschließen hatte. Und Östreich – hatte nicht Bismarck ihm einen Dienst erwiesen, indem er die traditionellen Verwicklungen zerhieb, die es an Deutschland und Italien fesselten?

Hatte er ihm nicht erst jetzt die lang erstrebte unabhängige Großmachtstellung verschafft? Hatte er nicht in der Tat besser gewußt als Östreich selbst, was Östreich diente, als er es in Böhmen besiegte? Mußte nicht Östreich bei richtiger Behandlung einsehn, daß die geographische Lage, die gegenseitige Verschränkung beider Länder, das preußisch-geeinte Deutschland zu seinem notwendigen und natürlichen Bundesgenossen machte?

So kam es, daß Preußen zum erstenmal seit seinem Bestehn sich mit dem Schimmer der Großmut umgeben konnte, weil es – mit der Wurst nach dem Schinken warf.

Nicht nur Östreich war auf den böhmischen Schlachtfeldern geschlagen – die deutsche Bourgeoisie war es auch. Bismarck hatte ihr bewiesen, daß er besser wußte, was ihr frommte, als sie selbst. An eine Fortführung des Konflikts von seiten der Kammer war nicht zu denken. Die liberalen Ansprüche der Bourgeoisie waren auf lange Zeit begraben, aber ihre nationalen Forderungen erfüllten sich von Tag zu Tag mehr. Mit einer ihr selbst verwunderlichen Raschheit und Genauigkeit führte Bismarck ihr nationales Programm aus. Und nachdem er ihr ihre Schlaffheit und Energielosigkeit und damit ihre totale Unfähigkeit zur Durchführung ihres eignen Programms handgreiflich in corpore vili, an ihrem eignen schäbigen Leibe dargetan, spielte er auch ihr gegenüber den Großmütigen und kam bei der nun tatsächlich entwaffneten Kammer um Indemnität ein wegen der verfassungswidrigen Konfliktsregierung. Zu Tränen gerührt, bewilligte sie der nunmehr harmlose Fortschritt.[104]

Trotzdem wurde die Bourgeoisie daran erinnert, daß sie bei Königgrätz[105] mit besiegt war. Die norddeutsche Bundesverfassung wurde nach der Schablone der durch den Konflikt authentisch interpretierten preußischen Verfassung zugeschnitten. Steuerverweigerung war verboten. Der Bundeskanzler und seine Minister wurden vom König von Preußen ernannt, unabhängig von jeder parlamentarischen Majorität. Die durch den Konflikt sichergestellte Unabhängigkeit der

Armee vom Parlament wurde auch gegenüber dem Reichstag festgehalten. Dafür aber hatten die Mitglieder dieses Reichstags das erhebende Bewußtsein, daß sie durch allgemeines Stimmrecht gewählt waren. An diese Tatsache wurden sie auch, und zwar in unangenehmer Weise, erinnert durch den Anblick der zwei Sozialisten[106], die mitten unter ihnen saßen. Zum erstenmal erschienen sozialistische Abgeordnete, Vertreter des Proletariats, in einer parlamentarischen Körperschaft. Es war ein unheildrohendes Zeichen.

Zunächst war das alles nicht von Bedeutung. Es kam jetzt darauf an, die neue Reichseinheit wenigstens des Nordens im Interesse der Bourgeoisie auszubauen und auszubeuten und dadurch auch die süddeutschen Bourgeois in den neuen Bund zu locken. Die Bundesverfassung entzog die ökonomisch wichtigsten Verhältnisse der Gesetzgebung den Einzelstaaten und wies ihre Regelung dem Bunde zu: gemeinsames Bürgerrecht und Freizügigkeit im ganzen Bundesgebiet, Heimatsberechtigung, Gesetzgebung über Gewerbe, Handel, Zölle, Schiffahrt, Münzen, Maß und Gewicht, Eisenbahnen, Wasserstraßen, Post und Telegraphen, Patente, Banken, die ganze auswärtige Politik, Konsulate, Handelsschutz im Ausland, Medizinalpolizei, Strafrecht, Gerichtsverfahren etc. Die meisten dieser Gegenstände wurden nun rasch, und im ganzen in liberaler Weise, durch Gesetze geordnet. Und so wurden denn endlich – endlich! die schlimmsten Auswüchse der Kleinstaaterei beseitigt, diejenigen, die einerseits der kapitalistischen Entwicklung, andrerseits dem preußischen Herrschergelüst am meisten den Weg versperrten. Das war aber keine welthistorische Errungenschaft, wie der jetzt chauvinistisch werdende Bourgeois ausposaunte, sondern eine sehr, sehr späte und unvollkommne Nachahmung dessen, was die Französische Revolution schon siebzig Jahre früher getan und was alle andern Kulturstaaten längst eingeführt. Statt zu prahlen, hätte man sich schämen sollen, daß das »hochgebildete« Deutschland hiermit zuallerletzt kam.

Während dieser ganzen Zeit des Norddeutschen Bundes

kam Bismarck der Bourgeoisie auf wirtschaftlichem Gebiet bereitwillig entgegen und zeigte auch in der Behandlung parlamentarischer Machtfragen die eiserne Faust nur im samtnen Handschuh. Es war seine beste Periode; man konnte stellenweise zweifeln an seiner spezifisch preußischen Borniertheit, an seiner Unfähigkeit einzusehn, daß es in der Weltgeschichte noch andre und stärkere Mächte gibt als Armeen und auf sie gestützte Diplomatenschliche.

Daß der Friede mit Östreich den Krieg mit Frankreich im Schoße trug, wußte Bismarck nicht nur, er wollte es auch. Dieser Krieg sollte grade das Mittel bieten zur Vollendung des ihm von der deutschen Bourgeoisie vorgeschriebenen preußisch-deutschen Reichs.[1*] Die Versuche, das Zollparlament[108] allmählich in einen Reichstag umzuwandeln und so die Südstaaten nach und nach in den Nordbund zu ziehn, scheiterten an dem lauten Ruf der süddeutschen Abgeordneten: Keine Kompetenzerweiterung! Die Stimmung der eben noch auf dem Schlachtfeld besiegten Regierungen war nicht günstiger. Nur ein neuer, handgreiflicher Beweis, daß Preußen, ihnen gegenüber, übermächtig, aber auch mächtig genug sei, sie zu schützen – also nur ein neuer, gemeindeutscher Krieg konnte den Moment der Kapitulation rasch herbeiführen. Und dann war die scheidende Mainlinie[109], nachdem sie im stillen zwischen Bismarck und Louis-Napoléon vorher vereinbart, nach den Siegen doch scheinbar von diesem den Preußen aufgenötigt worden; Einigung mit Süddeutschland war also Verletzung des diesmal den Franzosen förmlich zugestandnen Rechts auf die Zersplitterung Deutschlands, war Kriegsfall.

Inzwischen mußte Louis-Napoléon suchen, ob er nicht

[1*] Schon vor dem östreichischen Krieg interpelliert von einem mittelstaatlichen Minister wegen seiner demagogischen deutschen Politik, antwortete Bismarck diesem, er werde trotz aller Phrasen Östreich aus Deutschland hinauswerfen und den Bund sprengen. – »Und die Mittelstaaten, glauben Sie, daß die dabei ruhig zusehn werden?« – »Ihr Mittelstaaten, Ihr werdet gar nichts tun.« – »Und was soll dann aus den Deutschen werden?« – »Dann führe ich sie nach Paris und mache sie dort einig.« (Erzählt in Paris vor dem östr[eichischen] Krieg

irgendwo an der deutschen Grenze einen Landfetzen fände, den er als Kompensation für Sadowa einheimse. Bei der Neubildung des Norddeutschen Bundes war Luxemburg ausgeschlossen worden, war also jetzt ein mit Holland in Personalunion befindlicher, aber sonst ganz unabhängiger Staat. Dabei war es ungefähr ebenso französiert wie das Elsaß und hatte entschieden weit mehr Hinneigung zu Frankreich als zu dem positiv gehaßten Preußen.

Luxemburg ist ein schlagendes Exempel davon, was die politische Misere Deutschlands seit dem Mittelalter aus den deutsch-französischen Grenzländern gemacht hat, und um so schlagender, als Luxemburg bis 1866 nominell zu Deutschland gehört hat. Bis 1830 aus einer französischen und einer deutschen Hälfte zusammengesetzt, hatte auch der deutsche Teil schon früh den Einfluß der überlegnen französischen Kultur über sich ergehen lassen. Die luxemburgischen deutschen Kaiser[110] waren nach Sprache und Bildung Franzosen. Seit der Einverleibung in die burgundischen Lande (1440) blieb Luxemburg, wie die übrigen Niederlande, in nur nominellem Verband mit Deutschland; daran änderte auch seine Aufnahme in den Deutschen Bund 1815 nichts. Nach 1830 fiel der französische Teil und noch ein hübscher Streifen des deutschen Teils an Belgien. Aber in dem noch übrigen Deutsch-Luxemburg blieb alles auf französischem Fuß: die Gerichte, die Behörden, die Kammer, alles verhandelte französisch, alle öffentlichen und privaten Aktenstücke, alle Geschäftsbücher wurden französisch abgefaßt, alle Mittelschulen unterrichteten auf Französisch, die gebildete Sprache war und blieb Französisch – natürlich ein Französisch, das unter der Last der hochdeutschen Lautverschiebung ächzte und keuchte. Kurzum, in Luxemburg wurden zwei Sprachen gesprochen: ein rheinfränkischer Volksdialekt und Französisch, aber Hochdeutsch blieb eine fremde Sprache. Die preußische Garnison der Hauptstadt machte das alles eher schlimmer als

von besagtem Mittelstaatsmann und veröffentlicht während jenes Krieges im »Manchester Guardian«[107] von seiner Pariser Korrespondentin, Frau Crawford.)

besser. Das ist beschämend genug für Deutschland, aber es ist wahr. Und diese freiwillige Französierung Luxemburgs stellt auch die ähnlichen Vorgänge im Elsaß und in Deutsch-Lothringen erst in das richtige Licht.

Der König von Holland [Wilhelm III.], souveräner Herzog von Luxemburg, konnte bares Geld sehr gut gebrauchen und ließ sich bereitfinden zum Verkauf des Herzogtums an Louis-Napoléon. Die Luxemburger hätten unbedingt ihre Einverleibung in Frankreich genehmigt – Beweis ihre Haltung im Kriege 1870. Preußen konnte völkerrechtlich nichts einwenden, da es selbst die Ausschließung Luxemburgs aus Deutschland bewirkt hatte. Seine Truppen lagen in der Hauptstadt als Bundesgarnison einer deutschen Bundesfestung; sobald Luxemburg aufhörte, Bundesfestung zu sein, hatten sie dort kein Recht mehr. Warum aber gingen sie nicht heim, warum konnte Bismarck die Annexion nicht zugeben?

Einfach, weil jetzt die Widersprüche an den Tag traten, in die er sich verwickelt hatte. *Vor* 1866 war Deutschland für Preußen noch reines Annexationsgebiet, worin man sich mit dem Ausland teilen mußte. *Nach* 1866 war Deutschland preußisches *Schutzgebiet* geworden, das man vor ausländischen Krallen zu verteidigen hatte. Allerdings hatte man, aus preußischen Rücksichten, ganze Stücke Deutschlands aus dem neugegründeten sogenannten Deutschland ausgeschlossen. Aber das Recht der deutschen Nation auf ihr eignes Gesamtgebiet legte jetzt der Krone Preußen die Pflicht auf, die Einverleibung dieser Stücke des alten Bundesgebiets in fremde Staaten zu verhindern, ihnen für die Zukunft den Anschluß an den neuen preußisch-deutschen Staat offenzuhalten. Deshalb hatte Italien an der Tiroler Grenze haltgemacht[111], deshalb durfte jetzt Luxemburg nicht an Louis-Napoléon übergehn. Eine wirklich revolutionäre Regierung konnte das offen verkündigen. Nicht so der königlich preußische Revolutionär, der es endlich fertiggebracht hatte, Deutschland in einen Metternichschen »geographischen Begriff«[112] zu verwandeln. Er hatte sich völkerrechtlich selbst ins Unrecht gesetzt und konnte sich nur helfen durch Anwendung seiner beliebten Korpskneipeninterpretation auf das Völkerrecht.

Wenn er damit nicht gradezu ausgelacht wurde, so kam dies nur daher, daß Louis-Napoléon im Frühjahr 1867 noch keineswegs für einen großen Krieg bereit war. Man einigte sich auf der Londoner Konferenz. Die Preußen räumten Luxemburg; die Festung wurde geschleift, das Herzogtum neutral erklärt.[113] Der Krieg war wieder vertagt.

Louis-Napoléon konnte sich dabei nicht beruhigen. Die Machtvergrößerung Preußens war ihm ganz recht, sobald er nur die entsprechenden Kompensationen am Rhein erhielt. Er wollte mit wenigem zufrieden sein; auch davon hatte er noch abgelassen, aber er hatte gar nichts erhalten, war vollständig geprellt. Ein bonapartistisches Kaisertum in Frankreich war aber nur möglich, wenn es die Grenze allmählich gegen den Rhein zu vorschob und wenn Frankreich – in der Wirklichkeit oder doch in der Einbildung – Schiedsrichter Europas blieb. Die Grenzverschiebung war mißlungen, die Schiedsrichterstellung war bereits bedroht, die bonapartistische Presse schrie laut nach Revanche für Sadowa – wenn Louis-Napoléon seinen Thron behaupten wollte, mußte er seiner Rolle getreu bleiben und das mit Gewalt holen, was er trotz aller erwiesenen Dienste mit Güte nicht erhielt.

Von beiden Seiten also emsige Kriegsvorbereitungen, diplomatische wie militärische. Und zwar ereignete sich folgendes diplomatische Begebnis:

Spanien suchte nach einem Thronkandidaten. Im März [1869] hört Benedetti, der französische Gesandte in Berlin, gerüchtweise von einer Thronbewerbung des Prinzen Leopold von Hohenzollern; erhält Auftrag von Paris, der Sache nachzuforschen. Der Unterstaatssekretär von Thile versichert auf Ehrenwort, die preußische Regierung wisse davon nichts. Auf einem Besuch in Paris erfährt Benedetti die Meinung des Kaisers: »Diese Kandidatur ist wesentlich antinational, das Land wird sie sich nicht gefallen lassen, man muß sie verhüten.«

Beiläufig bewies hier Louis-Napoléon, daß er schon stark

am Herunterkommen war. Was konnte in der Tat eine schönere »Rache für Sadowa« sein, als die Königschaft eines preußischen Prinzen in Spanien, die daraus unvermeidlich folgenden Unannehmlichkeiten, die Verwicklung Preußens in innere spanische Parteiverhältnisse, wohl gar ein Krieg, eine Niederlage der zwerghaften preußischen Flotte, jedenfalls Preußen vor Europa in eine höchst groteske Lage gebracht? Aber das Schauspiel konnte Louis Bonaparte sich nicht mehr erlauben. Sein Kredit war bereits so weit erschüttert, daß er sich an den traditionellen Standpunkt gebunden hielt, wonach ein deutscher Fürst auf dem spanischen Thron Frankreich zwischen zwei Feuer brächte, also nicht zu dulden sei – ein seit 1830 kindischer Standpunkt.

Benedetti suchte also Bismarck auf, um weitere Aufklärungen zu erhalten und ihm den Standpunkt Frankreichs klarzumachen (11. Mai 1869). Er erfuhr von Bismarck nichts besonders Bestimmtes. Wohl aber erfuhr Bismarck von ihm, was er wissen wollte: daß die Aufstellung der Kandidatur Leopolds den sofortigen Krieg mit Frankreich bedeute. Hiermit war es in Bismarcks Hand gegeben, den Krieg ausbrechen zu lassen, wann es ihm gefiel.

In der Tat taucht die Kandidatur Leopolds im Juli 1870 abermals auf und führt sofort zum Krieg, so sehr auch Louis-Napoléon sich dagegen sträubte. Er sah nicht nur, daß er in eine Falle gegangen war. Er wußte auch, daß es sich um sein Kaisertum handelte, und hatte wenig Vertrauen in die Wahrhaftigkeit seiner bonapartistischen Schwefelbande[114], die ihm versicherte, alles sei bereit, bis auf den letzten Gamaschenknopf, und noch weniger Vertrauen in ihre militärische und administrative Tüchtigkeit. Aber die logischen Konsequenzen seiner eignen Vergangenheit trieben ihn ins Verderben; sein Zaudern selbst beschleunigte seinen Untergang.

Bismarck dagegen war nicht nur militärisch vollständig schlagfertig, sondern hatte diesmal das Volk in der Tat hinter sich, das durch alle beiderseitigen diplomatischen Lügen hindurch nur die eine Tatsache sah: hier handle es sich um einen

Krieg nicht nur um den Rhein, sondern um die nationale Existenz. Reserven und Landwehr strömten – zum erstenmal seit 1813 – wieder bereitwillig und kampflustig zu den Fahnen. Einerlei, wie das alles so gekommen war, einerlei, welches Stück des zweitausendjährigen nationalen Erbteils Bismarck auf eigne Faust dem Louis-Napoléon versprochen oder nicht versprochen hatte: Es galt, dem Ausland ein für allemal beizubringen, daß es sich in innere deutsche Dinge nicht zu mischen habe und daß Deutschland nicht berufen sei, den wackligen Thron Louis-Napoléons durch Abtretung deutschen Gebiets zu stützen. Und vor diesem nationalen Aufschwung verschwanden alle Klassenunterschiede, zerflossen alle Rheinbundsgelüste süddeutscher Höfe, alle Restaurationsversuche verjagter Fürsten in nichts.

Beide Teile hatten sich um Allianzen beworben. Louis-Napoléon hatte Östreich und Dänemark sicher, Italien ziemlich sicher. Bismarck hatte Rußland. Aber Östreich war wie immer nicht fertig, konnte nicht vor dem 2. September tätig eingreifen – und am 2. September war Louis-Napoléon Kriegsgefangner der Deutschen, und Rußland hatte Östreich benachrichtigt, es werde Östreich angreifen, sobald Östreich Preußen angreife. In Italien aber rächte sich Louis-Napoléons achselträgerische Politik: Er hatte die nationale Einheit in Gang bringen, aber dabei den Papst vor dieser selben nationalen Einheit schützen wollen; er hatte Rom besetzt gehalten mit Truppen, die er jetzt zu Hause brauchte und die er doch nicht wegziehn konnte, ohne Italien zu verpflichten, daß es Rom und den Papst als Souverän respektiere; was Italien wiederum verhinderte, ihm beizustehn. Dänemark endlich erhielt von Rußland den Befehl, sich ruhig zu verhalten.

Entscheidender aber als alle diplomatischen Verhandlungen wirkten auf die Lokalisierung des Kriegs die raschen Schläge der deutschen Waffen von Spichern und Wörth bis Sedan[115]. Louis-Napoléons Armee erlag in jedem Gefecht und wanderte schließlich zu drei Vierteln kriegsgefangen nach Deutschland. Das war nicht die Schuld der Soldaten, die sich tapfer genug geschlagen hatten, wohl aber der Führer und der Verwaltung. Aber wenn man wie Louis-Napoléon sein Reich errichtet hat mit Hülfe einer Bande von Strolchen, wenn man dies Reich achtzehn Jahre behauptet hat, nur, indem man Frankreich dieser selben Bande zur Ausbeutung überließ, wenn man alle entscheidenden Posten im Staat mit Leuten eben dieser Bande und alle untergeordneten Stellen mit ihren Helfershelfern besetzt hat, dann soll man auch keinen Kampf auf Tod und Leben unternehmen, wenn man nicht im Stich gelassen sein will. In weniger als fünf Wochen brach das ganze, vom europäischen Philister jahrelang angestaunte Gebäude des Kaiserreichs zusammen; die Revolution vom 4. September[116] räumte nur noch den Schutt weg; und Bismarck, der in den Krieg gezogen war, um ein kleindeutsches Kaiserreich zu gründen, fand sich eines schönen Morgens als Stifter einer französischen Republik.

Nach Bismarcks eigner Proklamation wurde der Krieg geführt nicht gegen das französische Volk, sondern gegen Louis-Napoléon. Mit dessen Sturz fiel also aller Grund zum Kriege weg. Das bildete sich auch die – sonst nicht so naive – Regierung des 4. September ein und war sehr verwundert, als Bismarck nun plötzlich den preußischen Junker herauskehrte.

Niemand in der Welt hat einen solchen Franzosenhaß wie die preußischen Junker. Denn nicht nur hat der bis dahin steuerfreie Junker während der Züchtigung durch die Franzosen, 1806 bis 1813, die er sich durch seinen Dünkel selbst zugezogen, schwer zu leiden gehabt; die gottlosen Franzosen haben, was noch weit schlimmer, durch ihre frevelhafte Revolution die Köpfe derart verwirrt, daß die alte Junkerherrlichkeit größtenteils selbst in Altpreußen zu Grabe getragen worden, daß die armen Junker um den noch übrigen Rest dieser Herrlichkeit jahraus, jahrein einen harten Kampf zu führen haben und ein großer Teil von ihnen bereits zu einem schäbigen Schmarotzeradel herabgesunken ist. Dafür mußte Rache genommen werden an Frankreich, und das besorgten die Junkeroffiziere in der Armee unter Bismarcks Leitung.

Man hatte sich Listen der französischen Kriegskontributionen in Preußen gemacht und ermaß danach die in Frankreich von den einzelnen Staaten und Departements zu erhebenden Brandschatzungen – aber natürlich unter Rücksichtnahme auf den weit größeren Reichtum Frankreichs. Man requirierte Lebensmittel, Fourage, Kleider, Schuhwerk etc. mit zur Schau getragner Rücksichtslosigkeit. Ein Bürgermeister in den Ardennen, der die Lieferung nicht machen zu können erklärte, erhielt ohne weiteres fünfundzwanzig Stockprügel; die Pariser Regierung hat die amtlichen Beweise veröffentlicht. Die Franktireurs, die so genau nach den Vorschriften der preußischen Landsturmordnung von 1813[117] handelten, als hätten sie sie expreß studiert, wurden ohne Gnade erschossen, wo man sie nur abfing. Auch die Geschichten von den heimgesandten Pendülen sind wahr, die »Kölnische Zeitung«[20] hat selbst darüber berichtet. Nur waren diese Pendülen nach preußischen Begriffen nicht gestohlen, sondern als herrenloses Gut in den verlassenen Landhäusern um Paris vorgefunden und für die Lieben in der Heimat annektiert. Und so sorgten die Junker unter Bismarcks Leitung dafür, daß trotz der tadellosen Haltung sowohl der Mannschaft wie eines großen Teils der Offiziere der spezifisch preußische Charakter des Kriegs bewahrt und den Franzosen eingebleut, dafür aber auch von diesen die ganze Armee für die kleinlichen Gehässigkeiten der Junker verantwortlich gemacht wurde.

Und doch war es diesen Junkern vorbehalten, dem französischen Volk eine Ehrenbezeugung zu erweisen, die in der ganzen bisherigen Geschichte ihresgleichen nicht hat. Als alle Entsatzversuche um Paris gescheitert, alle französischen Armeen zurückgeschlagen, der letzte große Angriffsvorstoß Bourbakis auf die Verbindungslinie der Deutschen gescheitert war, als die gesamte Diplomatie Europas Frankreich seinem Schicksal überließ, ohne einen Finger zu rühren, da mußte das ausgehungerte Paris endlich kapitulieren.[118] Und höher schlugen die Junkerherzen, als sie endlich triumphierend einziehen konnten in das gottlose Nest und volle Rache nehmen an den Pariser Erzrebellen – die volle Rache, die ihnen 1814 von Alexander von Rußland und 1815 von Wellington untersagt worden war; jetzt konnten sie den Herd und die Heimat der Revolution züchtigen nach Herzenslust.

Paris kapitulierte, es zahlte 200 Millionen Brandschatzung; die Forts wurden den Preußen übergeben; die Garnison legte vor den Siegern die Waffen nieder und lieferte ihr Feldgeschütz aus; die Kanonen der Ringmauer wurden ihrer Lafetten beraubt; alle Widerstandsmittel, die dem Staat gehörten, wurden Stück für Stück ausgeliefert – aber die eigentlichen Verteidiger von Paris, die Nationalgarde, das Pariser Volk in Waffen, die blieben unangetastet, denen mutete niemand zu, die Waffen auszuliefern, weder ihre Gewehre noch ihre Kanonen[1*]; und damit es aller Welt kund werde, daß die siegreiche deutsche Armee ehrerbietig haltgemacht vor dem bewaffneten Volk von Paris, zogen die Sieger nicht in Paris ein, sondern waren damit zufrieden, die Champs-Élysées – einen öffentlichen Garten! – drei Tage lang besetzt halten zu dürfen, ringsum beschützt, bewacht und eingeschlossen von den Schildwachen der Pariser! Kein deutscher Soldat setzte den Fuß ins Pariser Stadthaus, keiner betrat die Boulevards, und die paar, die ins Louvre eingelassen wurden, um die Kunstschätze zu bewundern, hatten um Erlaubnis bitten müssen, es war Bruch der Kapitulation. Frankreich war niedergeschlagen, Paris war ausgehungert, aber *den* Respekt hatte sich das Pariser Volk durch seine glorreiche Vergangenheit gesichert, daß kein Sieger wagte, ihm Entwaffnung zuzumuten, keiner den Mut hatte, es zu Hause aufzusuchen und diese Straßen, den Kampfplatz so vieler Revolutionen, durch einen Triumphzug zu entweihen. Es war, als ob der neugebackne deutsche Kaiser [Wilhelm I.] den Hut abzöge vor den lebendigen Revolutionären von Paris, wie weiland sein Bruder

[1*] Es waren diese der Nationalgarde, nicht dem Staat gehörigen und eben deshalb nicht an die Preußen ausgelieferten Kanonen, die Thiers am 18. März 1871 den Befehl gab, den Parisern zu *stehlen,* und dadurch den Aufstand veranlaßte, aus dem die Kommune hervorging.

[Friedrich Wilhelm IV.] vor den toten Märzkämpfern Berlins[119], und als ob die ganze deutsche Armee hinter ihm stände und präsentierte das Gewehr.

Das war aber auch das einzige Opfer, das Bismarck sich auferlegen mußte. Unter dem Vorwand, es gebe keine Regierung in Frankreich, die mit ihm Frieden schließen könne – was grade so wahr und so falsch war am 4. September wie am 28. Januar –, hatte er seine Erfolge echt preußisch bis auf den letzten Tropfen ausgenutzt und sich erst nach vollständiger Niederwerfung Frankreichs zum Frieden bereit erklärt. Im Friedensschluß selbst wurde wiederum, auf gut altpreußisch, »die günstige Lage rücksichtslos ausgenützt«. Nicht nur die unerhörte Summe von fünf Milliarden Kriegsentschädigung erpreßt, sondern auch zwei Provinzen, Elsaß und Deutsch-Lothringen mit Metz und Straßburg, von Frankreich abgerissen und Deutschland einverleibt.[120] Mit dieser Annexion tritt Bismarck zum erstenmal als unabhängiger Politiker auf, der nicht mehr ein ihm von außen vorgeschriebnes Programm in seiner Weise ausführt, sondern die Produkte seines eignen Hirns in die Tat übersetzt; und damit begeht er seinen ersten kolossalen Bock.

Das Elsaß war von Frankreich der Hauptsache nach im Dreißigjährigen Krieg[32] erobert. Damit hatte Richelieu den soliden Grundsatz Heinrichs IV. verlassen:

»Die spanische Sprache möge dem Spanier, die deutsche dem Deutschen gehören; aber wo man französisch spricht, das kommt mir zu«;

er stützte sich auf den Grundsatz der natürlichen Rheingrenze, der geschichtlichen Grenze des alten Galliens. Das war Torheit; aber das Deutsche Reich, das die französischen Sprachgebiete von Lothringen und Belgien und sogar der Franche-Comté einschloß, hatte nicht das Recht, Frankreich die Annexion deutschsprechender Länder vorzuwerfen. Und wenn Ludwig XIV. 1681 Straßburg mitten im Frieden, mit Hilfe einer französisch gesinnten Partei in der Stadt, an sich riß[121], so steht es Preußen schlecht an, sich darüber zu entrüsten, nachdem es 1796 die Freie Reichsstadt Nürnberg, allerdings ohne von einer preußischen Partei gerufen zu sein, genau ebenso vergewaltigte, wenn auch nicht mit Erfolg.[1*]

Lothringen wurde 1735 im Wiener Frieden von Österreich an Frankreich verschachert[123] und 1766 endgiltig in französischen Besitz genommen. Es hatte seit Jahrhunderten nur nominell zum Deutschen Reiche gehört, seine Herzöge waren in jeder Beziehung Franzosen und fast immer mit Frankreich verbündet gewesen.

In den Vogesen bestanden bis zur Französischen Revolution eine Menge kleiner Herrschaften, die gegenüber Deutschland sich als reichsunmittelbare Reichsstände gerierten, gegenüber Frankreich aber dessen Oberhoheit anerkannt hatten; sie zogen Vorteile aus dieser Zwitterstellung, und wenn das Deutsche Reich das duldete, statt die Herren Dynasten zur Rechenschaft zu ziehen, so durfte es sich nicht beklagen, als Frankreich kraft seiner Oberhoheit die Einwohner dieser Gebiete gegen die verjagten Dynasten in Schutz nahm.

[1*] Man wirft Ludwig XIV. vor, seine Reunionskammern[122] im tiefsten Frieden auf ihm nicht gehörige deutsche Gebiete losgelassen zu haben. So etwas kann auch der boshafteste Neid den Preußen nicht nachsagen. Im Gegenteil. Nachdem sie 1795 durch direkten Bruch der Reichsverfassung Separatfrieden mit Frankreich[60] gemacht und ihre ebenfalls abtrünnigen kleinen Nachbarn hinter der Demarkationslinie zum ersten Norddeutschen Bund um sich versammelt hatten, benutzten sie die bedrängte Lage der im Verein mit Österreich den Krieg nunmehr allein fortführenden süddeutschen Reichsstände zu Annexionsversuchen in Franken. Sie errichteten in Ansbach und Bayreuth (die damals preußisch waren) Reunionskammern nach Ludwigs Muster, erhoben auf eine Reihe benachbarter Gebietsstrecken Ansprüche, denen gegenüber Ludwigs Rechtsvorwände sonnenklar überzeugend waren; und als dann die Deutschen geschlagen zurückwichen und die Franzosen in Franken einrückten, da besetzten die rettenden Preußen das Nürnberger Gebiet einschließlich der Vorstädte bis an die Stadtmauer und erschlichen von den angstschlotternden Nürnberger Spießbürgern einen Vertrag (2. September 1796), wodurch die Stadt sich der preußischen Herrschaft unterwarf, unter der Bedingung, daß nie – Juden in den Mauern sollten zugelassen werden. Gleich darauf aber rückte Erzherzog Karl wieder vor, schlug die Franzosen bei Würzburg 3. und 4. September 1796, und damit löste sich dieser Versuch, Preußens deutschen Beruf den Nürnbergern einzubleuen, in blauem Dunst auf.

Im ganzen war dies deutsche Gebiet bis zur Revolution so gut wie gar nicht französiert. Deutsch blieb Schul- und Amtssprache im inneren Verkehr wenigstens des Elsasses. Die französische Regierung begünstigte die deutschen Provinzen, die nach langjähriger Kriegsverwüstung jetzt, von Anfang des achtzehnten Jahrhunderts an, keinen Feind mehr im Lande zu sehen bekamen. Das von ewigen inneren Kriegen zerrissene Deutsche Reich war wahrlich nicht dazu angetan, die Elsässer zur Rückkehr in den Mutterschoß anzulocken; man hatte wenigstens Ruhe und Frieden, man wußte, woran man war, und so fand sich das tonangebende Philisterium in Gottes unerforschlichen Ratschluß. War ihr Schicksal doch nicht beispiellos, standen doch auch die Holsteiner unter fremder dänischer Herrschaft.

Da kam die Französische Revolution. Was Elsaß und Lothringen nie gewagt hatten von Deutschland zu hoffen, das wurde ihnen von Frankreich geschenkt. Die feudalen Fesseln wurden gesprengt. Der hörige, fronpflichtige Bauer wurde ein freier Mann, in vielen Fällen freier Eigentümer seines Gehöfts und Feldes. Die Patrizierherrschaft und die Zunftprivilegien in den Städten verschwanden. Der Adel wurde verjagt. Und in den Gebieten der kleinen Fürsten und Herren folgten die Bauern dem Beispiel der Nachbarn, vertrieben Dynasten, Regierungskammern und Adel und erklärten sich für freie französische Bürger. In keinem Teil Frankreichs schloß das Volk sich der Revolution begeisterter an als gerade im deutschredenden. Und als nun gar das Deutsche Reich der Revolution den Krieg erklärte, als die Deutschen nicht nur ihre eigenen Ketten auch jetzt noch gehorsam trugen, sondern obendrein sich dazu gebrauchen ließen, den Franzosen die alte Knechtschaft, den Elsässer Bauern die kaum verjagten Feudalherren wieder aufzuzwingen, da war es aus mit der Deutschheit der Elsässer und Lothringer, da lernten sie die Deutschen hassen und verachten, da wurde in Straßburg die Marseillaise gedichtet, komponiert und zuerst von Elsässern gesungen, da wuchsen die Deutschfranzosen trotz Sprache und Vergangenheit auf Hunderten von Schlachtfeldern, im Kampfe für die Revolution, zusammen zu einem Volke mit den Nationalfranzosen.

Hat nicht die große Revolution dasselbe Wunder vollbracht an den Flamländern von Dünkirchen, den Kelten der Bretagne, den Italienern von Korsika? Und wenn wir uns darüber beklagen, daß dies auch Deutschen geschah, haben wir denn unsere ganze Geschichte vergessen, die das möglich machte? Haben wir vergessen, daß das ganze linke Rheinufer, das doch die Revolution nur passiv mitgemacht, französisch gesinnt war, als die Deutschen 1814 dort wieder einrückten, französisch gesinnt blieb bis 1848, wo die Revolution die Deutschen in den Augen der Rheinländer rehabilitierte? Daß Heines Franzosenschwärmerei und selbst sein Bonapartismus nichts war als der Widerhall der allgemeinen Volksstimmung links des Rheins?

Beim Einmarsch der Verbündeten 1814 fanden sie gerade im Elsaß und Deutsch-Lothringen die entschiedenste Feindschaft, den heftigsten Widerstand im Volke selbst; denn hier fühlte man die Gefahr, wieder deutsch werden zu müssen. Und doch wurde damals dort noch fast nur deutsch gesprochen. Aber als die Gefahr der Losreißung von Frankreich vorüber, als den deutsch-romantischen Chauvins die Annexionslust gelegt war, da sah man die Notwendigkeit ein, auch sprachlich mehr und mehr mit Frankreich zusammenzuwachsen, und seitdem führte man dieselbe Französierung der Schulen ein, die auch die Luxemburger freiwillig bei sich eingerichtet hatten. Und dennoch ging der Umwandlungsprozeß sehr langsam; erst die jetzige Generation der Bourgeoisie ist wirklich französiert, während Bauern und Arbeiter deutsch sprechen. Es steht ungefähr wie in Luxemburg: Das Schriftdeutsche ist (die Kanzel teilweise ausgenommen) durch das Französische verdrängt, aber der deutsche Volksdialekt hat nur an der Sprachgrenze Boden verloren und wird als gemütliche Sprache weit mehr gebraucht, als dies in den meisten Gegenden Deutschlands der Fall.

Das ist das Land, das Bismarck und die preußischen Junker, unterstützt von der, wie es scheint, von allen deutschen Fragen unzertrennlichen Wiederbelebung einer chauvinistischen Romantik, wieder deutsch zu machen sich unterfingen. Die Heimat der Marseillaise, Straßburg, deutsch machen wollen, das war ein ebensolcher Widersinn wie der, die Heimat Garibaldis, Nizza, französisch zu machen. Aber in Nizza hielt Louis-Napoléon doch den Anstand aufrecht und ließ über die Annexion abstimmen – und das Manöver ging durch. Abgesehn davon, daß die Preußen aus sehr guten Gründen dergleichen revolutionäre Maßregeln verabscheuen – es ist noch nie vorgekommen, daß die Volksmasse irgendwo nach Annexion an Preußen verlangt hätte –, wußte man nur zu gut, daß gerade hier die Bevölkerung einmütiger an Frankreich hing als die Nationalfranzosen selbst. Und so vollzog man den Gewaltstreich einfach kraft der Gewalt. Es war ein Stück Rache an der Französischen Revolution; man riß eines der Stücke ab, die gerade durch die Revolution mit Frankreich in eins geschweißt worden.

Militärisch hatte die Annexion allerdings einen Zweck. Durch Metz und Straßburg erhält Deutschland eine Verteidigungsfront von ungeheurer Stärke. Solange Belgien und die Schweiz neutral, kann ein französischer Massenangriff nirgends anders ansetzen als auf dem schmalen Strich zwischen Metz und den Vogesen; und dazu bilden Koblenz, Metz, Straßburg, Mainz das stärkste und größte Festungsviereck der Welt. Aber auch dies Festungsviereck, wie das österreichische in der Lombardei[124] liegt zur Hälfte in Feindesland und bildet dort Zwingburgen zur Niederhaltung der Bevölkerung. Noch mehr: Um es zu vervollständigen, mußte über das deutsche Sprachgebiet hinausgegriffen, mußte eine Viertelmillion Nationalfranzosen mit annektiert werden.

Der strategische große Vorteil ist also der einzige Punkt, der die Annexion entschuldigen kann. Aber steht dieser Gewinn in irgendwelchem Verhältnis zu dem Schaden, den man sich dadurch antat?

Für den großen moralischen Nachteil, worin das junge Deutsche Reich sich setzte, indem es die brutale Gewalt offen und ungeheuchelt als sein Grundprinzip erklärte – dafür hat der preußische Junker keine Augen. Im Gegenteil, widerhaarige, gewaltsam im Zaum gehaltene Untertanen sind ihm Bedürfnis; sie sind Beweise der vermehrten preußischen Macht; und im Grunde hat er nie andere gehabt. Aber wofür er verpflichtet war, Augen zu haben, das waren die politischen Folgen der Annexion. Und die lagen klar zutage. Noch ehe die Annexion rechtskräftig geworden, rief Marx sie laut in die Welt hinaus in einem Rundschreiben der Internationale: *»Die Annexion von Elsaß und Lothringen macht Rußland zum Schiedsrichter Europas.«*[125] Und von der Tribüne des Reichstags haben die Sozialdemokraten es oft genug wiederholt, so lange, bis die Wahrheit dieses Ausspruches endlich von Bismarck selbst in seiner Reichstagsrede vom 6. Februar 1888 anerkannt worden ist[126] durch sein Winseln vor dem allmächtigen Zar, dem Gebieter über Krieg und Frieden.

Es war doch sonnenklar. Indem man von Frankreich zwei seiner fanatisch-patriotischsten Provinzen abriß, trieb man es jedem in die Arme, der ihm deren Rückgabe in Aussicht stellte, machte man sich Frankreich zum ewigen Feind. Bismarck allerdings, der in dieser Beziehung den deutschen Philister würdig und gewissenhaft repräsentiert, verlangt von den Franzosen, sie sollen nicht nur staatsrechtlich, sondern auch moralisch auf Elsaß-Lothringen verzichten, sie sollen sich noch ordentlich freuen, daß diese beiden Stücke des revolutionären Frankreichs »dem alten Vaterlande wiedergegeben sind«, von dem sie platterdings nichts wissen wollen. Das tun aber die Franzosen leider ebensowenig, wie die Deutschen während der napoleonischen Kriege auf das linke Rheinufer moralisch verzichteten, trotzdem auch dieses damals sich keineswegs nach ihnen zurücksehnte. Solange die Elsässer und Lothringer nach Frankreich zurückverlangen, solange wird und muß Frankreich nach ihrer Wiedererlangung streben und sich nach den Mitteln dazu umsehen, also unter anderm auch nach Bundesgenossen. Und der natürliche Bundesgenosse gegen Deutschland ist Rußland.

Wenn die beiden größten und stärksten Nationen des westlichen Kontinents sich gegenseitig durch Feindseligkeit neutralisieren, wenn sogar ein ewiger Zankapfel zwischen ihnen liegt und sie zum Kampfe gegeneinander hetzt, so hat den Vorteil davon – nur Rußland, dessen Hände dann um so freier sind; Rußland, das in seinen Eroberungsgelüsten von Deutschland um so weniger gehindert werden kann, je mehr es von Frankreich unbedingte Unterstützung erwarten darf. Und hat nicht Bismarck Frankreich in die Lage versetzt, daß es um Rußlands Allianz betteln, daß es Rußland Konstantinopel gern überlassen muß, wenn Rußland ihm nur seine verlorenen Provinzen zusagt? Und wenn trotzdem der Friede siebzehn Jahre erhalten worden, woher anders kommt das als daher, daß das in Frankreich und Rußland eingeführte Landwehrsystem mindestens sechzehn, ja nach neuester deutscher Verbesserung sogar fünfundzwanzig Jahre braucht, um die volle Zahl eingeübter Mannschaftsjahrgänge zu liefern? Und nachdem die Annexion nun schon siebzehn Jahre lang das die ganze Politik Europas beherrschende Faktum gewesen, ist sie nicht in diesem Augenblick die Grundursache der ganzen, den Weltteil mit Krieg bedrohenden Krise? Nehmt diese eine Tatsache weg, und der Friede ist gesichert!

Der Elsässer Bourgeois mit seinem oberdeutsch ausgesprochenen Französisch, dieser halbschlächtige Geck, der sich französischer gebärdet als irgendein Stockfranzose, der auf Goethe herabsieht und für Racine schwärmt, der dabei das böse Gewissen seiner geheimen Deutschheit doch nicht los wird und eben deshalb über alles Deutsche wegwerfend schwadronieren muß, so daß er nicht einmal zum Vermittler zwischen Deutschland und Frankreich taugt – dieser Elsässer Bourgeois ist allerdings ein verächtlicher Kerl, sei er nun Mülhauser Fabrikant oder Pariser Journalist. Aber wer hat ihn zu dem gemacht, was er ist, wer anders als die deutsche Geschichte der letzten dreihundert Jahre? Und waren nicht bis noch ganz vor kurzem fast alle Deutschen im Ausland, namentlich die Kaufleute, echte Elsässer, die ihr Deutschtum verleugneten, die fremde Nationalität ihrer neuen Heimat sich mit einer wahren Selbsttierquälerei anquälten und dabei sich freiwillig mindestens ebenso lächerlich machten wie die Elsässer, die doch mehr oder weniger durch die Umstände dazu genötigt sind? In England z. B. war die ganze von 1815 bis 1840 eingewanderte deutsche Kaufmannschaft fast ausnahmslos verengländert, sprach auch unter sich fast nur englisch, und noch heute laufen, auf der Börse von Manchester z. B., diverse alte deutsche Philister herum, die ihr halbes Vermögen hingäben, könnten sie als volle Engländer passieren. Erst seit 1848 ist auch hierin ein Umschwung eingetreten, und seit 1870, wo sogar der Reservelieutenant nach England kommt und Berlin sein Kontingent herschickt, wird die ehemalige Kriecherei verdrängt durch eine preußische Hochnäsigkeit, die uns im Ausland nicht minder lächerlich macht.

Und ist etwa den Elsässern die Vereinigung mit Deutschland seit 1871 mundgerechter gemacht worden? Im Gegenteil. Man hat sie unter Diktatur gestellt, während nebenan, in Frankreich, die Republik herrschte. Man hat die pedantisch-zudringliche preußische Landratswirtschaft bei ihnen eingeführt, gegen die die – gesetzlich streng geregelte – Einmischung der verrufenen französischen Präfektenwirtschaft golden ist. Man machte dem letzten Rest von Preßfreiheit, Versammlungs- und Vereinsrecht ein rasches Ende, man löste widerhaarige Stadträte auf und setzte deutsche Bürokraten als Bürgermeister ein. Dagegen aber schmeichelte man den »Notabeln«, d. h. den durchaus französierten Adeligen und Bourgeois, und schützte sie in ihrer Aussaugung der wenn auch nicht deutschgesinnten, aber doch deutschredenden Bauern und Arbeiter – die das einzige Element bildeten, an das ein Aussöhnungsversuch anknüpfen konnte. Und was hatte man davon? Daß im Februar 1887, als ganz Deutschland sich einschüchtern ließ und die Bismarcksche Kartellmajorität in den Reichstag schickte[127], daß damals Elsaß-Lothringen lauter entschiedene

Franzosen wählte und jeden verwarf, der nur der leisesten deutschen Sympathien verdächtig war.

Wenn nun die Elsässer sind, wie sie sind, haben wir ein Recht, uns darüber zu erbosen? Keineswegs. Ihr Widerwille gegen die Annexion ist eine geschichtliche Tatsache, die nicht heruntergerissen, sondern erklärt sein will. Und da müssen wir uns fragen: Wie viele und wie kolossale geschichtliche Sünden mußte Deutschland begehen, bis diese Gesinnung im Elsaß möglich wurde? Und wie muß unser neues Deutsches Reich sich von außen her ausnehmen, wenn nach siebzehn Jahren des Wiederverdeutschungsversuchs die Elsässer uns einstimmig zurufen: verschont uns damit? Haben wir das Recht, uns einzubilden, daß zwei glückliche Feldzüge und siebzehn Jahre Bismarckscher Diktatur genügen, um die sämtlichen Wirkungen einer dreihundertjährigen schmachvollen Geschichte auszulöschen?

Bismarck war am Ziel. Sein neues preußisch-deutsches Kaisertum war in Versailles, im Prachtsaal Ludwigs XIV., öffentlich ausgerufen worden.[128] Frankreich lag wehrlos zu seinen Füßen: das trotzige Paris, das er selbst nicht anzutasten gewagt, war von Thiers in den Aufstand der Kommune[129] hineingehetzt und dann von den aus der Kriegsgefangenschaft zurückkehrenden Soldaten der exkaiserlichen Armee zu Boden geschlagen. Der europäische Gesamtphilister staunte Bismarck an, wie er in den fünfziger Jahren dessen Vorbild Louis Bonaparte angestaunt hatte. Deutschland war mit russischer Hülfe die erste Macht in Europa geworden, und alle Macht Deutschlands lag in den Händen des Diktators Bismarck. Jetzt kam es darauf an, was er mit dieser Macht anzufangen wisse. Hatte er bisher die Einheitspläne der Bourgeoisie, wenn auch nicht mit den Mitteln der Bourgeoisie, sondern mit bonapartistischen Mitteln durchgeführt, so war dies Thema jetzt so ziemlich erschöpft, so galt es jetzt, eigne Pläne zu machen, zu zeigen, welche Ideen sein eigner Kopf zu produzieren fähig war. Und das mußte offenbar werden beim innern Ausbau des neuen Reichs.

Die deutsche Gesellschaft setzt sich zusammen aus Großgrundbesitzern, Bauern, Bourgeois, Kleinbürgern und Arbeitern, die sich wiederum in drei Hauptklassen gruppieren.

Der *größere Grundbesitz* ist in den Händen einiger weniger Magnaten (namentlich in Schlesien) und einer großen Zahl mittlerer Grundeigentümer, die in den altpreußischen Provinzen östlich der Elbe am dichtesten sitzen. Diese preußischen Junker sind es auch, die die ganze Klasse mehr oder weniger dominieren. Sie sind selbst Landwirte, insofern sie ihre Güter großenteils durch Inspektoren bebauen lassen, und daneben sehr häufig Besitzer von Schnapsbrennereien und Rübenzuckerfabriken. Ihr Grundbesitz ist, wo es anging, als Majorat in der Familie festgelegt. Die jüngeren Söhne treten in die Armee oder den staatlichen Zivildienst, so daß sich an diesen grundbesitzenden Kleinadel ein noch kleinerer Offiziers- und Beamtenadel hängt, der obendrein noch durch die starke Adelsfabrikation unter den bürgerlichen höheren Offizieren und Beamten Zuwachs erhält. An der unteren Grenze dieser ganzen adligen Sippschaft bildet sich naturgemäß ein zahlreicher Schmarotzeradel, ein adliges Lumpenproletariat, das vom Schuldenmachen, zweifelhaftem Spiel, Zudringlichkeit, Bettel und politischer Spionage lebt. Die Gesamtheit dieser Gesellschaft bildet das preußische Junkertum und ist eine der Hauptstützen des altpreußischen Staats. Aber der grundbesitzende Kern dieses Junkertums steht selbst auf gar schwachen Füßen. Die Pflicht, standesgemäß zu leben, wird täglich kostspieliger; die Unterstützung der jüngeren Söhne bis durch das Lieutenants- und Assessorsstadium, die Unterbringung der Töchter im Ehestand, alles das kostet Geld; und da das alles Pflichten sind, vor deren Erfüllung alle andern Rücksichten schweigen müssen, ist es kein Wunder, daß die Einkünfte nicht reichen, daß Wechsel unterschrieben oder gar Hypotheken aufgenommen werden. Kurzum, die ganze Junkerschaft steht immerdar am Rand des Abgrunds; jeder Unfall, sei es Krieg, Mißernte oder Handelskrise, droht sie hineinzustürzen; und so ist es kein Wunder, daß sie seit reichlich hundert Jahren nur durch Staatshülfe aller Art vom Untergang gerettet worden ist und in Wirklichkeit nur durch Staatshülfe fortbesteht. Diese nur künstlich erhaltene Klasse ist dem Untergang geweiht; keine Staatshülfe kann sie auf die Dauer am Leben erhalten. Aber mit ihr verschwindet auch der alte preußische Staat.

Der *Bauer* ist politisch ein wenig aktives Element. Soweit er selbst Eigentümer, verkommt er mehr und mehr durch die ungünstigen Produktionsbedingungen des der alten gemeinen Mark oder Gemeinweide – ohne die für ihn kein Viehstand möglich – beraubten Parzellenbauern. Soweit er Pächter, steht's noch schlimmer um ihn. Der kleinbäuerliche Betrieb setzt vorwiegend Naturalwirtschaft voraus, an der Geldwirtschaft geht er zugrunde. Daher steigende Verschuldung, massenweise Expropriation durch den Hypothekengläubiger, Zuflucht zur Hausindustrie, um nur nicht ganz von der Scholle vertrieben zu werden. Politisch ist die Bauernschaft meist indifferent oder reaktionär: am Rhein aus altem Preußenhaß ultramontan, in andern Gegenden partikularistisch oder protestantisch-konservativ. Das religiöse Gefühl dient bei dieser Klasse noch als Ausdruck gesellschaftlicher oder politischer Interessen.

Die *Bourgeoisie* haben wir bereits behandelt. Sie war seit 1848 in einem unerhörten ökonomischen Aufschwung begriffen. An der kolossalen Ausdehnung der Industrie nach der Handelskrise von 1847, bedingt durch die in diese Periode fallende Herstellung einer ozeanischen Dampfschiffahrt, durch die enorme Ausdehnung der Eisenbahnen und durch die Goldschätze Kaliforniens und Australiens, hatte Deutschland wachsenden Anteil genommen. Grade ihr Drang nach Beseitigung der kleinstaatlichen Verkehrshindernisse und nach ebenbürtiger Weltmarktsstellung neben ihren auswärtigen Konkurrenten hatte Bismarcks Revolution in Bewegung gesetzt. Jetzt, wo die französischen Milliarden Deutschland überfluteten, eröffnete sich für die Bourgeoisie eine neue Periode fieberhafter Erwerbstätigkeit, in der sie sich zum erstenmal als große Industrienation bewies durch einen nationaldeutschen Krach[130]. Sie war damals schon ökonomisch die mächtigste Klasse der Bevölkerung; ihren ökonomischen Interessen mußte der Staat gehorchen; die Revolution von 1848 hatte den Staat in die äußere konstitutionelle Form übergeführt, worin sie auch politisch herrschen und ihre Herrschaft ausbilden konnte. Trotzdem war sie noch weit entfernt von der wirklichen politischen Herrschaft. Im Konflikt war sie gegen Bismarck nicht siegreich gewesen; die Beseitigung des Konflikts durch die Revolutionierung Deutschlands von oben hatte ihr des ferneren beigebracht, daß die Exekutivgewalt einstweilen noch von ihr höchstens in sehr indirekter Weise abhängig sei, daß sie weder Minister absetzen oder aufdringen, noch über die Armee verfügen könne. Dabei war sie feig und schlaff gegenüber einer energischen Exekutivgewalt, aber das waren die Junker auch, und sie hatte mehr Entschuldigung als diese durch ihren direkten ökonomischen Gegensatz zur revolutionären industriellen Arbeiterklasse. Aber sicher war, daß sie das Junkertum allmählich ökonomisch vernichten mußte, daß sie von allen besitzenden Klassen die einzige war, die noch Aussicht auf eine Zukunft besaß.

Das Kleinbürgertum bestand erstens aus Resten des mittelalterlichen Handwerks, die in dem lange zurückgebliebnen Deutschland massenhafter vertreten waren als im übrigen Westeuropa, zweitens aus heruntergekommnen Bourgeois, drittens aus bis zum Kleinhandel emporgekommnen Elementen der besitzlosen Bevölkerung. Mit der Ausdehnung der großen Industrie verlor die Existenz der gesamten Kleinbürgerschaft den letzten Rest von Stabilität; Erwerbswechsel und periodischer Bankerott wurden die Regel. Diese früher so stabile Klasse, die die Kerntruppe des deutschen Philisteriums gewesen, sank aus der früheren Zufriedenheit, Zahmheit, Knechts- und Gottseligkeit und Ehrbarkeit hinab in wüste Zerfahrenheit und Mißvergnügen mit dem ihr von Gott beschiednen Geschick. Die Reste des Handwerks schrien nach Wiederherstellung der Zunftprivilegien, von den andern wurde ein Teil sanft demokratisch-fortschrittlich[131], ein andrer näherte sich sogar der Sozialdemokratie und schloß sich stellenweise direkt der Arbeiterbewegung an.

Endlich die Arbeiter. Von den ländlichen Arbeitern lebten wenigstens die des Ostens noch immer in einer halben Leibeigenschaft und waren nicht zurechnungsfähig. Dagegen hatte unter den städtischen Arbeitern die Sozialdemokratie reißende Fortschritte gemacht und wuchs in dem Maß, wie die große Industrie die Volksmassen proletarisierte und damit den Klassengegensatz zwischen Kapitalisten und Arbeitern auf die Spitze trieb. Waren auch die sozialdemokratischen Arbeiter einstweilen noch in zwei sich bekämpfende Parteien gespalten[132], so war doch seit dem Erscheinen von Marx' »Kapital« der prinzipielle Gegensatz zwischen beiden so gut wie verschwunden. Der Lassalleanismus strikter Observanz, mit der ausschließlichen Forderung von »Produktionsgenossenschaften mit Staatshülfe«, schlief allmählich ein und erwies sich mehr und mehr ungeeignet, den Kern einer bonapartistisch-staatssozialistischen Arbeiterpartei abzugeben. Was einzelne Führer in dieser Beziehung verbrochen, wurde von dem gesunden Sinn der Massen wieder gutgemacht. Die Einigung der beiden sozialdemokratischen Richtungen, fast nur noch durch Personenfragen hintangehalten, war in naher Zukunft sicher. Aber schon während der Spaltung und trotz der Spaltung war die Bewegung mächtig genug, um der industriellen Bourgeoisie Schrecken einzujagen und sie in ihrem Kampf gegen die noch von ihr unabhängige Regierung zu lähmen; wie denn die deutsche Bourgeoisie überhaupt seit 1848 das rote Gespenst nicht wieder loswurde.

Diese Klassengliederung lag der Parteigliederung im Parlament und den Landtagen zugrunde. Großgrundbesitz und ein Teil der Bauernschaft bildeten die Masse der Konservativen[133]; die industrielle Bourgeoisie lieferte den rechten Flügel des bürgerlichen Liberalismus: die Nationalliberalen[134], während der linke Flügel – die abgeschwächte demokratische oder sog. Fortschrittspartei – von den Kleinbürgern, unterstützt von einem Teil der Bourgeoisie wie der Arbeiter, gestellt wurde. Die Arbeiter endlich hatten ihre selbständige Partei, zu der auch Kleinbürger gehörten, in der Sozialdemokratie.

Ein Mann in Bismarcks Stellung und mit Bismarcks Vergangenheit mußte sich bei einiger Einsicht in die Sachlage sagen, daß die Junker, wie sie waren, keine lebensfähige Klasse bildeten, daß von allen besitzenden Klassen nur die Bourgeoisie eine Zukunft beanspruchen konnte und daß daher (abgesehn von der Arbeiterklasse, deren geschichtliche Sendung zu begreifen wir ihm nicht zumuten wollen) sein neues Reich um so sichereren Bestand versprach, je mehr er es allmählich auf den Übergang in einen modernen Bourgeoisstaat vorbereitete. Muten wir ihm nichts zu, was ihm unter den Umständen unmöglich war. Ein sofortiger Übergang zur parlamentarischen Regierung mit der entscheidenden Macht im Reichstag (wie im englischen Unterhaus) war weder möglich noch selbst augenblicklich ratsam; die Diktatur Bismarcks in parlamentarischen Formen mußte ihm selbst als zunächst noch notwendig erscheinen; wir nehmen ihm keineswegs übel, daß er sie zunächst bestehn ließ, wir fragen bloß, wozu sie zu gebrauchen war. Und da kann schwerlich ein Zweifel sein, daß die Anbahnung eines der englischen Verfassung entsprechenden Zustands der einzige Weg war, auf dem sich Aussicht bot, dem neuen Reich eine feste Grundlage und eine ruhige innere Entwicklung zu sichern. Indem man den größeren, ohnehin unrettbaren Teil seiner Junkerschaft dem bevorstehenden Untergang überließ, schien es immer noch möglich, aus dem Rest und aus neuen Elementen eine Klasse unabhängiger Großgrundbesitzer sich aufbauen zu lassen, die selbst nur die ornamentale Spitze der Bourgeoisie war; eine Klasse, der die Bourgeoisie, selbst im Vollgenuß ihrer Macht, die staatliche Repräsentation und damit die fettesten Posten und sehr großen Einfluß überlassen mußte. Indem man der Bourgeoisie die politischen Konzessionen, die ihr auf die Dauer doch nicht vorenthalten werden konnten (so mußte man wenigstens vom Standpunkt der besitzenden Klassen urteilen), indem man ihr diese Konzessionen allmählich und selbst in kleinen und seltnen Dosen zukommen ließ, leitete man das neue Reich wenigstens auf die Bahn, worin es den übrigen, ihm politisch weit vorausgeeilten Staaten Westeuropas nachkommen konnte, wo es endlich die letzten Reste des Feudalismus wie der die Bürokratie noch stark beherrschenden Philistertradition abschüttelte, und machte es vor allen Dingen fähig, auf eignen Füßen zu stehn an dem Tage, wo seine keineswegs jugendlichen Gründer das Zeitliche segnen würden.

Dabei war das gar nicht einmal schwer. Weder Junker noch Bourgeois hatten auch nur durchschnittliche Energie. Die Junker hatten das seit sechzig Jahren bewiesen, wo der Staat fortwährend ihr eignes Beste durchführte gegen die Opposition dieser Don Quixoten. Die Bourgeoisie, ebenfalls durch lange Vorgeschichte geschmeidig gemacht, hatte den Konflikt noch schwer in den Knochen liegen; seitdem brachen Bismarcks Erfolge ihre Widerstandskraft noch mehr, und den Rest tat die Furcht vor der drohend anwachsenden Arbeiterbewegung. Unter solchen Umständen konnte es dem Mann, der die nationalen Wünsche der Bourgeoisie verwirklicht hatte, nicht schwer werden, in der Verwirklichung ihrer im ganzen schon sehr bescheidnen politischen Wünsche jedes ihm beliebige Tempo einzuhalten. Nur mußte er sich über das Ziel klar sein.

Vom Standpunkt der besitzenden Klassen aus war dies das einzig Rationelle. Vom Standpunkt der Arbeiterklasse aus zeigt es sich freilich, daß es schon zu spät war zur Errichtung einer dauernden Bourgeoisherrschaft. Die große Industrie, und mit ihr Bourgeoisie und Proletariat, bildeten sich in Deutschland aus zu einer Zeit, wo fast gleichzeitig mit der Bourgeoisie das Proletariat die politische Bühne selbständig betreten konnte, wo also der Kampf beider Klassen schon beginnt, ehe die Bourgeoisie sich die ausschließliche oder vorwiegende politische Macht erobert hat. Aber wenn es auch für eine ruhige und festbegründete Herrschaft der Bourgeoisie in Deutschland zu spät ist, so war es immer noch im Jahr 1870 die beste Politik, im Interesse der besitzenden Klassen überhaupt, auf diese Bourgeoisherrschaft loszusteuern. Denn dadurch allein war es möglich, die massenhaften Überreste aus der Zeit des verfaulenden Feudalismus zu beseitigen, die in Gesetzgebung und Verwaltung fortwucherten; nur so war es möglich, die gesamten Resultate der Großen Französischen Revolution allmählich in Deutschland heimisch zu machen, kurz, Deutschland den riesenlangen alten Zopf abzuschneiden und es bewußt und endgiltig auf die Bahn der modernen Entwicklung zu leiten, seine politischen Zustände seinen industriellen Zuständen anzupassen. Kam dann schließlich der unvermeidliche Kampf zwischen Bourgeoisie und Proletariat, so vollzog er sich mindestens unter normalen Umständen, wo jeder sehn konnte, um was es sich handelte, und nicht in einer Verwirrung, Unklarheit, Interessendurchkreuzung und Ratlosigkeit, wie wir sie 1848 in Deutschland gesehn. Nur mit dem Unterschied, daß diesmal die Ratlosigkeit ausschließlich auf seiten der Besitzenden sein wird; die Arbeiterklasse weiß, was sie will.

Wie die Dinge 1871 in Deutschland lagen, war ein Mann wie Bismarck in der Tat auf eine zwischen den verschiednen Klassen lavierende Politik angewiesen. Und soweit ist ihm nichts vorzuwerfen. Es kommt nur darauf an, auf welches Ziel diese Politik gerichtet war. Ging sie, einerlei in welchem Tempo, aber bewußt und resolut auf die schließliche Bourgeoisherrschaft los, so war sie im Einklang mit der geschichtlichen Entwicklung, soweit sie dies vom Standpunkt der besitzenden Klassen überhaupt sein konnte. Ging sie los auf die Erhaltung des altpreußischen Staats, auf die allmähliche Verpreußung Deutschlands, so war sie reaktionär und zum schließlichen Scheitern verdammt. Ging sie los auf die bloße Erhaltung der Herrschaft Bismarcks, so war sie bonapartistisch und mußte enden wie aller Bonapartismus.

Die nächste Aufgabe war die Reichsverfassung. Als Material

lagen vor einerseits die norddeutsche Bundesverfassung, andrerseits die Verträge mit den süddeutschen Staaten[135]. Die Faktoren, mit deren Hülfe Bismarck die Reichsverfassung ins Leben zu rufen hatte, waren einerseits die im Bundesrat vertretnen Dynastien[136], andrerseits das im Reichstag vertretne Volk. Den Ansprüchen der Dynastien war in der norddeutschen Verfassung und den Verträgen eine Grenze gesetzt. Das Volk dagegen hatte Anspruch darauf, daß sein Anteil an der politischen Macht bedeutend vergrößert werde. Es hatte die Unabhängigkeit von fremder Einmischung und die Einigung – soweit davon die Rede sein konnte – auf dem Schlachtfeld erkämpft; es war auch in erster Linie berufen zu entscheiden, wozu diese Unabhängigkeit benutzt, wie diese Einigung im einzelnen ausgeführt und verwertet werden sollte. Und selbst wenn das Volk den in der norddeutschen Verfassung und den Verträgen vorliegenden Rechtsboden anerkannte, hinderte das doch keineswegs, daß es in der neuen Verfassung einen größern Machtanteil erhielt als in der bisherigen. Der Reichstag war die einzige Körperschaft, die in Wirklichkeit die neue »Einheit« darstellte. Je schwerer die Stimme des Reichstags wog, je freier die Reichsverfassung war gegenüber den Landesverfassungen, desto fester mußte sich das neue Reich ineinanderfügen, desto mehr mußte der Bayer, der Sachse, der Preuße aufgehn in dem Deutschen.

Für jeden Menschen, der weiter sah als seine Nase, mußte das einleuchtend sein. Aber Bismarcks Meinung war das keineswegs. Im Gegenteil benützte er den nach dem Krieg eingerissenen patriotischen Taumel grade dazu, die Majorität des Reichstags dahin zu bringen, daß sie auf jede, nicht nur Erweiterung, sondern selbst klare Feststellung der Rechte des Volks verzichtete und sich darauf beschränkte, den in der norddeutschen Verfassung und den Verträgen vorliegenden Rechtsboden in der Reichsverfassung einfach wiederzugeben. Alle Versuche der kleinen Parteien, die Freiheitsrechte des Volks darin zum Ausdruck zu bringen, wurden verworfen, selbst der Antrag des katholischen Zentrums auf Einrückung der preußischen Verfassungsartikel, enthaltend die Garantie der Preß-, Vereins- und Versammlungsfreiheit sowie der Selbständigkeit der Kirche. Die preußische Verfassung, doppelt und dreifach beschnitten, wie sie war, blieb also immer noch liberaler als die Reichsverfassung. Die Steuern wurden nicht jährlich, sondern ein für allemal »durch Gesetz« bewilligt, so daß Steuerverweigerung durch den Reichstag ausgeschlossen ist. Hiermit war die der außerdeutschen konstitutionellen Welt unbegreifliche preußische Doktrin auf Deutschland angewandt, die Doktrin, daß die Volksvertretung nur das Recht hat, die Ausgaben auf dem Papier zur verweigern, während die Regierung die Einnahmen in klingender Münze in den Sack steckt. Während aber so der Reichstag der besten Machtmittel beraubt und auf die demütige Stellung der durch die Revisionen von 1849 und 1850, durch die Manteuffelei[81], durch den Konflikt und durch Sadowa gebrochnen preußischen Kammer herabgedrückt wird, erfreut sich der Bundesrat im wesentlichen aller Machtvollkommenheiten, die der alte Bundestag nominell besaß, und erfreut sich ihrer in Wirklichkeit, denn er ist befreit von den Fesseln, die den Bundestag lahmlegten. Der Bundesrat hat nicht nur in der Gesetzgebung eine entscheidende Stimme neben dem Reichstag, er ist auch höchste Verwaltungsinstanz, insofern er die Ausführungsbestimmungen der Reichsgesetze erläßt, und beschließt außerdem »über Mängel, welche bei der Ausführung der Reichsgesetze ... hervortreten«, d.h. über Mängel, denen in andern zivilisierten Ländern nur ein neues Gesetz abhelfen kann (Art. 7, al. 3, der einer juristischen Konfliktsfalle sehr ähnlich sieht[137]).

Sonach hat Bismarck seine Hauptstütze gesucht nicht im Reichstag, der die nationale Einheit, sondern im Bundesrat, der die partikularistische Zersplitterung vertritt. Er hatte nicht den Mut – er, der sich als Vertreter des nationalen Gedankens aufspielte –, wirklich an die Spitze der Nation oder ihrer Vertreter sich zu stellen; die Demokratie sollte ihm dienen, nicht aber ihr; eher als auf das Volk verließ er sich auf krumme Schleichwege hinter den Kulissen, auf die Fähigkeit, durch diplomatische Mittel, Zuckerbrot und Peitsche, sich im Bundesrat eine wenn auch widerhaarige Majorität zusammenzuklüngeln. Die Kleinlichkeit der Auffassung, die Niedrigkeit des Standpunkts, die sich uns hier offenbart, entspricht ganz dem Charakter des Mannes, wie wir ihn bisher kennengelernt. Dennoch dürfen wir uns wundern, daß seine großen Erfolge ihn nicht wenigstens für einen Augenblick über ihn selbst hinauszuheben vermochten.

Der Fall lag aber so, daß es darauf ankam, der ganzen Reichsverfassung einen einzigen festen Drehzapfen zu geben, nämlich den Reichskanzler. Der Bundesrat mußte eine Stellung erhalten, die eine andre verantwortliche Exekutive als die des Reichskanzlers unmöglich machte und dadurch die Zulässigkeit verantwortlicher Reichsminister ausschloß. In der Tat stieß jeder Versuch, die Reichsverwaltung durch Einsetzung eines verantwortlichen Ministeriums zu ordnen, auf unüberwindlichen Widerstand als Eingriff in die Rechte des Bundesrats. Die Verfassung war, wie man bald entdeckte, Bismarck »auf den Leib zugeschnitten«. Sie war ein Schritt weiter auf dem Weg zu seiner persönlichen Alleinherrschaft, vermittelst Balancierung der Parteien im Reichstag, der Partikularstaaten im Bundesrat – ein Schritt weiter auf dem Weg des Bonapartismus.

Im übrigen kann man nicht sagen, daß – abgesehn von einzelnen Konzessionen an Bayern und Württemberg – die neue Reichsverfassung einen direkten Rückschritt ausmacht. Das ist aber auch das beste, was man von ihr sagen kann. Die ökonomischen Bedürfnisse der Bourgeoisie waren im wesentlichen befriedigt, ihren politischen Ansprüchen – soweit sie deren noch machte – war derselbe Riegel vorgestreckt wie zur Konfliktszeit.

Soweit sie politische Ansprüche noch machte. Denn es ist unleugbar, daß diese Ansprüche in den Händen der Nationalliberalen auf ein sehr bescheidnes Maß zusammengeschrumpft waren und täglich noch mehr zusammenschrumpften. Die Herren, weit entfernt zu verlangen, Bismarck möge ihnen das Zusammenwirken mit ihm erleichtern, waren vielmehr bestrebt, ihm zu Willen zu sein, da wo es ging, und auch schon manchmal, wo es nicht ging oder nicht gehn gesollt. Daß Bismarck sie verachtete, kann ihm kein Mensch verübeln – aber waren denn seine Junker um ein Haar besser und männlicher?

Das nächste Gebiet, worauf die Reichseinheit herzustellen blieb, das Geldwesen, wurde geordnet durch die Münz- und Bankgesetze von 1873 bis 1875. Die Einführung der Goldwährung war ein bedeutender Fortschritt; aber nur zaudernd und schwankend wurde sie eingeführt und steht heute noch nicht auf ganz festen Füßen. Das angenommene Geldsystem – der Dritteltaler unter dem Namen Mark als Einheit mit dezimaler Teilung – war das gegen Ende der dreißiger Jahre von Soetbeer vorgeschlagne; das tatsächliche Einheitsstück war das goldne Zwanzigmarkstück. Mit einer fast unmerklichen Wertänderung konnte man es absolut gleichwertig machen entweder mit dem englischen Sovereign oder dem goldnen Fünfundzwanzigfrankenstück oder dem amerikanischen goldnen Fünfdollarstück und damit einen Anschluß gewinnen an eines der drei großen Münzsysteme des Weltmarkts. Man zog es vor, ein apartes Münzsystem zu schaffen und damit den Verkehr und die Kursberechnungen unnötig zu erschweren. Die Gesetze über Reichskassenscheine und Banken beschränkten den Papierschwindel der Kleinstaaten und kleinstaatlichen Banken und beobachteten in Erwägung des inzwischen eingetretnen Krachs eine gewisse Ängstlichkeit, wie sie dem auf diesem Gebiete noch unerfahrnen Deutschland wohl anstand. Auch hier waren die ökonomischen Interessen der Bourgeoisie im ganzen entsprechend gewahrt.

Endlich kam noch die Vereinbarung einheitlicher Justizgesetze. Der Widerstand der Mittelstaaten gegen Ausdehnung der Reichskompetenz auch auf das materielle bürgerliche Recht wurde überwunden; das bürgerliche Gesetzbuch ist aber noch im Werden, während Strafgesetz-, Straf- und Zivilprozeß, Handelsrecht, Konkursordnung und Gerichtsverfassung einheitlich geregelt sind. Die Beseitigung der buntscheckkigen kleinstaatlichen formellen und materiellen Rechtsnormen war an sich schon ein dringendes Bedürfnis der fortschreitenden bürgerlichen Entwicklung, und in dieser Beseitigung besteht auch das Hauptverdienst der neuen Gesetze – weit weniger in ihrem Inhalt.

Der englische Jurist fußt auf einer Rechtsgeschichte, die ein gut Stück altgermanischer Freiheit über das Mittelalter hinaus gerettet hat, die den in beiden Revolutionen des 17. Jahrhunderts im Keim erstickten Polizeistaat nicht kennt und in zwei Jahrhunderten stetiger Entwicklung der bürgerlichen Freiheit gipfelt. Der französische Jurist fußt auf der großen Revolution, die nach totaler Vernichtung des Feudalismus und der absolutistischen Polizeiwillkür die ökonomischen Lebensbedingungen der neuhergestellten modernen Gesellschaft in die Sprache juristischer Rechtsnormen übersetzte in ihrem klassischen, von Napoleon proklamierten Gesetzbuch[138]. Dagegen, was ist die historische Unterlage unsrer deutschen Juristen? Nichts als der jahrhundertelange passive, meist durch Schläge von außen vorangetriebne, bis heute noch nicht vollendete Zersetzungsprozeß der Reste des Mittelalters; eine ökonomisch zurückgebliebne Gesellschaft, worin der Feudaljunker und der Zunftmeister als Gespenster umgehn und einen neuen Leib suchen; ein Rechtszustand, in welchen die Polizeiwillkür – wenn auch die fürstliche Kabinettsjustiz 1848 verschwunden – noch täglich Loch an Loch reißt. Aus dieser schlechtesten aller schlechten Schulen sind sie hervorgegangen, die Väter der neuen Reichsgesetzbücher, und die Arbeit ist eben danach. Von der rein juristischen Seite abgesehn, kommt die politische Freiheit in diesen Gesetzbüchern schlecht genug weg. Wenn die Schöffengerichte[139] der Bourgeoisie und dem Kleinbürgertum ein Mittel an die Hand geben, bei der Niederhaltung der Arbeiterklasse mitzuwirken, so deckt sich der Staat doch möglichst gegen die Gefahr einer erneuerten bürgerlichen Opposition durch die Beschränkung der Geschwornengerichte. Die politischen Paragraphen des Strafgesetzbuchs sind oft genug von einer Unbestimmtheit und Dehnbarkeit, als wären sie auf das jetzige Reichsgericht, und dieses auf sie, zugeschnitten. Daß die neuen Gesetzbücher ein Fortschritt sind gegenüber dem preußischen Landrecht[140], ist selbstredend – so etwas Schauerliches wie dies Gesetzbuch bringt heutzutage selbst Stoecker nicht mehr fertig, und wenn er sich auch beschneiden ließe. Aber die Provinzen, die bisher das französische Recht gehabt, empfinden den Unterschied der verwaschenen Kopie und des klassischen Originals nur zu sehr. Es war der Abfall der Nationalliberalen von ihrem Programm, der diese Stärkung der Staatsgewalt auf Kosten der bürgerlichen Freiheit, diesen ersten positiven Rückschritt, möglich machte.

Zu erwähnen ist noch das Reichspreßgesetz. Das Strafgesetzbuch hatte das hier in Frage kommende materielle Recht schon im wesentlichen geregelt; die Herstellung gleicher formeller Bestimmungen für das ganze Reich und die Beseitigung der hier und da noch bestehenden Kautionen und Stempel machten also den Hauptinhalt dieses Gesetzes aus und zugleich den einzigen dadurch bewirkten Fortschritt.

Damit Preußen sich abermals als Musterstaat bewähre, wurde dort die sogenannte Selbstverwaltung eingeführt. Es handelte sich darum, die anstößigsten Reste des Feudalismus zu beseitigen und doch, der Sache nach, möglichst alles beim alten zu lassen. Dazu diente die Kreisordnung.[141] Die gutsherrliche Polizeigewalt der Herren Junker war ein Anachronismus geworden. Sie wurde dem Namen nach – als Feudalprivilegium – aufgehoben und der Sache nach wiederhergestellt, indem man selbständige Gutsbezirke schuf, innerhalb deren der Gutsbesitzer entweder selbst Gutsvorsteher mit den Befugnissen eines ländlichen Gemeindevorstehers ist oder doch diesen Gutsvorsteher ernennt, und indem man zudem die gesamte Polizeigewalt und polizeiliche Gerichtsbarkeit eines Amtsbezirks einem Amtsvorsteher übertrug, der auf dem Lande natürlich fast ausnahmslos ein großer Grundbesitzer war und dadurch auch die Landgemeinden unter seine Fuchtel bekam. Das Feudalvorrecht des einzelnen wurde weggenommen, aber die damit verbundne Machtvollkommenheit wurde der ganzen Klasse gegeben. Durch einen ähnlichen Eskamotierungsprozeß verwandelten sich die englischen Großgrundbesitzer in Friedensrichter und Herren der ländlichen Verwaltung, Polizei und niedern Gerichtsbarkeit und sicherten sich so unter neuem, modernisiertem Titel den Fortgenuß aller wesentlichen, aber in der alten feudalen Form nicht mehr haltbaren Machtposten. Das ist aber auch die einzige Ähnlichkeit zwischen der englischen und der deutschen »Selbstverwaltung«. Ich möchte den englischen Minister sehn, der es wagte, im Parlament anzutragen auf die Bestätigung der gewählten Gemeindebeamten und den Ersatz durch staatlich aufgezwungne Stellvertreter im Fall renitenter Wahlen, auf die Einführung von Staatsbeamten mit den Machtbefugnissen der preußischen Landräte, Bezirksregierungen und Oberpräsidenten, auf die in der Kreisordnung vorbehaltne Einmischung der Staatsverwaltung in die innern Angelegenheiten der Gemeinden, Ämter und Kreise, und nun gar auf die in Ländern englischer Zunge und englischen Rechts unerhörte Abschneidung des Rechtswegs, wie sie fast auf jeder Seite der Kreisordnung zu finden ist. Und während sowohl die Kreistage wie die Provinziallandtage noch immer in altfeudaler Weise zusammengesetzt sind aus Vertretern der drei Stände: Großgrundbesitzer, Städte und Landgemeinden, bringt in England selbst ein hochkonservatives Ministerium eine Bill ein, die die gesamte Grafschaftsverwaltung an Behörden überträgt, gewählt nach fast allgemeinem Stimmrecht[142].

Die Vorlage der Kreisordnung für die sechs östlichen Provinzen (1871) war das erste Anzeichen, daß Bismarck nicht daran denke, Preußen in Deutschland aufgehn zu lassen, sondern im Gegenteil die feste Burg des Altpreußentums, eben diese sechs Ostprovinzen, noch mehr zu befestigen. Unter verändertem Namen behielten die Junker alle wesentlichen

Machtpositionen, blieben die Heloten Deutschlands, die ländlichen Arbeiter jener Landstriche – Gesinde wie Taglöhner –, in ihrer bisherigen tatsächlichen Leibeigenschaft, zugelassen nur zu zwei öffentlichen Funktionen: Soldat zu werden und den Junkern bei den Reichstagswahlen als Stimmvieh zu dienen. Der Dienst, den Bismarck hierdurch der revolutionären sozialistischen Partei geleistet hat, ist unbeschreiblich und alles Dankes wert.

Was soll man aber sagen zu der Stupidität der Herren Junker, die gegen diese einzig in ihrem Interesse, im Interesse der längeren Erhaltung ihrer Feudalvorrechte, nur unter etwas modernisiertem Namen, ausgearbeitete Kreisordnung mit Händen und Füßen strampelten, wie es verzognen Kindern zukam? Das preußische Herren- oder vielmehr Junkerhaus verwarf zuerst die um ein volles Jahr verschleppte Vorlage und nahm sie erst an, nachdem ein Pairsschub[143] von 24 neuen »Herren« erfolgt war. Die preußischen Junker erwiesen sich damit abermals als kleinliche, verstockte, rettungslose Reaktionäre, unfähig, den Kern einer selbständigen großen Partei mit geschichtlichem Beruf im Leben der Nation zu bilden, wie die englischen Großgrundbesitzer dies in Wirklichkeit tun. Ihren totalen Mangel an Verstand hatten sie damit festgestellt; Bismarck hatte nur noch ihren ebenso totalen Mangel an Charakter vor aller Welt klarzulegen, und ein wenig sachgemäß angewandter Druck verwandelte sie in eine Partei Bismarcks sans phrase.

Dazu sollte der Kulturkampf dienen.

Die Durchführung des preußisch-deutschen Kaiserplans mußte zum Gegenschlag haben die Vereinigung aller auf früherer Sonderentwicklung beruhenden antipreußischen Elemente zu einer Partei. Ein gemeinsames Banner fanden diese buntfarbigen Elemente im Ultramontanismus[144]. Die Rebellion des gesunden Menschenverstands, selbst bei zahllosen orthodoxen Katholiken, gegen das neue Dogma von der päpstlichen Unfehlbarkeit einerseits, die Vernichtung des Kirchenstaats und die sogenannte Gefangenschaft des Papsts in Rom[145] andrerseits zwangen zu einem engeren Zusammenschluß aller streitbaren Kräfte des Katholizismus. So bildete sich schon während des Kriegs – Herbst 1870 – im preußischen Landtag die spezifisch katholische Partei des Zentrums[146]; sie trat in den ersten deutschen Reichstag 1871 mit nur 57 Mann ein, verstärkte sich aber bei jeder Neuwahl, bis sie über 100 kam. Sie war aus sehr verschiedenartigen Elementen zusammengesetzt. In Preußen lag ihre Hauptstärke in den rheinischen Kleinbauern, die sich noch immer als »Mußpreußen« ansahn, weiterhin in den katholischen Großgrundbesitzern und Bauern der westfälischen Bistümer Münster und Paderborn und in den katholischen Schlesiern. Das zweite große Kontingent lieferten die süddeutschen Katholiken, namentlich die Bayern. Die Macht des Zentrums aber lag weit weniger in der katholischen Religion als darin, daß es die Antipathien der Volksmassen gegen das jetzt die Herrschaft über Deutschland beanspruchende spezifische Preußentum vertrat. Diese Antipathien waren in den katholischen Gegenden besonders lebhaft; daneben liefen Sympathien mit dem jetzt aus Deutschland hinausgeworfnen Östreich. Im Einklang mit diesen beiden populären Strömungen war das Zentrum entschieden partikularistisch und föderalistisch.

Dieser wesentlich antipreußische Charakter des Zentrums wurde von den übrigen kleinen Reichstagsfraktionen, die aus lokalen – nicht wie die Sozialdemokraten aus nationalen und allgemeinen – Gründen antipreußisch waren, sofort erkannt. Nicht nur die katholischen Polen und Elsässer, sondern selbst die protestantischen Welfen[147] schlossen sich als Bundesgenossen eng ans Zentrum an. Und obwohl die bürgerlich-liberalen Fraktionen sich nie über den wirklichen Charakter der sog. Ultramontanen klarwurden, verrieten sie doch eine Ahnung vom richtigen Sachverhalt, wenn sie das Zentrum »vaterlandslos« und »reichsfeindlich« titulierten.[148]

Anhang

1. [Planentwurf zu einem Teil des ersten Kapitels über »Gewaltstheorie«.]
Geschrieben vermutlich 1876/1877.
Erstmalig veröffentlicht in: Friedrich Engels; Herrn Eugen Dührings Umwälzung der Wissenschaft. Dialektik der Natur.
1873–1882. In: Karl Marx/Friedrich Engels: Historisch-kritische Gesamtausgabe (MEGA), Moskau-Leningrad 1935, S. 372.
Dem Text liegt die Handschrift zugrunde.

2. [Aus den Vorarbeiten zum »Anti-Dühring«.]
Geschrieben 1876.
Erstmalig veröffentlicht in: Marx-Engels-Archiv, Bd. II, Frankfurt (Main) 1927, S. 409–411 und 416.
Nach: MEW, Bd. 20, S. 585–588.
Dem Text liegt die Handschrift zugrunde.

3. [Gliederung des vierten Kapitels der Broschüre »Die Rolle der Gewalt in der Geschichte«.]
Geschrieben zwischen Ende Dezember 1887 und März 1888.
Erstmalig veröffentlicht in: MEW, Bd. 21, S. 463.
Dem Text liegt die Handschrift zugrunde.

4. [Gliederung des Schlußteils des vierten Kapitels der Broschüre »Die Rolle der Gewalt in der Geschichte«.]
Geschrieben Ende Dezember 1887 und März 1888.
Erstmalig veröffentlicht in: Die Neue Zeit (Stuttgart), XIV. Jahrgang 1895–96, Erster Band, S. 816/817.
Nach: MEW, Bd. 21, S. 464/465.
Dem Text liegt die Handschrift zugrunde.

5. [Chronologische Auszüge zum vierten Kapitel der Broschüre »Die Rolle der Gewalt in der Geschichte«.]
Geschrieben zwischen Ende Dezember 1887 und März 1888.
Erstmalig veröffentlicht in russischer Übersetzung in:
Архив Маркса и Энгельса, т. X, Москва 1948, стр. 360–389;
in deutscher Sprache erstmalig im vorliegenden Band.
Dem Text liegt die Handschrift zugrunde.

6. [Einzelne Thesen und Notizen zum vierten Kapitel der Broschüre »Die Rolle der Gewalt in der Geschichte«.]
Geschrieben zwischen Ende Dezember 1887 und März 1888.
Erstmalig veröffentlicht in russischer Übersetzung in:
Архив Маркса и Энгельса, т. X, Москва 1948, стр. 390/391;
in deutscher Sprache erstmalig im vorliegenden Band.
Dem Text liegt die Handschrift zugrunde.

7. Taktik der Infanterie aus den materiellen Ursachen abgeleitet. 1700–1870.
Geschrieben zwischen Anfang Januar und Mitte August 1877.
Erstmalig veröffentlicht in: Friedrich Engels: Herrn Eugen Dührings Umwälzung der Wissenschaft. Dialektik der Natur.
1873–1882. In: Karl Marx/Friedrich Engels: Historisch-kritische Gesamtausgabe (MEGA), Moskau-Leningrad 1935, S. 448–454.
Nach: MEW, Bd. 20, S. 597–603.
Dem Text liegt die Handschrift zugrunde.

1
[Planentwurf zu einem Teil des ersten Kapitels über »Gewaltstheorie«][149]

[Engels schrieb zuerst:]

Gewalt

1. die Dühringsche, die alte Vulgäranschauung.
2. Gewalt, selbst for arguments sake[1] zugegeben, wird angewandt für Erreichung *von ökonomischen Zwecken,* ist also *Mittel* der Sklaverei. Also das Ökonomische doch letzter Grund. Und wenn wir näher zusehn, kommts darauf an, *worauf* die Gewalt angewandt, *was* und *wie* geraubt wird, und da finden wir, daß das *Was* das *Wie* erklärt und so die verschiednen politischen Formen aus den sozialen sich erklären.
3. Gewalteigen[tum]

[Danach strich Engels den ganzen dritten Punkt wieder aus und schrieb:]

3. Sklaverei

[Dieses Stichwort tilgte er jedoch erneut und fügte hinzu:]

Vor dem Gewalteigentum Privatarbeit und Austausch ihrer Produkte, der Waren, und dies hinreichend, alles zu erklären.

[Am unteren Rand notierte sich Engels noch einige historische Daten zum zweiten Kapitel der »Gewaltstheorie«. Sie lauten:]

1681 Bâjonnet, 1699 zum Schießen.

Steinschloß schon Ende 17. Jahrhunderts bekannt, seit 1680 allmählich die Lunte verdrängend.

1777 das französische Gewehr mit geschweiftem Kolben.

[1] gesuchte Argumente

2
[Aus den Vorarbeiten zum »Anti-Dühring«][150]

[zu S. 14]

Sklaverei, wo sie Hauptform der Produktion, macht die Arbeit zu sklavischer Tätigkeit, also entehrend für Freie. Damit der Ausweg aus einer solchen Produktionsweise verschlossen, während andrerseits die entwickeltere Produktion an der Sklaverei ihre Schranke findet und zu deren Beseitigung gedrängt wird. An diesem Widerspruch geht jede auf Sklaverei gegründete Produktion und die auf ihr gegründeten Gemeinwesen zugrunde. Lösung in den meisten Fällen durch gewaltsame Knechtung der verkommenden Gemeinwesen durch andre, stärkere (Griechenland durch Mazedonien und später Rom); solange diese selbst auf Sklaverei beruhen, wird das Zentrum nur verlegt und der Prozeß auf höherer Stufe wiederholt bis (Rom) endlich ein Volk erobert, das eine andre Produktionsform an die Stelle der Sklaverei setzt. Oder aber die Sklaverei wird durch Zwang oder freiwillig abgeschafft, und dann *geht die bisherige Produktionsweise zugrunde;* an Stelle der großen Kultur tritt Squatterparzellenbau wie in Amerika. Insofern ging auch Griechenland an der Sklaverei zugrunde, wobei noch Aristoteles: daß der Umgang mit Sklaven die Bürger demoralisiert – abgesehn davon, daß sie den Bürgern das Arbeiten unmöglich macht. (Haussklaverei wie im Orient eine andre Sache: hier bildet sie nicht direkt die Grundlage der Produktion, sondern indirekt, als ein Bestandteil der Familie, und sie geht unmerklich in die Familie über (Haremssklavinnen).)

[zu S. 21]

Die Dühringsche verwerfliche Geschichte wird beherrscht von der *Gewalt*. Die wirkliche, fortschreitende [historische Bewegung wird beherrscht] von *materiellen Errungenschaften*, die *bleiben*.

[zu S. 22]

Und womit wird die Gewalt, die Armee erhalten? Durch *Geld*. Also sofort wieder abhängig von der Produktion. Vgl. Athens Flotte und Politik. (380–340 [v. u. Z.]) Die Gewalt über die Bundesgenossen scheiterte am Mangel der materiellen Mittel, lange und kräftige Kriege zu führen. Die englischen Subsidien, durch die neue große Industrie geschaffen, schlugen Napoleon.

[zu S. 27]

Beim Kampf ums Dasein und Dührings Deklamationen gegen Kampf und Waffen hervorzuheben die Notwendigkeit, daß eine revolutionäre Partei auch den Kampf kenne: die Revolution steht ihr möglicherweise einmal bevor; aber nicht gegen den jetzigen militärisch-bürokratischen Staat, das wäre politisch ebenso wahnsinnig, wie Babeufs Versuch, vom Direktorium[151] sofort in den Kommunismus zu springen, ja noch wahnsinniger, denn das Direktorium war doch eine bürgerliche und bäuerliche Regierung. Aber gegen den auf den jetzigen folgenden Bourgeoisstaat kann die Partei zu revolutionären Schritten, zur Wahrung der von der Bourgeoisie selbst gegebnen Gesetze gezwungen werden. Daher die allgemeine Wehrpflicht in unsren Interessen, und sollte von allen benutzt werden, um den Kampf zu lernen, besonders aber von denen, deren Bildung ihnen erlaubt, als einjährige Freiwillige die militärische Bildung zum Offizier sich zu erwerben.

[zu S. 43]

Daß die Gewalt auch revolutionär wirkt, und zwar in allen entscheidenden »kritischen« Epochen wie beim Übergang zur Sozialität und da auch nur als Notwehr gegen reaktionäre auswärtige Feinde, anerkannt. Aber die bei Marx dargestellte Umwälzung des 16. Jahrhunderts in England hatte auch ihre revolutionäre Seite, sie war eine Grundbedingung der Verwandlung des feudalen Grundbesitzes in bürgerlichen und der Entwicklung der Bourgeoisie. Die Französische Revolution 1789 wandte ebenfalls bedeutend Gewalt an, der 4. August sanktionierte bloß die Gewalthandlungen der Bauern und wurde ergänzt durch die Konfiskation der adligen und kirchlichen Güter.[152] Die Gewalteroberung der Germanen, die Gründung von Eroberungsreichen, wo das Land und nicht die Stadt herrschte (wie im Altertum), war begleitet – und eben aus diesem letzteren Grund – mit Verwandlung der Sklaverei in die leichtere Leibeigenschaft resp. Hörigkeit (im Altertum Latifundien begleitet von Verwandlung von Ackerland in Viehweide).

[zu S. 33]

Als die Indogermanen nach Europa einwanderten, verdrängten sie die Urbewohner mit *Gewalt* und bebauten das Land mit Gemeindebesitz. Bei Kelten, Germanen und Slawen dies letztere noch historisch nachweisbar, und bei Slawen, Germanen und selbst Kelten (rundale) existiert es noch, selbst unter der Form direkter (Rußland) oder indirekter Hörigkeit (Irland). Die Gewalt hörte auf, sobald die Lappen und Basken vertrieben. Nach innen herrschte Gleichheit oder resp. freiwillig zugestandene Bevorzugung. Da, wo aus dem Gemeineigentum das Privateigentum der einzelnen Bauern am Boden entstand, vollzog sich bis zum 16. Jahrhundert diese Teilung rein spontan unter den Gemeindegliedern, sie erfolgte meist ganz allmählich, und Reste von Gemeinbesitz blieben sehr gewöhnlich. Von *Gewalt* war keine Rede, diese richtete sich erst gegen die Reste (England 18. und 19., Deutschland hauptsächlich 19. Jahrhundert). Irland ist ein besondrer Fall. Dies Gemeineigentum hat in Indien und Rußland unter den verschiedensten Gewaltseroberungen und Despotismen ruhig fortbestanden und seine Basis gebildet. Rußland ein Beweis, wie die Produktionsverhältnisse die politischen Gewaltsverhältnisse bestimmen. Bis Ende des 17. Jahrhunderts der russische Bauer wenig gedrückt, freizügig, kaum hörig. Der erste Romanow band die Bauern an die Scholle. Mit Peter fing der auswärtige Handel Rußlands an, das nur Ackerbauprodukte auszuführen hatte. *Damit* die Bedrückung der Bauern, die in demselben Verhältnis stieg wie die *Ausfuhr, um derentwillen sie erfolgte,* bis Katharina diese Bedrückung vollständig machte und die Gesetzgebung abschloß. Diese Gesetzgebung erlaubte aber den Gutsbesitzern, die Bauern immer mehr zu schinden, so daß der Druck mehr und mehr stieg.

[zu S. 41]

Wenn die Gewalt die Ursache der sozialen und politischen Zustände, was denn die Ursache der Gewalt? Die Aneignung fremder Arbeits*produkte* und fremder Arbeits*kraft.* Die Gewalt konnte den Verzehr der Produkte ändern, aber nicht die Produktionsweise selbst, sie konnte nicht Fronarbeit in Lohnarbeit verwandeln, es sei denn, daß die Bedingungen dazu vorhanden und die Fronform eine Fessel der Produktion geworden.

[zu S. 43]

Bisher Gewalt – von jetzt an Sozialität. Reiner frommer Wunsch, Forderung der »Gerechtigkeit«. Aber schon Th. Morus hat diese Forderung vor 350 Jahren gestellt[153], ohne daß sie erfüllt. Weshalb sollte sie denn jetzt erfüllt werden? Dühring hat keine Antwort. In Wirklichkeit, die große Industrie stellt die Forderung nicht als eine der Gerechtigkeit, sondern als Notwendigkeit der Produktion auf, und das ändert alles.

3
[Gliederung des vierten Kapitels der Broschüre »Die Rolle der Gewalt in der Geschichte«][154]

1. 1848 Postulat der Nat[ional]staaten. Italien, Deutschland, Polen, Ungarn.
2. Bonap[artes] aufgeklärte Eroberungspolitik: Nation gegen Kompensation. Italien.
3. Hiergegen Armeereorganisation. Konflikt. Bismarck. Politik nicht original.
4. Lage in Deutschland. Einheit: 1. durch Revolution, 2. durch Östreich, 3. durch Pr[eußen] (Zollverein).
5. Krieg [18]64 und [18]66. Revolutionäre Mittel.
6. Bism[arcks] beste Zeit – bis [18]70.
7. Französischer Krieg. Kaisertum. Annexion von Elsaß-Lothringen. – Rußland Schiedsrichter.
8. Bismarck am Ende – wird reaktionär, blödsinnig. – Kulturkampf (Zivilehe). Schutzzoll und Agrarierallianz mit Bourgeois. – Kolonialschwindel. Bismarckbeleidigung[155] – Sozialistengesetz[156]. – Koalitionsunterdrückung. – Sozialreform. – Militarismus wegen Elsaß-Annexion. – Der Junker tritt in den Vordergrund, aus Mangel andrer Ideen.

1. Kriegführung. Kontribution, Franktireurs, Penduls[1], Arschprügel. Die Härte der Junkerrache von oben herab.
2. Sturz des Kaiserreichs.
3. Hut ab vor Paris!
4. Milliarden und Elsaß-Lothringen.

[1] Pendüle *hier im Sinne von:* die Stunde hat geschlagen

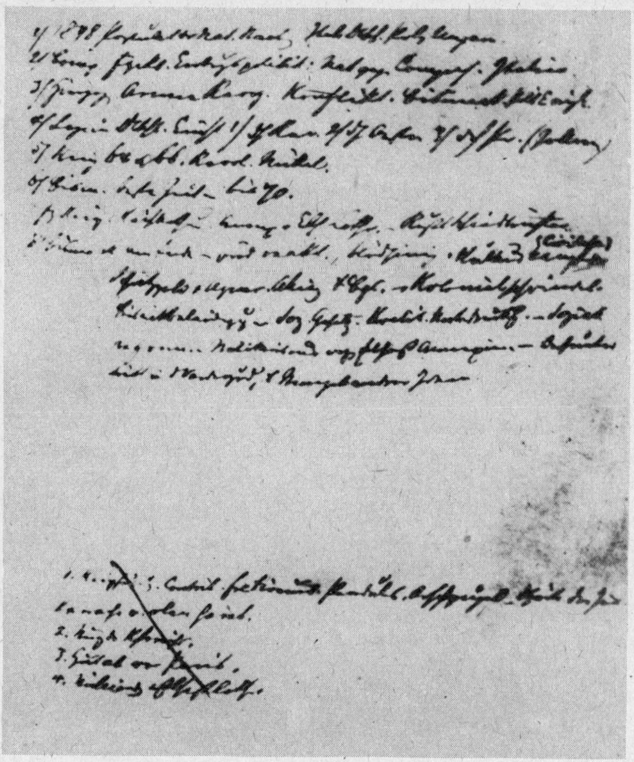

Manuskriptseite mit der Gliederung
des vierten Kapitels

4
[Gliederung des Schlußteils des vierten Kapitels der Broschüre »Die Rolle der Gewalt in der Geschichte«]

I. 3 Klassen: zwei lausig, davon eine am Verkommen, die andre am Aufkommen, und die Arbeiter, die nur bürgerliches fair play wollen. Lavieren also nur zwischen den zwei letzten richtig – aber nein! Politik: Die Staatsgewalt überhaupt zu stärken *und namentlich* pekuniär unabhängig zu machen (Eisenbahnverstaatlichung, Monopole) – Polizeistaat und landrechtliche Justizprinzipien.

»Liberal« und »National«, die Doppelnatur von 1848, geht durch auch in Deutschland [18]70–[18]88.

Bism[arck] mußte sich auf den Reichstag und das Volk stützen, und dazu war volle Preß-, Rede-, Versammlungs-, Vereinsfreiheit nötig, schon zur Orientierung.

II. 1. Ausbau
- a) Ökonomisch – schon schlechtes Münzgesetz Hauptsache.
- b) Politisch – Wiederherstellung des Polizeistaats und antibürgerliche Justizgesetze 1876, schlechte Kopie der französischen. – Landrechtliche Unbestimmtheit. Das Reichsgericht die Vollendung. [18]79.

2. Ideenmangel bewiesen durch Spielerei und Bismarckbeleidigung[155]
- a) Kulturkampf[74]. Der katholische Pfaff kein Gendarm und Polizist. Jubel der Bourgeoisie Hoffnungslosigkeit –

Gang nach Canossa[157]. Einzig rationelles Resultat: die Zivilehe!

Partei Bism[arck] sans phrase.

3. Schwindel und Krach. Seine Beteiligung. Lausigkeit der konservativen Junker, die ebenso ehrlos wie die Bourgeois.

4. Vollständiger Umschwung [Bismarcks] zum Junker.

a) Schutzzoll pp. Koalition von Bourgeois und Junker, Löwenanteil für diese.

b) Versuch des Tabakmonopols [18]82 verworfen.

c) Kolonialschwindel.

5. Soziale Politik à la Bonaparte.

a) Sozialistengesetz[156] und Niedertretung der Arbeitervereine und -kassen.

b) Sozialreformscheiße.

III. 6. Äußere Politik. Kriegsgefahr, Wirkung der Annexionen. Steigerung der Armee. Septennate[158]. Als die Zeit erfüllet, Rückgang auf die Jahrgänge von vor [18]70, um die Überlegenheit noch ein paar Jahre zu wahren.

IV. Resultat:

a) Ein innerer Zustand, der mit dem Tod der paar Leute[159] zusammenbricht! Kein Kaiserreich ohne Kaiser! Das Proletariat zur Revolution gedrängt, eine Expansion der Sozialdemokratie bei Aufhebung des Sozialistengesetzes, wie noch nie – das Chaos.

b) Ein Friede, schlimmer als Krieg, das Resultat des Ganzen – im besten Fall; oder aber ein Weltkrieg.

5
[Chronologische Auszüge zum vierten Kapitel der Broschüre »Die Rolle der Gewalt in der Geschichte«[160]]

Innere Reichseinrichtung

Elsaß

Diktatur B[ismarcks] im Elsaß bis 1874. – [S. 49/50] Optanten[161] zum Land hinaus. [S. 50/51]

1871, April Schulzwang – auf dem Papier. Neuschulen. Beseitigung der Schulschwestern und frères ignorantins[162] allmählich. [S. 51]

1872, 1. Mai Universität Straßburg.

1874 erste Reichstagswahl. – Franzosen und Ultramontane[144]. Beantragt Aufhebung des Diktaturparagraphen, wonach der Oberpräsident Ausweisungen, Haussuchungen und andere polizeiliche Schikanen erlaubte. Verworfen. [S. 53/54]

1877 Zweite Reichstagswahl. 6 Autonomisten. 5 Protestler.[163] 4 Ultramontane. [S. 54]

1879 Statthalterschaft.

Münze und Bank

1873 Münzgesetz und Goldwährung.

1874 Reichskassenscheine für 175 Millionen (5 – 100-Markstück). [S. 57/58]

1875, 30. Januar Bankgesetz. Die $1^1/_2$ Milliarden Privatnoten durch 135 Millionen von 34 Privatbanken und 250 Millionen Reichsbanknoten ersetzt, steuerfrei, was darüber, mit 5%

besteuert. Reichsbank statt der preußischen Bank. 120 Millionen Kapital. [S. 58/59]

Schwindel und Krach

1872, Ende Neben 1800 Meilen vollendeter, 700 Meilen bauender, 1200 Meilen projektierte Eisenbahnen. Details (S. 59, 60).

1873, 5. Mai Wiener Krach, danach der Berliner[130] – schon jetzt Ruf nach Schutzzöllen unter den Industriellen. [S. 60]

Sozialismus und Staat

1875 Gothaer Kongreß. Beide Parteien vereinigt.[132]

1869 die Gewerbeordnung bestätigt Koalitionsrecht der Arbeiter und die freien Hülfskassen.

1871 Haftpflichtgesetz, onus probandi beim Arbeiter[164].

1874 Gesetzentwurf *abgelehnt* zur kriminellen Bestrafung des Kontraktbruchs der Arbeiter. [S. 62]

1876 Hülfskassengesetz. Kassenzwang ohne Zwangskassen.

1875 Vom Bundesrat[136] Strafbestimmung gefordert gegen Klassenaufreizung und Angriff auf Ehe, Eigentum und Familie – abgelehnt vom Reichstag. [S. 63/64]

1872, Oktober Eisenacher Kongreß. Konstituierung der Kathedersozialisten[165] als Partei. [S. 64]

Bismarcks Wut fängt an 1874

1874 Prozeß Arnim.[166] [S. 66/67]

Angriffe der Ultramontanen wegen 1866[167]. Ableugnung des linken Rheinufers. [S. 65] Die Beleidigungsprozesse.[155] »Reichsglocke«[168]. [S. 67/68]

1875, Sommer Kreuzzeitungsartikel[169] über die Ära Bleichröder-C[am]phausen-Delbrück. Spaltung zwischen Bismarck und den Konservativen[133]. [S. 68]

1875/76 Dagegen Verlangen Bism[ar]cks und seiner Anbeter nach Partei Bism[ar]ck sans phrase. Bism[arck] wirft den Nationalliberalen[134] bei jeder Opposition vor, sie seien bloß *auf seinen Namen gewählt.*[S. 68]

Militaria

1867–1871 Präsenz 1% der Bevölkerung von 1867 und 225 Taler per Mann.

1871, November auf 3 Jahre verlängert. [S. 69/70]

1872 Militärstrafgesetzbuch.

1873 Zusätze für Offiziere und Unteroffiziere gefordert und bewilligt. Neues Reichsmilitärgesetz vorgelegt, verschoben. [S. 70/71]

1874 Zuerst Opposition dagegen, aber der Bourgeois zu Hause wurde jetzt toll für Bism[arck], die Nationalliberalen gaben nach. 14. April Präsenz von 401 000 auf 7 Jahre bewilligt. Auch 11 Fortschrittler[131] (Gruppe Löwe) dafür. [S. 72]

1875, 22. Januar Landsturmgesetz.[170]
Dabei neue Gesetze über Kontrolle der Beurlaubten, Rayon, Kriegsleistungen und Naturallieferungen etc. [S. 72]

Justizgesetzgebung

Seit 1871 Verlangen der Nationalliberalen der Erweiterung der Reichskompetenz in Juridicis[1]. Bayern und Württemberg widerstreben, dies beseitigt auf der Konferenz der Justizminister Dezember 1872, wenigstens zum Teil und bald darauf ganz, in der Hauptsache wenigstens. [S. 72/73]

1874 Kommission zur Ausarbeitung eines Zivilgesetzbuchs.

1872 Zivil- und Strafprozeßordnung vorgelegt. [S. 74]

1873 Gerichtsverfassungsgesetz vorgelegt. Nach langen Verhandlungen angenommen. Rechtskräftig *1. Oktober 1879* (Annahme im Reichstag 21. Dezember 1876, ebenso die Konkursordnung). Wiederum Abfall der Nationalliberalen. – Beseitigung der Geschworenen in vielen Fällen. Zeugniszwang der Redakteure etc. Die Staatsmacht wieder verstärkt. [S. 74–76]

1876, Herbst auch die Strafgesetznovelle, viele antifreiheit-

[1] Fragen der Rechtsprechung

liche Verschärfungen – großenteils jedoch abgelehnt, besonders die *Kautschuk* §§ gegen Sozialisten etc. (S. 77).

1874 Reichspreßgesetz. Hauptfortschritt die Beseitigung der Kautionen und des Stempels. [S. 77/78]

Reichsverwaltung

Bism[arck] und der Bundesrat gegen Reichsministerien als verfassungswidrig. Dafür Reichsämter *unter* Bism[arck], *auf den das ganze zugeschnitten*. 1. Reichskanzleramt (Zentral- und Finanzabteilung). 2. Reichsjustiz. 3. Elsaß-Lothringen. 4. Eisenbahnen. 5. Gesundheit, ferner Armee, Flotte, Post. Für alles Bism[arck] verantwortlich. [S. 78]

Preußische Verwaltungsreform

Kreisordnung[141] 1871 vorgelegt. Immer noch 3 Stände im Kreistag. Gutspolizei aufgehoben. Mehrere Landgemeinden ein Amtsbezirk mit unbesoldetem Amtsvorsteher an der Spitze. 1872 angenommen – galt nur für die 6 östlichen Provinzen und blieb auch in Posen suspendiert. Im Herrenhaus 1872 (Herbst) verworfen. [S. 79] Pairsschub[143] – 24 Mann. Dann *November 1872* angenommen.

[1872] *21. Dezember Bism[arck] tritt aus dem preußischen Ministerium.* [S. 80/81]

1873, Januar/Februar Gründungspauken im Abgeordnetenhaus, Lasker. – Itzenplitz, Handelsminister, tritt ab.

9. November *Bism[arck] tritt wieder ins Ministerium.* Roon ab. [S. 81/82]

Dezember Organisation der Verwaltungsgerichte.

1875, Januar Neue Reformvorlagen angekündigt in der Thronrede.

Juni Provinzialordnung durchgesetzt, sehr verschnitten. Dann noch Gesetz über Dotationen der Provinzen und über Verwaltungs- und Oberverwaltungsgerichte. Dann am Ende – Städteordnung kam nicht zustande. *Alles soweit nur für die Ostprovinzen.* [S. 83–85]

1873, September erläßt der König als summus episcopus

eine Synodalordnung für die Ostprovinzen, und nur die Geldbewilligung der Kammer vorgelegt. Die neuen Synoden reaktionär orthodox meist.

1876 Generalsynodalordnung ebenso. Von der Kammer beide nachträglich gebilligt. [S. 85–87]

Steuerpläne

1872 Klassensteuer für bis 140 Taler abgeschafft, dito Schlacht- und Mahlsteuer außer als Gemeindesteuer, Klassensteuer auf 11 Millionen Taler kontingentiert. *Bism[arck] wollte* statt Matrikularbeiträge, dic der Reichstag votierte, *indirekte Steuern, die* jährlich *von selbst wüchsen* (Preußen 1816 bis 1848). [S. 87/88]

Daher Salzsteuer nicht aufgehoben und Tabak looming in distance[1]. *Schutzzöllner* schon jetzt im Kleinen nicht ohne Erfolg (S. 89).

1876 *Agrarier* als Steuer- und Wirtschaftsreformer. Vorzüglich Abwälzung der Lokal- und Provinzialsteuer vom Großgrundbesitz, Börsensteuer, freetrade[2], keine Differential-Eisenbahntarife, Rückwärtsrevision der Gewerbeordnung, besonders Freizügigkeit und Gewerbefreiheit zu beseitigen. Hatte viel Fühlung mit dem Zentrum[146] und im stillen auch mit Bism[arc]k.

Neues Programm 1876 Juli, auch gegen den von den Liberalen ausgebeuteten Kulturkampf[74]. [S. 90/91]

1876 Delbrück tritt ab. Wahrscheinlich wegen *Bism[arck]s Reichseisenbahnplan, der durchfiel.* Die Kleinstaaten waren nicht so dumm. Dafür dann die preußische *Verstaatlichung.*[171]

(Viele Pläne Bism[arck]s fallen durch, und manche andre *nur dadurch* durchgesetzt). Wahrscheinlich merkte Delbr[ück] auch den Übergang Bis[marck]s zum Schutzzoll. [S. 91–93]

[1] in ferner Aussicht – [2] Freihandel

Reaktionszeichen seit 1874

Prozeß Arnim 1874 – Angriffe der Katholiken – Krakeel. – [S. 66 bis 68]

1874 Reichsmilitärgesetz. Opposition, aber Aufruhr des Bourgeois zu Hause gegen Kammer und erstes Septennat[158]. – [S. 70–72]

1875 Bundesrat fordert Strafe gegen Klassenhetze, Familie, Eigentum und Ehe. [S. 63/64]

1876 Strafgesetznovelle, Kautschuk §. [S. 76/77]

1874 Bundesratsvorlage wegen krimineller Bestrafung des Kontraktbruchs der Arbeiter *abgelehnt.* [S. 62]

1875 Kreuzzeitungsartikel wegen Bleichröder und Camphausen – offner Bruch. [S. 68]

Zerquetschung der Konservativen

1875 Kreuzzeitungsartikel – offene Spaltung mit den Konservativen. – Von da an Verlangen nach Partei Bism[arck] sans phrase. [S. 68]

1872 Herrenhaus verwirft die Kreisordnung – Pairsschub 24 Mann (Herbst). Schon Frühjahr Herrenhaus gegen Schulaufsichtgesetz – durch Drohung mit Pairsschub durchgesetzt.

Reichstagsparteien

1871

Nationalliberale 116	116	Major. Kern
Liberale Reichspartei (liberale Konservative) 29	29	
Deutsche Reichspartei, einst Konservative	38	
Fortschrittspartei	44	
Konservative	50	
Polen 13. Dänen 1. Sozialdemokraten 2 Demokraten 2. Welfen[147] 4	22	
Zentrum	57	

[S. 15/16]

1877 Nationalliberale von 150 auf 126
Fortschrittspartei von 49 auf 35 (nach Abfall der Fraktion Löwe). Diese beiden also keine Majorität mehr. Die Nationalliberalen also *nach rechts* Anlehnung suchend. Diesmal *kein fortschrittlicher* Vizepräsident gewählt. Bism[arck] erstrebt eine *konservativ-nationalliberale* Majorität. [S. 405]

1878 nach den Attentaten[172] Nationalliberale verloren 180 000 Stimmen und 30 Sitze, Fortschrittler 50 000 und 9, Zentrum 50 000, behielt ihre Sitze, Sozialdemokraten 65 000 und 3; die 2 konservativen Parteien gewannen je 250 000 und 18; Gruppe Löwe gewann 30 000 (Schutzzoll), Welfen 250 000; Majorität: Konservative + Nationalliberale, $\frac{1}{3}$ Zentrum, $\frac{1}{3}$ Konservative, $\frac{1}{3}$ Liberale etc. [S. 417]

Landtagswahl

1879, *Oktober*		Vorig:	Jetzt:
Zwei Majoritäten:	Nationalliberale	168	105
Konservative,	Fortschrittler	63	34
Zentrum, Polen	Wilde	21	14
und	Konservative	42	115
Freikonservative,	Freikonservative	35	50
Konservative und	Zentrum	89	96
Nationalliberale	Polen	15	19

Beim Kirchengesetz Sezession von 28 Nationalliberalen *links*[173], wobei auch die *Schutzzollhaltung* des rechten Flügels mitgewirkt. [S. 428–430]

Reichstag Oktober 1881. Am 29. Oktober hatten Zentrum 1180, Konservative 830, Freikonservative 380, Nationalliberale 640, Fortschrittler 650, Sezessionisten 410, Sozialdemokraten 310, Liberale sans phrases 120, Volkspartei 100 Tausend Stimmen.

Schließlich [Abgeordnete:]

Nationalliberale	45	Zentrum	98
Sezessionisten	47	Konservative	49
Fortschrittler	58	Freikonservative	27
Volkspartei	8	Polen	18
Sozialdemokraten	12	Elsässer	15
		Welfen	9

Starke Abnahme der Freikonservativen und Nationalliberalen
Niederlage der innern Politik B[ismarck]s. [S. 449/450]

1884, Herbst Zentrum und Welfen fast wie vorher, dito Freikonservative etc.

Nationalliberale gewannen 6, also ca.	51
Deutschfreisinnige[174] verloren 40, also ca.	65
Konservative von 46 auf	76
Sozialdemokraten von 12 auf	24 [S. 466/467]

Im Elsaß nur Protestler und Klerikale.

Kulturkampf

1870 Unfehlbarkeitsdogma und Sturz des Kirchenstaats. [S. 16]

1871, 1. Januar Die *»Germania«*[175] erscheint in Berlin. Die katholische Partei fertig, unter Windthorst, Bism[arck] entschlossen, ihr entgegenzutreten.

1870, November 60 katholische Leute in den preußischen Landtag gewählt, aber noch Opposition gegen katholische Parteibildung (Peter Reichensp[erger]). 56 traten dem Zentrum bei, verlangten Wiederherstellung des Kirchenstaats. [S. 17]

1871, März, 3. Reichstagswahlen. Nur 57 Mann Zentrum. Das Zentrum verlangt, daß *die 6 Artikel der preußischen*

Verfassung über Preß-, Versammlungs-, Vereinsfreiheit und Selbständigkeit der Kirche in die Reichsverfassung. – Verworfen. [S. 17–20]

1870, November und Dezember Konflikt der Bonner und Breslauer theologischen Professoren mit den Bischöfen wegen Unfehlbarkeit. Im Oktober dito Döllinger. [S. 20/21]

1871 Altkatholikenschwindel. [S. 21/22]

Bism[arck] läßt beim Papst [Pius IX.] *erfragen, ob die reichsfeindliche Stellung des Zentrums den päpstlichen Absichten entspreche.* Darüber Krakeel, kommt für B[ismarck] nichts heraus (S. 23).

1871, 8. Juli Katholische Abteilung des preußischen Kultusministeriums aufgehoben. [S. 24]

1871, Dezember Kanzelparagraph-Gesetz.[176] [S. 25]

1871, 27. November Mühlers Zivilstands-, Kirchenaustritts- und Schulaufsichtsvorlagen im preußischen Landtag. Dagegen *konservative Agitation* (S. 27).

1872, 10. Januar Mühler tritt ab. – *Falk.*

1872, Februar *Schulaufsichtsgesetz* in II. Kammer: Bism[arck] entschieden dafür, gegen die Konservativen, von denen einige zu ihm übergehn. Im Herrenhaus durch Drohung von Pairsschub durchgesetzt. [S. 27/28]

Januar Konflikt Namszanowski. Gleich darauf Konflikt Krementz. [S. 28/29]

14. Mai Da Hohenlohe vom Papst nicht als Gesandter angenommen, Bism[arck]: »Nach Canossa gehn wir nicht.«[157] [S. 30]

4. Juli Jesuitengesetz, mit Aufenthaltsbeschränkung für *deutsche* Jesuiten. [S. 31]

30. Dezember Lieutenant Stumm der *letzte Vertreter* Deutschlands beim Papst, abberufen, die Beziehungen also abgebrochen. [S. 32]

1873 Maigesetze[177]: 1. Kirchliche Strafgewalt beschränkt, 2. Austritt aus einer Kirche, 3. Vorbildung und Anstellung von Geistlichen. – Kirchliches Gerichtsgesetz. [S. 33] Die [preußische] *Kammer apportiert der Regierung* Zusätze zu den die Kirche schützenden Verfassungsartikeln! (S. 34)

Dagegen viele Konservative, Zentrum und *Teil* der Fortschrittspartei; 260 gegen 117. Im Herrenhaus Bism[arck] sehr heftig gegen die Konservativen, für die Maigesetze.

11. Mai Gesetzeskraft. Jetzt erklären auch Virchow und die Fortschrittler, daß sie in diesem *Kulturkampf* die Regierung unterstützen werden! [S. 34/35]

Gleichzeitig blamabler Durchfall der Alt- und Staatskatholiken.

Widerstand der Bischöfe. Unmöglichkeit, Sedisvakanzen zu füllen. [S. 35–38] Daher

1874 das *Bistumsgesetz.* Für die Katz. [S. 38/39]

9. März *Zivilehegesetz publiziert* in Preußen; aufs *Reich ausgedehnt* Januar 1875.

25. April *Expatriierungsgesetz* gegen renitente internierte Priester vom *Reichstag* angenommen. *Selbst Fortschrittler waren dafür!* [S. 39/40]

13. Juli *Kullmann schießt* Bismarck den letzten Rest von Verstand weg.[178]

Polizeischikanen gegen katholische Vereine, Presse etc. Trotzdem in den verwaisten Diözesen päpstliche Geheimdelegaten, denen alles gehorchte. Bischöfe saßen die Geldstrafen ab, zahlten nicht. [S. 41/42]

1875 *Preußisches Sperrgesetz* gegen renitente Geistliche. Bism[arck] erklärt, es gebe *schließlich nur 2 Parteien: die den Staat wollen und die ihn nicht wollen.* Gesetz publiziert *22. April 1875.* [S. 43/44]

Streichung der §§ 15, 16, 18 der preußischen Verfassung[179] angenommen Mai bis Juni 1875. Damit auch die protestantische Kirche dem Staat verfallen, und nur sie, die anderen wehrten sich.

31. Mai *Auflösung der Orden,* Gesetz publiziert.

Dies vollende die Rüstung, von jetzt an wird Bismarck defensiv. [S. 44–46]

Die Bistümer erledigt, die Katholiken halten aus, ja sehr oft muß die Regierung ein Auge zudrücken.

Sommer 1875 *Marpingen.*[180] [S. 47]

1877 Falk geriet ins Wackeln. Aber Virchow noch immer Kulturkämpfer (S. 406). In den protestantischen Synoden etc. die pietistisch-orthodoxe Richtung übrigens von Wilh[elm I.] gestützt; auch unter den Konservativen der Kammer treten Antikulturkämpfer auf. [S. 406]

1879 Zentrum in der Regierung Majorität – Falk fällt Ende Juni; 1878 der Papst gestorben und Leo friedlicher; man verhandelt; Juli 1878 besucht Nuntius Masella den Bis[marck] in Kissingen; aber zwischen Zentrum und Falk dauert der Kampf fort: das Zentrum sei eine *politische* Partei mit *politischen* Grundsätzen. Da kam die Schutzzollallianz und Falks Fall, statt seiner Putty[1], und eine andere Politik begann. Im Herbst 1879 Verhandlungen zwischen Bis[marck] und Jacobini, nicht erfolgreich. Aber Putty setzte seine milde Praxis fort und milderte sie noch. [S. 425–427]

24. Februar 1880 gibt der Papst eine Kleinigkeit nach in der Anzeigepflicht[181], dagegen fordert die Regierung vom Landtag die Erlaubnis, die Maigesetze nicht zu befolgen. Aber der Papst verlangte mehr; Bism[arck] verlangte, der Papst solle dem Zentrum befehlen, Regierungspartei zu werden (S. 428). So Stillstand, aber Bism[arck] kam doch beim Landtag um die Vollmachten ein. [S. 427/428]

Der Landtag war Oktober 1879 neugewählt. Starke Parteiverschiebung. Liberale verloren 88 Sitze an Konservative. Das Diskretionsgesetz arg zerzaust, mit 206/202 angenommen; die Regierung konnte *S. 430*[182]. Bei diesem Gesetz spalteten sich die Nationalliberalen; daher *Sezession* von 28 (Bamberger) vom linken Flügel. Landtag 1880. Windth[orst] verlangt tatsächliche Aufhebung der Anzeigepflicht und der Temporaliensperre, abgelehnt. Puttk[amer] jammert, er

1 Robert Victor Puttkamer

habe von 1000 Gemeinden mit 2 Millionen Katholiken allen, ausgenommen 150 mit 170000 Katholiken, die entbehrten Pfaffen gestellt! [S. 443]

1881, Herbst als Vorbereitung zu Reichstagswahlen neue Konzessionen der Regierung. Bistumsverweser in Osnabrück, Paderborn, Fulda zugelassen; in Trier sogar neuer Bischof; Schlözer geht nach Rom zum Mogeln (S. 447), Anzeige, daß die Gesandtschaft beim Papst wiederhergestellt werde; Prozessionen gestattet und Aufnahme neuer barmherziger Schwestern.

1881, November im neuen Reichstag ein Zentrum I. Vizepräsident [Franckenstein] gegen einen Liberalen durchgesetzt. *Bism[arck] stützt sich aufs Zentrum* und schmeichelt wieder in Rom (S. 451).

1882, Januar preußischer Landtag. Neue Regierungsvorlage zur Abrüstung, teilweise verworfen, endlich Kompromiß der Konservativen und des Zentrums: *Abschaffung der Staatspfarrer* (Gemeinheit) und des Kultusexamens (S. 452). Verlängerung der Ministerdiskretion zur milden Praxis[182] bis April 1884. Osnabrück, Paderborn und Breslau jetzt neue Bischöfe nach Verständigung mit Rom.

Sommer 1882 Stocken der Verhandlungen mit Rom, auch Bischof Herzog von Breslau scharf gegen Staatspfaffen, gab aber nach. [S. 454]

1883, Sommer Neues Nachgeben der Regierung. Nachdem von der Kurie nichts zu erhandeln gewesen, ließ sich die Regierung im Juni bei ihrem neuen Kirchengesetz von Zentrum und Konservativen *überstimmen* und erklärte, wenn Rom damit nicht zufrieden, *werde man die ganze Anzeigepflicht über Bord werfen!* (S. 459) Das Zentrum ging nun zum Angriff über, stürzte eine Vorlage wegen Durchführung des Schulzwangs und erklärte, diesen überhaupt abschaffen zu wollen, und verlangte auf dem Düsseldorfer Katholikentag (September) Wiederherstellung des Kirchenstaats, Abschaffung aller Kulturkampfsgesetze und volle Freiheit der geistlichen Orden.

Dagegen ermächtigt der Papst die Bischöfe, für ihre neuen Pfaffen die *Regierungsdispense von der Vorbildung einzuholen.* [S. 459]

3. Dezember der abgesetzte Bischof Blum von Limburg *begnadigt,* Kronprinz [Friedrich Wilhelm] besuchte den Papst, *die Temporaliensperre nach und nach überall,* außer in Posen und Köln, *aufgehoben,* sowie Bischöfe eingesetzt werden. [S. 460]

Im Herbst im Landtag das Zentrum wieder oppositionell, fordert Wiederherstellung der abgeschafften Verfassungsartikel (abgelehnt). Goßler, Kultusminister, erklärt, keiner der jetzigen Minister werde die Begnadigung des Kölner und Posener Bischofs unterschreiben; auch Aufhebung des Sperrgesetzes (Windthorsts Antrag) 209/159 am 5. März 1884 abgelehnt, aber gleich drauf die Staatsleistungen in *Köln* wiederhergestellt, so daß das Gesetz nur noch in Posen gilt. So nur die Polenhetze geblieben vom Kulturkampf!

Der Papst nun auch wieder widerhaarig, und Bis[marck] will auch nicht weiter nachgeben, trotzdem daß die Aufhebung des Expatriierungsgesetzes im Sommer und nochmals im Dezember mit großer Majorität vom Reichstag beantragt. [S. 461]

1885, April Neue Windth[orstsche] Anträge im Landtag wegen Aufhebung des Sperrgesetzes und Straffreiheit des Messelesens (schon Dezember 1884 große Debatte im Reichstag über Expatriierungsgesetz).

Endlich Juli Melchers von Köln zum Kardinal ernannt und so beseitigt, Krementz von Ermeland sein Nachfolger. Auch alle anderen Bistumsfragen erledigt, nur Ledóchowski in Posen nicht. [S. 469/470]

Auswärtige Politik

1873, 5. September Letzte Milliardenzahlung frs 5 300 Milliarden in allem, nebst Zinsen.[13] [S. 3]

1872, 5.–12. September 3 Kaiser in Berlin.[183] [S. 6]
1872, Sommer Anfang der königlichen Besuche in und aus Italien. [S. 8]

Frankreich

1875 Kadregesetz[184] – kalter Wasserstrahl in Berlin – Pferdeausfuhrverbot in Deutschland – Krieg in Sicht – *der Zar* [Alexander II.] besucht Mitte Mai Berlin und besorgt die Sache (S. 115).

Italien

1873 *Klostergesetz* auf Rom und Patrimonium Petri ausgedehnt. Alles zugunsten dreier Fonds – Schulen, Pfarreien, Hospitäler – konfisziert. Das war doch noch ein Kulturkampf. [S. 136]

Da der Papst angeblich 1870 eine Bulle vollzogen zur Abänderung des Papstwahlverfahrens, hatte Bis[marck] 14. Mai 1872 eine Zirkulardepesche erlassen, was zu tun, wenn die Mächte die Papstwahl bestritten. Dies fiel ins Wasser, besonders von Italien (Minghetti) abgelehnt, da er nicht das Konklave von Rom verlegt haben wollte (S. 137). Da nun 1875, Sommer, das Garantiegesetz für den Papst durchging, erklärte Bism[arck], *dadurch habe Italien die Verantwortung für den Papst übernommen und solle verhindern, daß dieser auf Deutschland und Bism[arck] schimpfe!* (S. 138)

Schutzzölle und Reichsorganisation

1877 Reichsfinanzen schlecht, indirekte Steuern fallen ab, 25 Millionen mehr Matrikularbeiträge nötig. Bism[arck] kündigt eine Steuerreform an: mehr indirekte Steuern. [S. 407]

Bism[arck] noch gegen Reichsministerien, aber doch Reorganisation der Verwaltung. Bisher nur Admiralität, Reichsschulden und Invalidenfonds, dann auch Eisenbahnen direkt unter dem Kanzler, alles andre unter dem Reichskanzleramt (Delbrück). Später Post und Telegraph, Reichslande, Justizamt, reichsländische Eisenbahn, Schatzamt *neben* dem Reichskanzleramt, das nun *Reichsamt des Innern* wurde. So lauter Reichsministerien ohne Minister. [S. 407/408]

1877 Krakeel mit Camphausen und Stosch (S. 408). Anzeichen einer neuen Politik.

Ausgleichsabgabe von 0,75 Mark per Zentner auf Eisen aus prämiierten Ländern (seit 1. Januar war dies zollfrei) im Bundesrat angenommen, im Reichstag durch Camphausen verteidigt, 212 gegen 111 abgelehnt (Minorität besonders Nationalliberale, Zentrum, Elsässer und Gruppe Löwe). [S. 409/410]

Agitation der Schutzzöllner, daneben und halbwegs mit ihnen das Zentrum, das außer Schutzzoll-Mitteln allerlei Kram forderte (S. 410). Auf der Delegiertenversammlung des Zentralvereins der Industriellen zu Leipzig 14. Dezember 1877 ein *Schutzzollprogramm* mit *Ausgleich der widerstreitenden Interessen aufgestellt.* [S. 410/411]

Bism[arck] mit C[am]phausen steigend unzufrieden, der nicht abenteuerlich genug, rief Bennigsen nach Varzin, Weihnachten. Dieser aber verlangte, gegen Unterstützung des Tabakmonopols, Eintritt von wenigstens Forckenbeck und Stauffenberg; ja er war au fond[1] nur für höhere Besteuerung, nicht für Monopol zu haben (S. 411). Abgebrochen.

1878, 21.–23. Februar Das Tabakmonopol von Camphausen angekündigt als bevorstehend, einstweilen nur eine höhere Steuer. Dabei setzt B[ismarck] den Camph[ausen] an die Luft (S. 412), der nun auch bei den Nationalliberalen blamiert, die vom Monopol nichts wissen wollten.

Dazwischen neue Reorganisation der Verwaltung durch Bismarck. Vertretung verwickelter als je (S. 413). Vizekanzleramt. Stolberg. Im preußischen Ministerium wieder alles wackelig, steter Wechsel.

[1] im Grunde

Schutzzollpartei im Reichstag, unter Varnbüler, ca. 60 Mann. März 1878 formiert. Verstärkung bei den Neuwahlen wahrscheinlich. [S. 415]

1878, 11. Mai *Hödelschuß:* endlich Gelegenheit für[1] die schon früher gemachten Versuche eines Ausnahmsgesetzes gegen Sozialdemokraten zu erneuern, wogegen die Liberalen und das Zentrum bisher. Auch jetzt *nur* die Konservativen dafür: am 24. Mai verworfen 251/57. [S. 415/416]

2. Juni *Nobilingschuß.* Auflösung, 30. Juli Neuwahl, 9. September Eröffnung des Reichstags. Sozialistengesetz[156] 19. Oktober 221/149 angenommen, bis 31. 3. 1881. [S. 416–419]

Schutzzollprogramm jetzt 204 Unterschriften, darunter 87 vom Zentrum, *fast alle;* 75 Konservative, 27 Nationalliberale; Rest diverse. Schutz verlangt für Getreide wie Industrie. [S. 419]

Bism[arck] für Ausgleichung der Finanzzöllner mit den Schutzzöllnern, erfand die *allgemeine Zollpflicht.*

12. Dezember Bundesratskommission zur Ausarbeitung des *neuen Tarifs.*

15. Dezember Bism[arcks] Brief an den Bundesrat *für Schutzzölle* (S. 420). Jubel unter Industriellen und Großgrundbesitzern.

1879, Ende März Das Tarifgesetz ausgearbeitet mit dem Recht der Zollverdopplung gegen widerhaarige Länder.

Im Reichstag die Nationalliberalen jetzt Kern der Finanzzöllner, Zentrum Kern der Schutzzöllner und *damit entscheidende Partei.* Es wollte aber nur Schutzzollbewilligung, Finanzzölle nur gegen Kulturkampfkonzessionen. Die Agrarier bildeten sich auch jetzt und verlangten höheren Schutz. [S. 422)

2. Mai 1879 Zolldebatte. Eisenzölle angenommen, 16. Mai, 218/88. Forckenbeck und Stauffenberg legen ihre Reichstagspräs[idien] nieder, ersetzt durch Konservativen Seydewitz und Zentrum-Franckenstein. [S. 423]

[1] *In der Handschrift schwer lesbar*

23. Mai Getreidezoll 50 Pfennig angenommen nach Vorschlag des Bundesrats; 1 Mark (Agrarier) abgelehnt 173/161. *Aber sie setzten es doch durch, durch Drohung gegen Eisenzölle zu stimmen.* [S. 424]

Tabaksteuer – bedeutend herabgesetzt –, Kaffee- und Petroleumzoll bewilligt, gegen die Regel, daß alle Einnahmen über 130 Millionen Mark an die Einzelstaaten verteilt werden sollten: *Vorschlag des Zentrums,* was Bism[arck] annahm. Damit Konservative und Zentrum momentan Regierungsmajorität und die Nationalliberalen kaltgestellt: Hobrecht, Falk und Friedenthal traten aus dem preußischen Ministerium (Anfang Juli). [S. 424/425]

16 Nationalliberale traten aus der Partei aus, weil sie Partei Bism[arck] sans phrase waren: dabei Treitschke. Windthorst dagegen seit Mai Kneipgast bei Bis[marck]; Falks Abgang war sein Gewinn. [S. 425]

Dagegen 1880 nochmalige Sezession des *linken* Flügels der Nationalliberalen. 28 Mann. [S. 430]

Eisenbahnverstaatlichung: Da die Kleinstaaten gegen Reichsbahnen, jetzt *preußische Staatsbahnen.* Nach Vollendung von Berlin–Wetzlar schon 6000 km Staatsbahnen, 4000 km Privatbahnen in Staatsverwaltung, 10000 [km] noch frei. Oktober 1879 erster Antrag beim Landtag. 4 Bahnen, gleich darauf noch 4, Februar 1880 bewilligt gegen Überschußgarantie. 1882 noch 6 Bahnen und dann immer weiter, so daß fast alles verstaatlicht oder in Staatsverwaltung. [S. 430]

1879 verlangte B[ismarck] vom Bundesrat Gesetzvorschlag: die Gütertarife der Eisenbahnen durchs Reich festzustellen. Abgelehnt. Weiter Friktionen B[ismarck]s und des Bundesrats – so daß endlich 1880 Kanzlerkrisis, B[ismarck] erzwang eine Abänderung der Geschäftsordnung zur Erleichterung seines Kommandos. [S. 431/432] Gleich drauf duckte er den bayrischen Gesandten wegen Opposition gegen *Zwangseintritt Hamburgs in den Zollverein.* Schon 1879 hatte B[ismarck] Hamburg und Bremen dazu aufgefordert. Abgelehnt. Dann beantragte Bism[arck] im Bundesrat die Einziehung von St. Pauli – Hamburger Berg – in den Zollverein und versuchte, durch Vertrag mit Östreich das Recht zu erschleichen, die Zollgrenze auf den Fluß, an die Mündung [der Elbe] zu verlegen (S. 433). Hiergegen im Reichstag Widerstand, aber nach dessen Schluß, Mai 1880, zuerst Altona und ein Stück von St. Pauli eingefügt. Dann die Zollgrenze quer über die Elbemündung bei Kuxhaven verlegt. Daneben noch kleinere Schikanen, aber auch Versprechung von Geldbeiträgen zu Freihafensleuten. Als dennoch die Bürgerschaft Schwierigkeiten machte, drohte B[ismarck] mit Aufhebung der Zollvereinsniederlage und des Hauptzollamts in Hamburg und erzwang so Nachgiebigkeit. (S. 434) Am 1. Oktober 1888 tritt Hamburg in den Zollverein, Bremen folgte.

Als Köder warf B[ismarck] den Hansestädten die Surtaxe d'entrepôt hin, Zuschlagszoll auf Waren, die über fremde Häfen eingingen. Dagegen aber die Schutzzöllner, die Holland und Antwerpen nicht verlieren wollten, und die Hansa-Reeder selbst, die nur Freiheit verlangten. Auch Samoavorlage und Schutz der Küstenschiffahrt verworfen.

Befürchtungen wegen Tabakmonopol und motivierte Tagesordnung des Reichstags (S. 435).

Angst wegen Doppelwährung nach Einstellung der Silberverkäufe März 1879; beruhigende Erklärung des Bundesrats (S. 435).

1880 B[ismarck] beantragt anfangs 1880 neue Steuern – Brausteuer, Reichsstempelsteuer, Wehrsteuer für Dienstfreie. Alle im Bundesrat oder Reichstag gescheitert. Da aber doch 40 Millionen an die Einzelstaaten aus den Zöllen bezahlt werden konnten und diese in Preußen zur Erniedrigung der *direkten* Steuern zu verwenden, so entstand Steuerdebatte, und Kardorff regte – wohl für B[ismarck] – ein großes Steuerprogramm an. [S. 435/436]

B[ismarck] präpariert sich für eine große Kampagne. Wird selbst preußischer Handelsminister und beruft den *preußischen Volkswirtschaftsrat,* der den Kern eines *deutschen* bilden sollte und dem Landtag und Reichstag Gegengewicht bieten – aber ničevo[1]! [S. 436]

Reaktionäre Anträge der Konservativen und [des] Zentrums wegen Gewerbeordnung: Zwangsinnungen, Verbot der Wanderlager, Maximalzinsfuß, Beschränkung der Wechselfähigkeit etc. vom Bundesrat bekämpft, aber doch gingen diverse reaktionäre Beschlüsse im Reichstag durch, und neue Gesetze gegen Wucher fanden Mehrheit (S. 437).

Sozialistengesetz 1880 bis September 1884 verlängert.

August *Wydener Kongreß.*[185] [S. 438]

Januar 1879 *B[ismarck]s Antrag im Bundesrat Gesetzentwurf zur Schuljungenbehandlung der Reichstagsmitglieder.* (S. 439) Ferner verlangte er die *Verhaftung* der aus Berlin ausgewiesenen, aber doch sitzenden sozialdemokratischen Reichstagsmänner. Dann *September 1879 vom Bundesrat* ein Entwurf angenommen auf *vierjährige Legislationsperioden* und *zweijährige Reichstagberufungen* (später versucht mit den 2 Budgets [S. 446]).

Preußische Verwaltungsreform schlief auch ein (S. 439).

Oktober 1880 preußischer Landtag – unfruchtbar, weil das Zentrum wieder frondierte, bei der Provinzialordnung für Posen für die Polen eintrat und neue Konzessionen im Kulturkampf forderte. Auch mit den Nationalliberalen keine Verständigung durch die Regierung. Ein lausiger Steuererlaß, noch dazu nur für ein Jahr, aber auf Richters Antrag permanent gemacht (14 Millionen unterste Klasse der Klassensteuer) (S. 443).

Februar 1881 kündigt B[ismarck] an im Landtag, daß er die indirekten Steuern noch steigern, besonders auf Kapital und Tabak, dagegen die Arbeiter von allen direkten Steuern befreien wolle. [S. 444]

Volkswirtschaftsrat 27. Januar 1881 versammelt. Bism[arck] eröffnet ihn: er soll sich zu einem deutschen erweitern. Vorlagen: Unfallversicherungsgesetz und Ge-

[1] nichts

werbeordnungsnovelle (Anbahnung von Zwangszünften). [S. 444/445]

Aber der Volkswirtschaftsrat, liberaler als B[ismarck] erwartet, veränderte manches (S. 445).

Beide Entwürfe vor dem Reichstag Februar 1881 und schließlich angenommen, aber liberalisiert.

Ferner Küstenschiffahrtsgesetz.

Die meisten Steuervorlagen verworfen – nur einige höhere Zölle; Brausteuer und Wehrsteuer verworfen, dito die Kosten des deutschen Volkswirtschaftsrats. [S. 446]

Zweijährige Berufung des Reichstags und zweijährige Budgets verworfen – *B[ismarck] spricht die Möglichkeit aus, den Reichstag nach einer andren Stadt zu berufen* (also Brandenburg[186]). [S. 446]

Wahlmanöver und Versprechungen der Regierung (S. 447). »Patrimonium der Enterbten«[187]. Dito Konzessionen an die Katholiken – beide, Katholiken und Arbeiter, blieben aber kühl. [S. 447/448]

Seit 1880 Antisemitismus in Blüte (S. 448).

1881, Oktober *Feldzug gegen die widerhaarigen Handelskammern.* Neuwahl des Reichstags. Abnahme der Nationalliberalen und Freikonservativen. Bism[arck] trotzdem beharrt auf seinen Plänen. [S. 449/450]

17. November 1881 kaiserliche Botschaft statt Thronrede. Schutzzoll und Staatssozialismus mit Hülfe des Tabakmonopols. *Das hieß Appell an Konservative und Zentrum.* Also Franckenstein Vizepräsident *(erster)* und heftige Angriffe Bis[marck]s gegen die Fortschrittler, Kajolierung des Zentrums durch B[ismarck]. [S. 450/451]

Die Liberalen (Nationalliberale und Fortschrittler) bilden Kartell und greifen die *Wahlbeeinflussung Puttkamers an; – kaiserlicher Erlaß ans Staatsministerium (also königlicher,* nicht *kaiserlicher) 4. Januar 1882 vonwegen Beamten bei Wahlen* (S. 451). Heftige Debatte.

1882 Nachdem B[ismarck] das Zentrum durch die Kulturkampfskonzessionen gekauft glaubte, *das Tabaksmonopol*

28. Februar dem Volkswirtschaftsrat vorgelegt; im Ausschuß angenommen, im Plenum mit 33/31 verworfen. Dennoch an den Reichstag. Bismarck selbst dafür, klagte, daß der Reichstag der Fraktionskrankheit verfallen und *Deutschlands Zukunft nur noch auf den Dynastien beruhe! Abgelehnt der erste entscheidende § mit 276/43,* und Bennigsens Resolution gegen Tabakssteuererhöhung 155/150 angenommen. Desgleichen fernere Zollerhöhungen abgelehnt. [S. 453]

Neues Unfallgesetz – blieb in der Reichstagskommission hängen.

Herbst preußische Landtagswahlen. Jetzt B[ismarck] wieder für eine Mittelpartei – Majorität, aber doch für Konservative in Briefen und Telegrammen tätig. Daher die Konservativen gewannen auf Kosten der Nationalliberalen. [S. 454]

1883 Begünstigung der Agrarier blieb B[ismarck]s Hauptpolitik. Amerikanische Schweinefleischeinfuhr verboten vom Bundesrat, 21. Februar 1883. Holzzollerhöhung angekündigt, fiel am 8. Mai 177/50. Tabaksteuererhöhung kam nicht vor, Lizenzsteuer auf Tabak- und Alkoholia-Handel vom Landtag verworfen, von der vorgeschlagenen Abschaffung von 4 Steuerklassen vom Landtag nur 2 abgeschafft; Wedells Börsensteuer verworfen, dagegen im Reichstag die neue Zuckersteuer auf 2 Jahre bewilligt (S. 455/456).

Neue Gewerbebeschränkungen 2. Juni 160/127 im Reichstag angenommen, doch die Arbeitsbücher und Zunftlehrlingsprivilegium verworfen. [S. 456]

14. April kaiserliche Botschaft: man möge *den nächsten Etat im voraus beschließen,* um die Herbstsession der Unfallversicherung zu widmen! Der Reichstag, obwohl das neue Budgetjahr schon angefangen, fiel nicht in die Falle, sondern verwies ihn an die Kommission;[188] mußte aber doch klein beigeben – 2. Lesung am 11. Juni. [S. 457]

Bennigsen wollte B[ismarck] zum Aufschub bis in den

Herbst bewegen, *aber dabei kamen beide ganz auseinander.* Benn[igsen] zieht sich aus Reichstag und Landtag zurück.

Militärpensionierungsgesetz scheitert wegen Kommunalsteuerpflicht der Offiziere (S. 457).

Preußischer Landtag 20. November. Hannoversche Verwaltungsgesetze angenommen. Neue Bahnen verstaatlicht, jetzt 15700 km Staatsbahnen, 2100 im Staatsbetrieb, nicht ganz 4000 ganz privat. Steuerpläne gescheitert. *Trotz aller Konzessionen das Zentrum wieder frondierend.* [S. 460/461] Putt[kamer] für Abschaffung des geheimen Stimmrechts im Reichstag (S. 463).

Da weder Papst noch Zentrum nachgaben, suchte B[ismarck] sich wieder den Nationalliberalen zu nähern, doch ohne Konzessionen an sie – diese auch nicht nötig, da die Nationalliberalen wieder mehr nach rechts rückten, seit Miquel sie führte, und die Sezessionisten am 5. 3. 1884 mit den Fortschrittlern verschmolzen: *Deutschfreisinnige.*

Lasker† Januar 1884, New York – Bism[arck]s Gemeinheit.[189] [S. 462/463]

Heidelberger Programm von 42 süddeutschen Nationalliberalen am 23. März 1884 – Bismarck sans phrase, nur noch fürs geheime Stimmrecht und Versicherung, die Rechte des Reichstags gegen Reaktion zu verteidigen *(dies auch 2 Jahre später fallengelassen).* Norddeutscher Nationalliberalen-Parteitag – akzeptierte dies Programm. Bis[marck] jetzt sehr zufrieden damit, aber um so wütender gegen die Deutschfreisinnigen. [S. 463]

Preußischer Staatsrat wieder berufen, 20. März 1884, als Druckmittel auf die Minister und den Landtag, und zum Ersatz des Volkswirtschaftsrats, dessen Geldbewilligung abgelehnt und der jetzt einschlief. [S. 464]

1883, 29. Oktober Frankfurter Polizeihausdynamitposse und 4 Wochen vorher Niederwaldsattentat.[190] Daher Verlängerung des Sozialistengesetzes und Dynamitgesetz[191]. Das Sozialistengesetz in full[1] nur durchgeführt, weil sonst Auf-

[1] vollständig

lösung (S. 465); (10. Mai 1884) *39 [vom] Zentrum und 26 Fortschrittler dafür. Bis 1886.* [S. 466]

[1884] Bewilligt: 19 Millionen für 17 Torpedoboote: *neues Aktiengesetz.*

Im Sommer Zuckerkrisis und Falliten.

Neuwahlen 1884 Herbst. Eröffnung 20. November. Die berühmte Geschichte vom III. Direktor[192] (S. 467).

Getreide- und Holzzölle, Branntwein-, Honig- und Viehzölle enorm erhöht, mehr als die Regierung verlangt (S. 468). Zuckersteuer provisorisch verlängert.

Börsensteuer jetzt angenommen (Wedell-Malchow).

Doppelwährung wieder in Sicht: *Bis[marck] erklärt, die Frage werde geprüft* (S. 469).

Im preußischen Landtag Lex Huene[193], vom Zentrum als herrschende Partei durchgesetzt; von den Erträgen der Zölle, die an Preußen gezahlt, $14^1/_2$ Millionen dem Staat, den Rest den Kommunalverbänden: *dies die Bedingung des Zentrums, um im Reichstag die Korn- und Viehzölle* zu unterstützen; Lex Huene 223/86 Stimmen angenommen! Obwohl die Regierung lieber umgekehrt den Kommunalbetrag kontingentiert wünschte. [S. 469]

1885 Polenausweisung. B[ismarck] droht mit *Zumachung der* Reichsbude[194] (S. [470/]471).

1885, 1. April Bismarckfeier (S. 471).

Staatssozialismus

1878 Stumm beantragt obligatorische Alters- und Invalidenkassen für Fabrikarbeiter, und Bism[arck] interessiert sich dafür.

1880 Bism[arck] schwankend wegen Wechselfähigkeit und reaktionär gestimmt wegen Gewerbegesetzgebung überhaupt. – Oktober Handwerkertag in Berlin, dann *Stöckers* Verein für Sozialreform (S. 437). Wesentlich Zünftlerei.

1881 Unfallversicherung vor dem Volkswirtschaftsrat (S.

455). Im Bundesrat und Reichstag (S. 445/446). Angenommen (S. 446).

17. November Kaiserliche Botschaft (S. 450).

Berufsstatistik als Vorarbeit (S. 451).

Sonntagsarbeit und Zusage eines neuen Unfallgesetzes (S. 452).

Neues Unfallgesetz vor Reichstag 1882, blieb zunächst in der Kommission (S. 453). *Krankenversicherungsgesetz durch* (S. 456). Unfallgesetz in Reichstag 1884 (S. 465).

1884 Unfallgesetz ($2^3/_4$ Millionen Arbeiter umfassend) auf 800 000 Transportarbeiter ausgedehnt (S. 467).

Milliarden

2095 Milliarden Mark gemeinsam, der Rest verteilt.[195]

Vom gemeinsamen Anteil 116 Millionen Kriegsschäden im Elsaß etc., – 17 Millionen an Reeder, 12 Millionen an besonders schwer geschädigte Reserve- und Landwehrleute.

12 Millionen Dotation. Außerdem hatte Bism[arck] die Lauenburgschen Domänen geschenkt erhalten = 3 Millionen. [S. 55]

560 Millionen samojedischer Invalidenfonds[196]
260 Millionen für Erwerbung der elsässischen Bahnen
61 Millionen für Ausbau der elsässischen Bahnen
111 Millionen für Betriebsmittel der elsässischen Bahnen
120 Millionen für Kriegsschatz in Spandau [S. 56]
350 Millionen für Festungs- und Kasernenbau (36 für Kiel und Jade)
66 Millionen für Marine
24 Millionen für Reichstagspalast
85 Millionen für Betriebsfonds etc. [S. 57]

6
[Einzelne Thesen und Notizen zum vierten Kapitel der Broschüre »Die Rolle der Gewalt in der Geschichte«]

Die preußischen Bourgeois haben keinen politischen Ehrgeiz, die junker[lich])bürokratische Herrschaft ist ihnen ganz recht und sogar zur Unterdrückung der Arbeiter viel geeigneter als sie selbst (altes Polizeimittel).

S. 23, 24.[197] Der Widerspruch schon in der preußischen Kammer: Liberal oder national? Im Nationalverein[88] dito, aber der Gegensatz nun so, daß die Kammer *liberal,* der Nationalverein *national* par excellence war (Unmöglichkeit des *liberalen* Durchsetzens der nationalen Ziele der Bourgeois zu betonen).

Aus Schleswig-Holstein einen neuen Kleinstaat machen wollten dieselben Bourgeois, die über Kleinstaaterei schimpften.

Das deutsche Reich unter dem Vorwand der nationalen Einheit lauter Fremde annexiert. Dänen, Polen, Franzosen. – Artikel 5 und seine Abschaffung.[198]

1815–48. Östreich besorgte die *innere,* Preußen die *äußere* Politik Rußlands in Deutschland.

Frankreich hat auch sein Elsaß: Jersey, das nie französisch werden will.

Elsässer in Frankreich – Königliche Garde der Rest[auration]. – Munizipalgarde 1830/48 – unter dem Kaiserreich verdrängt durch Korsen, mehr oder weniger.

Verfassung. Indigenat[199], Freizügigkeit 1. November 1867
Gewerbe
Zoll und Handel
Maß und Münz (Maß 17. August 1868)
Bankgesetzgebung
Patente
Autorrecht
Handelsschutz über See
Schiffahrt
Eisenbahnen (Bayern nicht)
Wasserstraßen und Zölle
Post und Telegraph
Rechtshilfe
Justiz und Handelsgesetzgebung
Veterin[är]polizei
Presse und Vereinsrecht
Zolleinheit
Flagge
Konsulate

Besondres
Gewerbeordnung
Versicherung
Gleichberechtigung der Konfessionen 3. Juli 1864

Ehefreiheit (nicht in Bayern) 4. Mai 1868
Wechselrecht und Handelsgesetzbuch – 5. Juni 1869;
Bundesgesetz 1871 revidiert und allgemein
Strafgesetzbuch 1870, revidiert und allgemein 15. Mai 1871
Papiergeld (Staats) 16. 6. 1870
Banknoten 17. März 1870

1873
Münzgesetz
Reichseisenbahnamt

7
Taktik der Infanterie aus den materiellen Ursachen abgeleitet 1700–1870[200]

Im 14. Jahrhundert wurden Schießpulver und Feuerwaffen in West- und Mitteleuropa bekannt, und jedes Schulkind weiß, daß diese rein technischen Fortschritte die ganze Kriegführung revolutionierten. Aber diese Revolution ging sehr langsam vor sich. Die ersten Feuerwaffen waren sehr roh, namentlich die Handbüchsen. Und wenn auch schon früh eine Menge einzelner Verbesserungen erfunden wurden – der gezogene Lauf, die Hinterladung, das Radschloß etc., so dauerte es doch über 300 Jahre, bis Ende des 17. Jahrhunderts ein Gewehr zustande gebracht wurde, das zur Bewaffnung der gesamten Infanterie geeignet war.

Das Fußvolk des 16. und 17. Jahrhunderts bestand teils aus Pikenträgern, teils aus Büchsenschützen. Anfangs waren die Pikeniere zur Entscheidung mit der blanken Waffe bestimmt, während das Feuer der Schützen die Verteidigung übernahm. Die Pikeniere fochten deshalb in tiefen Massen, ähnlich der altgriechischen Phalanx; die Schützen standen acht bis zehn Mann tief, weil soviel nacheinander abfeuern konnten, ehe einer geladen hatte; wer schußfertig war, sprang vor, feuerte und ging dann ins letzte Glied, um wieder zu laden.

Die allmähliche Vervollkommnung der Feuerwaffen änderte dies Verhältnis. Das Luntenschloßgewehr wurde endlich so rasch ladbar, daß nur noch fünf Mann, also Rotten von fünf Mann Tiefe, zur Unterhaltung eines ununterbrochenen Feuers erforderlich waren. Man konnte also jetzt mit derselben Anzahl Musketiere eine fast doppelt so lange Front besetzen wie vorher. Die Pikeniere wurden, wegen der weit verheerender gewordenen Wirkung des Geschützfeuers auf tiefe Massen, jetzt auch nur in sechs bis acht Gliedern aufgestellt, und so näherte sich die Schlachtordnung allmählich der Linienstellung, in der die Entscheidung nunmehr durch das Gewehrfeuer herbeigeführt wurde und die Pikeniere nicht mehr zum Angriff, sondern nur noch zur Deckung der Schützen gegen Reiterei bestimmt blieben. Am Ende dieser Periode finden wir eine Schlachtordnung in zwei Treffen und eine Reserve, jedes Treffen in Linie aufmarschiert, meist 6 Mann tief, Geschütze und Reiterei teils in den Intervallen der Bataillone, teils auf den Flügeln; jedes Infanteriebataillon bestehend aus höchstens $^1/_3$ Pikenieren und mindestens $^2/_3$ Musketieren.

Ende des 17. Jahrhunderts kam endlich das Steinschloßgewehr mit Bajonett und die Ladung vermittelst fertiger Patronen zustande. Damit verschwand die Pike endgültig aus der Infanterie. Das Laden wurde weniger zeitraubend, das raschere Feuer schützte sich selbst, das Bajonett ersetzte für den Notfall die Pike. Somit konnte die Tiefe der Linie von sechs auf vier, später auf drei, endlich hier und da auf zwei Mann verringert werden; die Linie verlängerte sich also, bei gleicher Anzahl der Leute, immer mehr, es kamen immer mehr Gewehre gleichzeitig in Tätigkeit. Aber diese langen, dünnen Linien wurden damit auch immer unhandlicher, sie konnten nur auf ebnem, hindernisfreiem Gelände sich mit Ordnung, und dazu nur langsam, 70–75 Schritt in der Minute, bewegen; und in der Ebene grade boten sie, namentlich auf den Flanken, der Reiterei Aussicht auf erfolgreichen Angriff. Teils um diese Flanken zu schützen, teils um die entscheidungbringende Feuerlinie stärker zu machen, zog man die Reiterei ganz auf die Flügel, so daß die eigentliche Schlachtlinie nur aus dem Fußvolk mit seinen leichten Bataillonsgeschützen bestand. Das äußerst plumpe, schwere Geschütz stand vor den Flügeln und veränderte während der Schlacht höchstens einmal seine Stellung. Das Fußvolk war in zwei Treffen aufmarschiert, deren Flanken durch Infanterie in Hakenstellung gedeckt wurde, so daß seine Aufstellung ein einziges, sehr langes, hohles Viereck bildete. Diese unbehülfliche Masse, wenn sie nicht als Ganzes sich bewegen sollte, war nur in drei Teile, Zentrum und beide Flügel, zerlegbar, und die ganze Teilbewegung bestand darin, den einen Flügel, der den des Feindes überragte, zur Umgehung vorzuschieben, während man den andern drohend zurückhielt, um den Feind an einer entsprechenden Frontveränderung zu hindern. Die Gesamtaufstellung während der Schlacht zu ändern war so zeitraubend und bot dem Gegner solche Blößen, daß der Versuch fast immer der Niederlage gleichkam. Der ursprüngliche Aufmarsch blieb also für die ganze Schlacht maßgebend, und die Entscheidung fiel, sobald das Fußvolk einmal im Feuer war, mit Einem unwiederbringlichen Schlag. Und diese ganze, von Friedrich II. aufs höchste entwickelte Kampfweise war das unvermeidliche Ergebnis zweier zusammenwirkender materieller Faktoren: des Menschenmaterials der damaligen stramm exerzierenden, aber ganz unzuverlässigen, nur mit dem Stock zusammengehaltenen, teilweise aus feindlichen Kriegsgefangnen gepreßten, fürstlichen Werbeheere und zweitens des Waffenmaterials – der unbehülflichen schweren Geschütze und der glattläufigen, rasch, aber schlecht schießenden Steinschloßflinte mit Bajonett.

Diese Kampfweise hielt vor, solange beide Gegner in Beziehung auf Menschenmaterial und Bewaffnung auf demselben Stand blieben und es daher jedem von ihnen paßte, sich an die vorgeschriebne Regel zu binden. Als aber der Amerikanische Unabhängigkeitskrieg losbrach, traten den wohlgedrillten Werbesoldaten plötzlich Insurgentenhaufen entgegen, die zwar nicht exerzieren, aber desto besser schießen konnten, die großenteils sichertreffende Büchsen führten und die in eigner Sache kämpften, also nicht desertierten. Diese Insurgenten taten den Engländern nicht den Gefallen, in freier Ebene, nach allen hergebrachten Regeln der kriegerischen Etikette das bekannte Schlachtmenuett im langsamen Schritt mit ihnen abzutanzen, sie zogen den Gegner in dichte Wälder, wo seine langen Marschkolonnen wehrlos dem Feuer zerstreuter, unsichtbarer Schützen ausgesetzt waren, sie benutzten, in losen Schwärmen formiert, jede Terraindeckung, um dem Feind Abbruch zu tun, und blieben dazu, bei ihrer großen Beweglichkeit, seinen schwerfälligen Massen doch immer unerreichbar. Das Feuergefecht zerstreuter Schützen, das schon bei Einführung der Handfeuerwaffen eine Rolle gespielt hatte, zeigte sich hier also, in gewissen Fällen, namentlich im kleinen Krieg, der Linienordnung überlegen.

Paßten schon die Soldaten der europäischen Werbeheere nicht zum zerstreuten Gefecht, so noch weniger ihre Bewaffnung. Man stemmte zwar nicht mehr das Gewehr beim Abfeuern gegen die Brust, wie die alten Luntenschloß-Musketiere getan; man schlug an die Achsel an wie jetzt; aber von Zielen war noch immer keine Rede, da bei der ganz geraden, in der Verlängerung des Laufs liegenden Schäftung das Auge nicht an den Lauf gelegt werden konnte. Erst 1777 wurde in Frankreich die geschweifte Schäftung des Jagdgewehrs auch beim Infanteriegewehr adoptiert und damit ein wirksames Tirailleurfeuer möglich. Eine zweite zu erwähnende Verbesserung war die Mitte des 18. Jahrhunderts von Gribeauval konstruierte leichtere und doch solide Lafettierung der Geschütze, wodurch allein die der Artillerie später zugemutete größere Beweglichkeit möglich wurde.

Diese beiden technischen Fortschritte auf dem Schlachtfeld auszunutzen, war der Französischen Revolution vorbehalten. Sie stellte, als das verbündete Europa sie angriff, der Regierung die ganze waffenfähige Nation zur Verfügung. Aber diese Nation hatte nicht die Zeit, sich die künstlichen Manöver der Lineartaktik so weit einzuüben, daß sie der altgedienten preußischen und österreichischen Infanterie in gleicher Formation entgegentreten konnte. In Frankreich aber fehlten nicht nur die amerikanischen Urwälder, sondern auch die praktisch grenzenlose Gebietsausdehnung für den Rückzug. Es galt, den Feind zwischen der Grenze und Paris zu schlagen, also ein bestimmtes Gebiet zu verteidigen, und das konnte schließlich nur in offener Massenfeldschlacht geschehn. Es galt also, neben dem Schützenschwarm noch eine andre Form zu finden, in der die schlecht geübten französischen Massen den stehenden Heeren Europas mit einiger Aussicht auf Erfolg entgegentreten konnten. Die Form fand man in der bereits für gewisse Fälle, aber meist nur auf dem Exerzierplatz angewandten, geschlossenen Kolonne. Die Kolonne war leichter in Ordnung zu halten als die Linie; selbst wenn sie in einige Unordnung kam, leistete sie als dichter Haufe immer noch – wenigstens passiven – Widerstand; sie war leichter zu handhaben; blieb mehr in der Hand des Führers und konnte sich rascher bewegen; die Marschgeschwindigkeit stieg auf 100 und mehr Schritt in der Minute. Was aber das wichtigste Ergebnis war: die Anwendung der Kolonne als ausschließlicher Kampfform der Massen gestattete, das schwerfällige, einheitliche Ganze der alten Linienschlachtordnung in einzelne, mit einer gewissen Selbständigkeit begabte, ihre allgemeine Instruktion den vorgefundnen Umständen anpassende Teile zu zerlegen, deren jeder aus allen drei Waffen zusammengesetzt sein konnte; sie war elastisch genug, um jede nur mögliche Kombination der Truppenverwendung zuzulassen; sie gestattete die, noch von Friedrich II. streng verbotene, Benutzung von Dörfern und Gehöften, die von nun an in jeder Schlacht die Hauptstützpunkte bildeten; sie war in jedem Terrain verwendbar; und sie konnte endlich der alles auf einen Wurf setzenden Linientaktik mit einer Kampfweise entgegentreten, in der die Linie durch Schützenschwärme und durch allmähliche, das Gefecht hinhaltende Verwendung der Truppen ermattet und so weit aufgerieben wurde, daß sie dem Stoß der bis zuletzt in Reserve gehaltenen frischen Streitkräfte nicht mehr standhielt. Während die Linienstellung auf allen Punkten gleich stark war, konnte der in Kolonnen fechtende Gegner einen Teil der Linie durch Scheinangriffe schwacher Kräfte beschäftigen und seine Hauptmassen zum Angriff auf den entscheidenden Punkt der Stellung konzentrieren. – Das Feuergefecht wurde nun vorzugsweise durch aufgelöste Schützenschwärme geführt, während die Kolonnen den Bajonettangriff durchführen sollten. Es war also wieder ein ähnliches Verhältnis wie zwischen Schützenschwärmen und Pikeniermassen am Anfang des 16. Jahrhunderts, nur daß die modernen Kolonnen sich jeden Augenblick in Schützen auflösen und diese sich ebenso wieder in Kolonnen zusammenziehn konnten.

Die neue Kampfweise, deren Ausnutzung durch Napoleon auf die höchste Spitze entwickelt wurde, war der alten so überlegen, daß diese rettungslos und hülflos vor ihr in Stücke brach – zuletzt bei Jena[70], wo die unbehülflichen, größtenteils zum zerstreuten Gefecht unverwendbaren, langsamen preußischen Linien vor dem französischen Tirailleurfeuer, dem sie mit Pelotonfeuer antworten mußten, buchstäblich zerschmolzen. Wenn aber auch die Linienschlachtordnung erlag, so doch keineswegs die Linie als Gefechtsformation. Wenige Jahre, nachdem die Preußen mit ihren Linien bei Jena so schlechte Geschäfte gemacht, führte Wellington seine Engländer den französischen Kolonnen in Linie gegenüber und schlug sie regelmäßig. Aber Wellington hatte eben die ganze französische Taktik angenommen, nur mit der Ausnahme, daß er seine geschlossene Infanterie, statt in Kolonne, in Linie fechten ließ. Er hatte dabei den Vorteil, im Feuer sämtliche Gewehre und in der Attacke sämtliche Bajonette gleichzeitig zur Verwendung zu bringen. In dieser Schlachtordnung haben die Engländer bis vor wenigen Jahren gefochten und sowohl im Angriff (Albuera)[201] wie in der Verteidigung (Inkerman)[202] bedeutender Überzahl gegenüber Vorteile errungen. Bugeaud, der diesen englischen Linien gegenübergestanden hatte, zog sie der Kolonne bis zuletzt vor.

Bei alledem war das Infanteriegewehr herzlich schlecht, so schlecht, daß man damit auf 100 Schritt nur selten einen einzelnen Mann, und auf 300 Schritt ebenso selten ein ganzes Bataillon treffen konnte. Als daher die Franzosen nach Algier kamen, erlitten sie von den langen Flinten der Beduinen starke Verluste auf Entfernungen, auf die ihre Gewehre wirkungslos waren. Hier konnte nur die gezogene Büchse helfen; aber grade in Frankreich hatte man sich, wegen ihrer langsamen Ladbarkeit und raschen Verschleimung, stets gegen die Büchse, selbst als Ausnahmewaffe, gesträubt. Jetzt aber, als das Bedürfnis einer leicht ladbaren Büchse sich geltend machte, wurde es auch sofort erfüllt. Den Vorarbeiten Delvignes folgten Thouvenins Dornbüchse und Miniés Expansionsgeschoß, welches letztere das gezogne Gewehr dem glattläufigen in bezug auf Ladbarkeit vollkommen gleichstellte; so daß von da an die ganze Infanterie mit weittragenden und genau schießenden gezognen Gewehren bewaffnet werden konnte. Aber ehe der gezogne Vorderlader sich die ihm angemeßne Taktik schaffen konnte, wurde er schon verdrängt durch die neueste Kriegswaffe, den gezognen Hinterlader, mit dem gleichzeitig sich die gezognen Geschütze zu immer höherer Kriegsbrauchbarkeit entwickelten.

Die durch die Revolution geschaffne Bewaffnung der ganzen Nation hatte bald bedeutende Einschränkungen erfahren. Man hob nur einen Teil der dienstpflichtigen jungen Leute vermittelst Auslosung zum Dienst im stehenden Heer aus und bildete höchstens aus einem größeren oder geringern Teil der übrigen Bürger eine ungeübte Nationalgarde. Oder aber, wo man die allgemeine Dienstpflicht wirklich streng durchführte, bildete man höchstens ein nur wenige Wochen unter den Fahnen geübtes Milizheer, wie in der Schweiz. Finanzielle Rücksichten nötigten zur Wahl zwischen Konskription oder Milizheer. Nur ein Land Europas, und noch dazu eins der ärmsten, versuchte allgemeine Wehrpflicht und stehende Armee miteinander zu vereinigen; es war dies Preußen. Und wenn auch die allgemeine Verpflichtung zum Dienst im stehenden Heer nie anders als annähernd durchgeführt wurde, ebenfalls aus zwingenden Finanzrücksichten, so stellte doch das preußische Landwehrsystem[16] der Regierung eine so bedeutende Anzahl geübter und in fertigen Cadres organisierter Leute zur Verfügung, daß Preußen jedem andern Land von gleicher Volkszahl entschieden überlegen war.

Im Deutsch-Französischen Kriege 1870[18] erlag das französische Konskriptionssystem dem preußischen Landwehrsystem. In diesem Krieg waren aber auch zum erstenmal beide Teile mit Hinterladern bewaffnet, während die reglementarischen Formen, in denen die Truppen sich bewegten und schlugen, im wesentlichen dieselben geblieben waren wie zur Zeit des alten Steinschloßgewehrs. Höchstens, daß man die Tirailleurschwärme etwas dichter machte. Im übrigen fochten die Franzosen noch immer in den alten Bataillonskolonnen, zuweilen auch in Linie, während bei den Deutschen durch Einführung der Kompaniekolonne wenigstens ein Versuch gemacht war, eine der neuen Waffe angemessenere Kampfform zu finden. So behalf man sich in den ersten Schlachten. Als aber beim Sturm auf Saint-Privat (18. August)[19] drei Brigaden preußischer Garde mit der Kompaniekolonne Ernst zu machen versuchten, zeigte sich die niederschmetternde Gewalt des Hinterladers. Von den fünf am meisten beteiligten Regimentern (15 000 Mann) fielen fast alle Offiziere (176) und 5 114 Mann, also über ein Drittel. Die ganze Garde-Infanterie, die in der Stärke von 28 160 Mann ins Gefecht gerückt war, verlor an jenem Tage 8 230 Mann, worunter 307 Offiziere[203]. Von da an war die Kompaniekolonne als Kampfform gerichtet, nicht minder als die Bataillonsmasse oder die Linie; jeder Versuch wurde aufgegeben, fernerhin irgendwelche geschlossene Trupps dem feindlichen Gewehrfeuer auszusetzen; der Kampf wurde deutscherseits nur noch in jenen dichten Tirailleurschwärmen geführt, in die sich die Kolonnen bisher schon regelmäßig von selbst unter dem einschlagenden Kugelhagel aufgelöst, die man aber von oben herab als ordnungswidrig bekämpft hatte. Der Soldat war wieder einmal klüger gewesen als der Offizier; die einzige Gefechtsform, die bis jetzt im Feuer des gezognen Hinterladers sich bewährt, hatte *er* instinktmäßig gefunden und setzte sie trotz des Sträubens der Führer erfolgreich durch. Ebenso wurde nun im Bereich des feindlichen Gewehrfeuers nur noch der *Laufschritt* angewandt.

Register

Anmerkungen

1 Die vorliegende Schrift ist ein Teil der von Engels geplanten, jedoch unvollendet gebliebenen Arbeit über »Die Rolle der Gewalt in der Geschichte«. Mitte der achtziger Jahre des 19. Jahrhunderts war Engels durch deutsche Sozialdemokraten angeregt worden, in deutscher Sprache eine Separatausgabe der höchst instruktiven Kapitel des »Anti-Dühring« über »Gewaltstheorie« vorzubereiten. Engels meinte, ein bloßer Nachdruck – wie er beispielsweise im Anhang zur russischen Ausgabe seiner »Utopie« (Genf 1884) erfolgt war – ginge bei einer deutschen Ausgabe nicht an. Ein Zusatz mit der Anwendung der Theorie auf die neueste Geschichte sei unbedingt erforderlich.

Ende 1886 wurde die Arbeit erstmalig geplant. Der Plan sah vor, die im zweiten Abschnitt des »Anti-Dühring« (Politische Ökonomie) enthaltenen drei Kapitel über »Gewaltstheorie«, in denen Engels die Dühringsche Gewaltstheorie einer Kritik unterzieht und gleichzeitig die marxistischen Auffassungen über die Wechselwirkung von Ökonomie und Politik darlegt, für die Herausgabe als Sonderdruck zu überarbeiten. Außerdem sollten noch die beiden Kapitel »Moral und Recht. Ewige Wahrheiten« und »Moral und Recht. Gleichheit« aus dem ersten Abschnitt des »Anti-Dühring« (Philosophie) überarbeitet und den ersten drei Kapiteln angefügt werden.

Ein zweiter Plan zu einer für den deutschen Leser berechneten Sonderausgabe reifte im Dezember 1887 heran. Er sah neben dem Vorwort und den drei Kapiteln des »Anti-Dühring« über »Gewaltstheorie« ein IV. Kapitel vor, das am Beispiel der Geschichte Deutschlands von 1848 bis 1888 unter dem Gesichtspunkt der Kritik der Bismarckschen Politik die grundlegenden Thesen der Kapitel I–III konkretisieren sollte. Dieses Projekt nahm Engels in den Monaten Dezember 1887 bis März 1888 in Angriff, konnte es jedoch nicht zu Ende führen.

Nach Engels' Tod fand sich in seinem Nachlaß ein großer Briefumschlag mit der Aufschrift »Gewaltstheorie«. Er enthielt die drei Kapitel aus dem »Anti-Dühring« mit einigen Bemerkungen zu Einzelfragen (siehe vorl. Band, S. 11–43 und 118–121), das Manuskriptfragment des IV. Kapitels (siehe vorl. Band,

S. 44–111), den Entwurf des Vorworts (siehe vorl. Band, S. 7), die Gliederung des gesamten IV. Kapitels (siehe vorl. Band, S. 122), die Gliederung des unvollendeten Schlußteils des IV. Kapitels (siehe vorl. Band, S. 124/125) sowie chronologische Auszüge zur Geschichte Deutschlands der siebziger und achtziger Jahre des 19. Jahrhunderts, besonders aus dem Buch von Constantin Bulle, »Geschichte der neuesten Zeit. 1815–1885«, 2., umgearb. Aufl., Bd. 4: Von 1871–1885, Berlin 1888 (siehe vorl. Band, S. 126–149).

Die Handschrift des unvollendeten Kapitels IV, der Entwurf des Vorworts und einige wenige chronologische Auszüge wurden zum erstenmal von Eduard Bernstein anläßlich der 25jährigen Wiederkehr der Reichsgründung von 1871 veröffentlicht in »Die Neue Zeit« (Stuttgart), XIV. Jahrgang 1895–96, Erster Band, S. 676–687, 708–718, 740–747, 772–781 und 810–818.

Bernstein arbeitete bei der Herausgabe nicht an Hand einer Kopie der Handschrift, sondern mit dieser selbst. Er zerschnitt sie, gliederte sie in einzelne Abschnitte auf, erfand dazu willkürliche Zwischentitel, setzte Anmerkungen ein und machte Einfügungen in Engels' Text, die über eine bloße Redaktion hinausgingen. Den Verlust eines Teils der Originalhandschrift hat offensichtlich Bernstein verschuldet. Seine Arbeit bei der Vorbereitung des Manuskripts für den Druck ist ein bezeichnendes Beispiel dafür, wie verantwortungslos die rechten Sozialdemokraten mit dem handschriftlichen Nachlaß von Engels umgegangen sind.

Die Bernsteinsche Textedition bildete die Grundlage für die Übersetzungen der Arbeit ins Französische (1896), Russische (1898) und Italienische (1899). Bei der Herausgabe der ersten russischen Ausgabe der Werke von Marx und Engels wurde erstmals wieder auf Engels' Handschrift zurückgegriffen (Band XVI, Teil 1, Moskau 1937). In ihr wurden nicht nur alle Bernsteinschen Änderungen beseitigt, sondern auch der Titel in Übereinstimmung mit der Engelsschen Formulierung gebracht.

Die vorliegende Ausgabe faßt erstmalig alle von Engels für den deutschen Separatabdruck vorbereiteten Materialien zusammen. Ein Teil dieser Materialien wird zum erstenmal in der Originalsprache veröffentlicht. 5 9

2 Gemeint sind die Kapitel II–IV des »Zweiten Abschnitts: Politische Ökonomie« (siehe vorl. Band, S. 11–43). 7

3 Eugen Dühring, »Cursus der Philosophie als streng wissenschaft-

licher Weltanschauung und Lebensgestaltung«, Leipzig 1875, S. 538.

Alle Hervorhebungen in den Zitaten aus Dührings Schriften stammen von Engels. 11

4 Eugen Dühring, »Cursus der National- und Socialökonomie einschliesslich der Hauptpunkte der Finanzpolitik«, 2., theilw. umgearb. Aufl., Leipzig 1876, S. 230/231. 11

5 Gemeint sind Eugen Dührings Schriften »Kritische Geschichte der Nationalökonomie und des Socialismus«, 2., theilw. umgearb. Aufl., Berlin 1875, »Cursus der Philosophie als streng wissenschaftlicher Weltanschauung und Lebensgestaltung«, Leipzig 1875, und »Cursus der National- und Socialökonomie einschliesslich der Hauptpunkte der Finanzpolitik«, 2., theilw. umgearb. Aufl., Leipzig 1876. 11

6 Gemeint sind Augustin Thierry, François-Pierre-Guillaume Guizot, François-Auguste-Marie Mignet und Louis-Adolphe Thiers. 12

7 Eugen Dühring, »Cursus der National- und Socialökonomie ...«, S. 9. 12

8 Siehe ebenda, S. 23. 13

9 Diese Zahlen entnahm Engels wahrscheinlich dem Werk des Historikers Wilhelm Wachsmuth, »Hellenische Alterthumskunde aus dem Gesichtspunkte des Staates«, Th. 2, Abth. 1, Halle 1829, S. 44. Quelle der Angaben über die Zahl der Sklaven in Korinth und Aegina zur Zeit der Perserkriege (500–449 v. u. Z.) ist die Schrift des griechischen Schriftstellers Athenaios aus Naukratis, »Deipnosophistai«, lib. VI. 14

10 Eugen Dühring, »Cursus der National- und Socialökonomie ...«, S. 5. 14

11 Siehe Georg Hanssen, »Die Gehöferschaften (Erbgenossenschaften) im Regierungsbezirk Trier«, Berlin 1863. 15

12 Siehe Karl Marx, »Das Kapital. Erster Band« (MEW, Bd. 23, S. 609/610).

Engels zitiert nach der 2. deutschen Ausgabe von 1872. 17

13 Nach der Niederlage im Deutsch-Französischen Krieg 1870/71 (siehe Anm. 18) mußte Frankreich fünf Milliarden Francs als Kriegsentschädigung an Deutschland zahlen. 22 138

14 Eugen Dühring, »Cursus der Philosophie ...«, S. 43. 22

15 An Stelle der folgenden sechs Absätze enthielt das Manuskript ursprünglich eine ausführlichere Variante, die jedoch von Engels

aus dem Manuskript herausgenommen, mit der Überschrift »Taktik der Infanterie aus den materiellen Ursachen abgeleitet. 1700–1870« versehen und als besonderer Aufsatz aufbewahrt wurde (siehe vorl. Band, S. 152–159). 22

16 *Landwehr* – 1813 in Preußen als selbständige milizartige Form im Kampf gegen die Truppen Napoleons entstanden. Sie erfaßte die militärpflichtigen älteren Jahrgänge, die ihren Dienst im stehenden Heer und in seiner Reserve abgeleistet hatten. Die Landwehrordnung von 1815 teilte die Landwehr in zwei Aufgebote. Das erste umfaßte alle aus dem Heer entlassenen Leute vom 26. bis zum 32. Lebensjahr und diente neben dem stehenden Heer zur Bildung der Feldarmee, das zweite die Leute vom 32. bis 40. Lebensjahr als Festungsbesatzung. Nach den preußischen Gesetzen war die Einberufung der Landwehr nur im Falle eines Krieges möglich. 25 61 158

17 Gemeint ist der Preußisch-Österreichische Krieg 1866. Er entschied den langjährigen Kampf um die Vorherrschaft in Deutschland und war mit ausschlaggebend für die spätere Einigung Deutschlands unter der Hegemonie Preußens. Auf seiten Österreichs nahmen u. a. Sachsen, Hannover, Bayern, Baden, Württemberg, Kurhessen und Hessen-Darmstadt teil, auf seiten Preußens kämpften u. a. Mecklenburg, Oldenburg und drei Hansestädte. Da sich Preußen mit Italien im Bunde befand, war Österreich gezwungen, einen Zweifrontenkrieg zu führen. 25 74

18 Der *Deutsch-Französische Krieg* 1870/71 wurde durch die feindselige Haltung des bonapartistischen Frankreich gegen die Herausbildung eines deutschen Nationalstaates ausgelöst. Bis zur Schlacht bei Sedan (siehe Anm. 115) trug der Krieg deutscherseits im wesentlichen Verteidigungscharakter; nach der Proklamierung der Dritten Französischen Republik war er jedoch ein offener Aggressionskrieg und verwandelte sich in einen Raubkrieg zur Ausplünderung Frankreichs. 25 68 158

19 In der *Schlacht bei St-Privat* am 18. August 1870 siegten unter großen Verlusten die preußischen Truppen über die französische Rheinarmee. In der Geschichtsliteratur ist diese Schlacht auch als Schlacht bei Gravelotte bekannt. 25 158

20 Max Jähns' Vortrag »Macchiavelli und der Gedanke der allgemeinen Wehrpflicht« veröffentlichte die »Kölnische Zeitung« in den Nrn. 108, 110, 112 und 115 vom 18., 20., 22. und 25. April 1876.

»Kölnische Zeitung« – Tageszeitung, gegründet im 17. Jahrhundert, erschien unter diesem Titel von 1802 bis 1945; Organ der rheinischen Großbourgeoisie und der nationalliberalen Partei; in den siebziger Jahren Sprachrohr Bismarcks. 28 85

21 Der *Krimkrieg,* der von 1853 bis 1856 zwischen Rußland und der von England, Frankreich und Sardinien unterstützten Türkei geführt wurde, entstand aus dem Zusammenstoß der unterschiedlichen ökonomischen und politischen Interessen dieser Länder im Nahen Osten. Österreich unterstützte das antirussische Bündnis, während Preußen neutral blieb. 28 51

22 Den in runde Klammern eingeschlossenen letzten Satz der Anmerkung fügte Engels 1885 der dritten Ausgabe des »Anti-Dühring« hinzu. 31

23 Eugen Dühring, »Cursus der National- und Socialökonomie...«, S. 18/19. 31

24 *»natürliche Dialektik«* – so nannte Dühring seine »Dialektik« im Gegensatz zur Hegelschen Dialektik, um sich »ausdrücklich von jeglicher Gemeinschaft mit den wirren Erscheinungen des verkommenen Teils der deutschen Philosophie loszusagen«, d. h. von der »unnatürlichen« Dialektik Hegels (siehe Dührings Buch »Natürliche Dialektik. Neue logische Grundlegungen der Wissenschaft und Philosophie«, Berlin 1865). 32

25 Eugen Dühring, »Cursus der Philosophie...«, S. 537. 33

26 Die Schriften des Juristen und Historikers Georg Ludwig von Maurer über die mittelalterliche Ordnung der Dorf- und Stadtgemeinde und über die ökonomische und soziale Rolle der Mark umfassen zwölf Bände. Es sind dies: »Einleitung zur Geschichte der Mark-, Hof-, Dorf- und Stadt-Verfassung und der öffentlichen Gewalt«, München 1854, »Geschichte der Markenverfassung in Deutschland«, Erlangen 1856, »Geschichte der Fronhöfe, der Bauernhöfe und der Hofverfassung in Deutschland«, Bd. 1–4, Erlangen 1862/1863, »Geschichte der Dorfverfassung in Deutschland«, Bd. 1 u. 2, Erlangen 1865/1866, und »Geschichte der Städteverfassung in Deutschland«, Bd. 1–4, Erlangen 1869–1871. 33

27 Eugen Dühring, »Cursus der Philosophie...«, S. 43. 33

28 Gaius Plinius Secundus, »Naturalis historia«, lib. XVIII, 35. 34

29 Eugen Dühring, »Cursus der National- und Socialökonomie...«, S. 19. 35

30 *herrliches Kriegsheer* – eine Phrase aus der Neujahrsbotschaft

Friedrich Wilhelms IV. an das preußische Heer vom 1. Januar 1849 (»Preußischer Staats-Anzeiger«, Nr. 3 vom 3. Januar 1849). 42

31 Siehe Karl Marx, »Das Kapital. Erster Band« (MEW, Bd. 23, S. 779). 43

32 Der *Dreißigjährige Krieg* (1618–1648) war ein gesamteuropäischer Krieg, der mit einem Aufstand in Böhmen gegen das Joch der Habsburger Monarchie und dem Vormarsch der katholischen Reaktion begann. Er verwandelte sich in einen Krieg zwischen dem feudalkatholischen Lager (dem Papst, den spanischen und österreichischen Habsburgern, den katholischen Fürsten in Deutschland) und den protestantischen Ländern (Böhmen, Dänemark, Schweden, dem bürgerlichen Holland und einer Reihe deutscher Staaten, die die Reformation übernommen hatten), die von den französischen Königen, den Rivalen der Habsburger, Unterstützung erhielten. Deutschland wurde zum Hauptschauplatz dieses Kampfes, zum Objekt der Ausplünderung und räuberischer Ansprüche der am Kriege Beteiligten. Der Krieg, der in seinem ersten Stadium den Charakter des Widerstandes gegen die reaktionären Kräfte des feudalabsolutistischen Europas trug, führte, besonders seit 1635, zu einer Reihe von Invasionen der miteinander rivalisierenden ausländischen Eroberer in das deutsche Gebiet. Der Krieg endete 1648 mit dem Abschluß des Westfälischen Friedens, der die politische Zersplitterung Deutschlands verankerte. 43 49 87

33 Der *Wiener Kongreß* (18. September 1814 – 9. Juni 1815) vereinigte die Sieger über Napoleon I. Auf dem Kongreß veränderten Österreich, England und das zaristische Rußland die Karte Europas, um entgegen den Interessen der nationalen Wiedervereinigung und der Unabhängigkeit der Völker die Monarchien zu restaurieren. Die Zersplitterung Deutschlands blieb erhalten. Neben Österreich und Preußen erhielten auch viele kleine Staaten neue Gebiete oder behielten die von Napoleon verliehenen; z. B. erhielt Bayern für Gebietsabtretungen an Österreich und Preußen die linksrheinische Pfalz, Würzburg, Teile des Großherzogtums Frankfurt u. a. 44

34 Auf Befehl Nikolaus I., den die revolutionäre Bewegung in Europa in Schrecken versetzt hatte, unterstützte die russische Armee die österreichische Regierung und marschierte im Mai 1849 in Ungarn ein. Damit war das Schicksal der ungarischen

Revolution entschieden, und die Konterrevolution in den europäischen Ländern konsolidierte sich. 45

35 Auf der Warschauer Konferenz im Oktober 1850 wandte sich Nikolaus I. als Schiedsrichter zwischen Österreich und Preußen gegen die Versuche, eine Vereinigung deutscher Staaten unter preußischer Vorherrschaft zu schaffen. Nach dem Konflikt in Kurhessen (siehe Anm. 86) wurde am 29. November 1850 in Olmütz (Olomouc) ein Abkommen unterzeichnet, wonach Preußen auf seine Pläne zur Einigung Deutschlands verzichten und in den von Österreich wiederhergestellten Deutschen Bund (siehe Anm. 37) eintreten mußte. 45

36 Am 8. Mai 1852 wurde über die Erbfolge der dänischen Monarchie von den Vertretern Rußlands, Österreichs, Englands, Frankreichs, Preußens sowie von Schweden und Dänemark in London ein Vertrag unterzeichnet. Dem Vertrag lag ein am 2. August 1850 von denselben Teilnehmern der Londoner Konferenz (außer Preußen) angenommenes Protokoll zugrunde, das sich eindeutig für das Prinzip der Unteilbarkeit der Besitzungen der dänischen Krone einschließlich der Herzogtümer Schleswig und Holstein aussprach.

Mit Friedrich VII. von Dänemark erlosch die bisherige regierende Linie. Während die dänische Erbfolge auch weibliche Mitglieder zuließ, galt in Schleswig nur die männliche Thronfolge. Der Herzog von Augustenburg, der nach altem Erbrecht Anspruch auf die Herzogtümer hatte, wurde veranlaßt, seinen Verzicht auszusprechen. Prätendent auf den dänischen Thron war auch der Zar als Nachkomme des Herzogs von Holstein-Gottorp, Karl Peter Ulrich, der in Rußland unter dem Namen Peter III. geherrscht hatte. Dieser verzichtete jedoch auf seine Rechte zugunsten des Prinzen Christian von Schleswig-Holstein-Sonderburg-Glücksburg, der seit 1842 mit der Prinzessin Luise, der Erbin Dänemarks, verheiratet war. Die Konferenz erklärte ihn für den Nachfolger Friedrichs VII. (»Protokollprinz«). 45

37 Der *Deutsche Bund,* der durch die am 8. Juni 1815 auf dem Wiener Kongreß (siehe Anm. 33) unterzeichnete Bundesakte geschaffen wurde, umfaßte zunächst 35, zuletzt 28 Fürstentümer und vier Freie Städte. Er bewahrte die feudale Zersplitterung Deutschlands und verhinderte die Bildung einer Zentralregierung. Die Bundesversammlung der bevollmächtigten Gesandten bildete den *Bundestag,* der unter dem ständigen Vorsitz Öster-

reichs in Frankfurt (Main) tagte und zu einem Bollwerk der Reaktion wurde. Im Kampf gegen die demokratische Einigung Deutschlands versuchten reaktionäre Kräfte nach der Märzrevolution 1848, die Tätigkeit des Bundestages zu aktivieren. Der Deutsche Bund zerfiel während des Preußisch-Österreichischen Krieges 1866 (siehe Anm. 17) und wurde 1867 durch den Norddeutschen Bund (siehe Anm. 98) ersetzt. 45 73

38 Als das *»tolle Jahr«* wurde ursprünglich in der 1739 erschienenen Chronik von Johann Heinrich von Falckenstein »Civitatis Erffurtensis historia critica et diplomatica« das Jahr 1509 bezeichnet, als in der Stadt Erfurt zahlreiche Aufstände der Bevölkerung stattfanden. 1833 erschien von Ludwig Bechstein das Buch »Das tolle Jahr«, in dem ebenfalls die Ereignisse von 1509 in Erfurt beschrieben werden. Später wandte die bürgerliche Geschichtsschreibung diesen Ausdruck weitgehend auf das Jahr 1848 an. 45

39 Die *Heimatgesetzgebung* verbürgte das Recht der Staatsbürger auf ständigen Wohnsitz an einem bestimmten Ort sowie das Recht verarmter Familien auf materielle Unterstützung durch die Gemeinde, der sie angehörten. 46

40 *preußischer Taler* – eine Geldeinheit, die 1750 in Preußen und in der ersten Hälfte des 19. Jahrhunderts auch in den norddeutschen und einigen anderen Staaten eingeführt wurde und bis zum Münzgesetz 1857 gültig war. Die Einteilung des preußischen Talers in Silbergroschen, Kreuzer und Pfennige war in den verschiedenen deutschen Staaten unterschiedlich.

Taler Gold – Geldeinheit der Freien Stadt Bremen, die im Unterschied zu allen anderen Währungssystemen in Deutschland bis 1872 den Goldstandard bewahrt hatte; er entsprach etwa 3,11 Goldmark.

Taler »Neue Zweidrittel« – Silbermünze, die in Hannover, Mecklenburg, Preußen und anderen norddeutschen Staaten gültig war. Sie entsprach etwa 2,34 Goldmark.

Mark Banco – Hamburger Bankwährung für Rechnung im Großhandel, die lange Zeit auch als internationale Rechnungseinheit galt.

Mark Kurant – Silbermünze; seit dem 17. Jahrhundert wurde so das Silbergeld bis zu 0,5 Mark gegenüber den Goldmünzen, den kleinen Scheidemünzen und dem Papiergeld bezeichnet.

Zwanzigguldenfuß – eine Währung, nach der die preußische Mark Feinsilber zu 20 Gulden oder $13^1/_3$ Taler ausgeprägt wurde;

er wurde 1748 in Österreich und wenig später in Bayern, im Kurfürstentum Sachsen und in verschiedenen west- und süddeutschen Staaten eingeführt. In Österreich galt diese Währung bis 1857.

Vierundzwanzigguldenfuß – eine Währung, nach der die preußische Mark Feinsilber zu 24 Gulden ausgeprägt wurde; er wurde 1776 in Bayern, Baden, Württemberg und anderen süddeutschen Staaten eingeführt. 47

41 Das *Wartburgfest* wurde am 18. Oktober 1817 aus Anlaß des 300. Jahrestages der Reformation und des 4. Jahrestages der Schlacht bei Leipzig von den Burschenschaften – deutschen Studentenorganisationen, die unter dem Einfluß des Befreiungskrieges gegen Napoleon entstanden waren und für die Einigung Deutschlands eintraten – veranstaltet. Das Fest wurde zu einer Demonstration der oppositionellen Studentenschaft gegen das Metternich-Regime und für die Einheit Deutschlands. 48

42 Aus dem Lied »Jugend-Muth und -Kraft« von E. Hinkel. 48

43 *Hambacher Fest* – politische Demonstration von Vertretern der süddeutschen Liberalen und radikalen Bourgeoisie auf dem Schloß Hambach in der bayrischen Pfalz am 27. Mai 1832. Die Versammelten, die für bürgerliche Freiheiten und für konstitutionelle Umgestaltungen eintraten, riefen zur Einheit aller Deutschen im Kampf gegen die Fürsten auf. 48

44 *hohenstaufisches Kaisertum* – das 962 gegründete Heilige Römische Reich Deutscher Nation; unter der Dynastie der Hohenstaufen (1138–1254) gehörten zu diesem Reich, das eine lose Vereinigung feudaler Fürstentümer und Freier Städte darstellte, Deutschland und eine Reihe anderer Länder Mitteleuropas, ein Teil Italiens sowie einige den Slawen von den deutschen Feudalherren entrissene Gebiete in Osteuropa (siehe auch Anm. 64). 48

45 Ernst Moritz Arndt, »Des Deutschen Vaterland«. 49

46 Strophe des »Liedes der Deutschen« (»Deutschland, Deutschland über alles ...«), das Hoffmann von Fallersleben, besorgt über die Zersplitterung Deutschlands, 1841 schuf. Später wurde es als Nationalhymmne eines chauvinistischen Deutschlands mißbraucht. 49

47 *Westfälischer Friede* – gemeint sind die Friedensschlüsse von Münster und Osnabrück 1648, die den Dreißigjährigen Krieg (siehe Anm. 32) beendeten. 49

48 Der *Teschener Friede*, der am 13. Mai 1779 zwischen Österreich

einerseits und Preußen und Sachsen andererseits geschlossen wurde, beendete den Bayrischen Erbfolgekrieg von 1778/1779. Laut Friedensvertrag erhielten Preußen und Österreich einige bayrische Gebietsteile; Sachsen wurde durch Geld entschädigt. Rußland, der Initiator dieses Vertrages, trat anfangs als Vermittler zwischen den kriegführenden Parteien auf und wurde nach Abschluß des Vertrages zusammen mit Frankreich zum Vertragsgaranten erklärt, wodurch es faktisch das Recht auf Einmischung in die Angelegenheiten der deutschen Staaten erlangte. 49

49 Im Österreichischen Erbfolgekrieg (1740–1748) erhoben eine Reihe europäischer Feudalstaaten, in erster Linie Preußen, Anspruch auf habsburgische Länder, die nach dem Tode Karls VI., der keine männlichen Erben hinterließ, seiner Tochter Maria Theresia zufielen. Im Dezember 1740 fiel Friedrich II. von Preußen in das zu Österreich gehörende Schlesien ein (1. Schlesischer Krieg 1740–1742) und eroberte es. Frankreich und Bayern übten zunächst wohlwollende Neutralität gegenüber Preußen, später schlossen sie sich offen an. England, das bestrebt war, Frankreich als seinen Handelskonkurrenten zu schwächen, trat auf die Seite Österreichs. Österreich wurde außerdem von Sardinien, Holland und Rußland militärisch und diplomatisch unterstützt. Im 2. Schlesischen Krieg (1744/1745) konnte Friedrich II. Schlesien behaupten; im Frieden von Aachen 1748 wurde es Preußen zuerkannt. 49 59

50 Im Oktober 1801 kam es zwischen Frankreich und Rußland zu einer geheimen Abmachung, die unter dem Vorwand der Entschädigung derjenigen deutschen Staaten, deren Besitzungen auf dem linken Rheinufer Frankreich im Ergebnis seiner Kriege gegen die erste und zweite Koalition (siehe Anm. 57 und 60) in Besitz genommen hatte, die territorialen Fragen im Rheinland im Interesse Frankreichs regeln sollte. Durch die Verwirklichung dieser Abmachung hörten 112 deutsche Staaten (darunter fast alle geistlichen Besitztümer und Reichsstädte) auf zu bestehen; ihre Besitzungen fielen zum großen Teil den von Frankreich völlig abhängigen Staaten Bayern, Württemberg und Baden sowie Preußen zu.

Formal wurden diese Maßnahmen in Übereinstimmung mit dem Beschluß der sogenannten Reichsdeputation durchgeführt. Sie war vom *Regensburger Reichstag,* dem höchsten Organ des

Heiligen Römischen Reiches Deutscher Nation (siehe Anm. 44), der seit 1663 seinen ständigen Sitz in Regensburg hatte, im Oktober 1801 gewählt worden. Nach langen Beratungen und unter dem Druck der Vertreter Frankreichs und Rußlands erfolgte am 25. Februar 1803 die Annahme des *Reichsdeputationshauptschlusses.* 49

51 *»Mehrer des Reichs«* – aus dem offiziellen Titel der deutschen Kaiser bis 1806 (siehe Anm. 64): »von Gottes Gnaden Römischer Kaiser zu allen Zeiten Mehrer des Reichs«. 52

52 Am 3. März 1859 wurde in Paris zwischen Rußland und Frankreich ein Geheimvertrag abgeschlossen, der sich gegen Österreich richtete. Nach diesem Vertrag verpflichtete sich Rußland, Frankreich gegenüber im Falle eines Krieges zwischen Frankreich und Sardinien einerseits und Österreich andererseits wohlwollende Neutralität zu wahren. Frankreich versprach dafür, die Revision jener Artikel des Pariser Friedensvertrages von 1856 (siehe Anm. 58) auf die Tagesordnung zu setzen, die die Souveränität Rußlands im Schwarzen Meer einschränkten. 52

53 *2. Dezember 1851* – durch einen konterrevolutionären Staatsstreich erwirkte Louis-Napoléon eine Verlängerung seiner Präsidentschaft um 10 Jahre und eine Erweiterung seiner Vollmachten. 52

54 Die Karbonari (Köhler) bildeten eine geheime politische Gesellschaft, die Anfang des 19. Jahrhunderts in Italien existierte. Sie vereinten in ihren Reihen Vertreter der städtischen Bourgeoisie, des sich verbürgerlichenden Adels, der Offizierskreise, des Kleinbürgertums und der Bauernschaft, traten für die nationale Einheit und Unabhängigkeit Italiens und freisinnige Staatsreformen ein. 52

55 Louis-Napoléon trat 1848, während seines Aufenthaltes in England, freiwillig in die Reihen der *Spezial-Konstabler* (Polizeireserve aus Zivilpersonen) ein und nahm am 10. April 1848 an deren Einsatz gegen eine von den Chartisten organisierte Arbeiterdemonstration teil. 52

56 Das *»Nationalitätsprinzip«* wurde von den herrschenden Kreisen des Zweiten Kaiserreichs aufgestellt, die damit ihre Eroberungspläne und außenpolitischen Abenteuer zu rechtfertigen suchten. Napoleon III., der sich heuchlerisch als »Schutzherr der Nationalitäten« aufspielte, spekulierte mit den nationalen Interessen der unterdrückten Völker, um die Hegemonie Frankreichs zu festigen

und dessen Grenzen auszudehnen. Das »Nationalitätsprinzip«, das mit der Anerkennung des Rechtes der Nationen auf Selbstbestimmung nichts gemein hatte, sollte in Wirklichkeit nationalen Hader entfachen und die nationale Bewegung, insbesondere die Bewegung der kleinen Völker, in ein Werkzeug der konterrevolutionären Politik der rivalisierenden Großmächte verwandeln. 52

57 *Grenzen von 1801* – die Grenzen, die durch den am 9. Februar 1801 zwischen Frankreich und Österreich geschlossenen Frieden von Lunéville fixiert wurden. Österreich hatte mit England, Rußland, Portugal, Neapel und der Türkei in der zweiten Koalition gegen die Französische Republik (1799–1802) gekämpft. Der Friedensvertrag bestätigte die durch die Kriege gegen die erste und zweite Koalition erfolgte Erweiterung der französischen Grenzen sowie die Angliederung des linken Rheinufers, Belgiens und Luxemburgs an Frankreich. Der Frieden sanktionierte ferner die französische Herrschaft über die in den Jahren 1795 bis 1798 geschaffenen Staaten (die Batavische, Helvetische, Ligurische und Cisalpinische Republik). 53

58 *Pariser Friedenskongreß* – am 30. März 1856 wurde auf dem Pariser Kongreß von Vertretern Frankreichs, Englands, Österreichs, Sardiniens, Preußens und der Türkei einerseits und Rußlands andererseits der Friedensvertrag unterzeichnet, der den Krimkrieg (siehe Anm. 21) zum Abschluß brachte. Rußland, das den Krieg verloren hatte, mußte die Donaumündung und einen Teil Südbessarabiens abtreten, auf das Protektorat über die Donaufürstentümer und auf die Schutzherrschaft über die christlichen Untertanen der Türkei verzichten sowie der Neutralisierung des Schwarzen Meeres zustimmen (d. h., das Schwarze Meer wurde den Handelsschiffen aller Nationen geöffnet, seine Gewässer und Häfen für alle Kriegsschiffe mit Ausnahme von je 10 kleinen Kriegsschiffen für Rußland und die Türkei gesperrt); Rußland erhielt Sewastopol und andere von den Alliierten besetzte Städte zurück gegen die Rückgabe von Kars an die Türkei. 53

59 Den Krieg Frankreichs und des Königreichs Sardinien (Piemont) gegen Österreich entfesselte Napoleon III., der bestrebt war, unter dem Vorwand der Befreiung Italiens (in dem Manifest über den Krieg versprach Napoleon III. Italien demagogisch, es »frei bis zur Adria« zu machen) italienische Territorien an sich zu reißen

und mittels außenpolitischer Abenteuer das bonapartistische Regime in Frankreich zu festigen. Die italienische Großbourgeoisie und der liberale Adel hofften, durch einen Krieg die Einigung Italiens unter Führung der in Piemont herrschenden Dynastie Savoyen verwirklichen zu können. Der Krieg brach am 29. April 1859 aus. Erschreckt über das Ausmaß der nationalen Befreiungsbewegung in Italien und bestrebt, die politische Zersplitterung Italiens aufrechtzuerhalten, schloß Napoleon III. nach der entscheidenden Schlacht bei Solferino (24. Juli 1859), in der die österreichische Armee geschlagen wurde, in Villafranca am 11. Juli hinter dem Rücken von Sardinien einen Separatfrieden mit Österreich. Hiernach blieb Venetien weiter unter österreichischer Herrschaft, Frankreich erhielt die Lombardei, die es später gegen Savoyen und Nizza eintauschte. Die Bedingungen des Friedens von Villafranca lagen dem endgültigen Friedensvertrag zugrunde, der am 10. November 1859 in Zürich unterzeichnet wurde. 54

60 *Baseler Frieden 1795* – Separatfrieden, der am 5. April 1795 zwischen Frankreich und Preußen geschlossen wurde. Preußen gehörte mit Österreich, England, Spanien, Portugal und anderen Staaten zur ersten konterrevolutionären europäischen Koalition (1792–1797), deren Angriffe durch die Truppen der Französischen Republik abgewehrt werden konnten. 54 88

61 Als *»Politik der freien Hand«* bezeichnete der preußische Außenminister Alexander von Schleinitz 1859 die Außenpolitik Preußens im Krieg Frankreichs und Piemonts gegen Österreich. Diese Politik sollte darin bestehen, sich keiner der kämpfenden Parteien anzuschließen, aber auch keine Neutralität zu erklären. 54

62 *Crédit mobilier* (Société générale de crédit mobilier) – eine französische Aktienbank, die von den Brüdern Péreire gegründet und durch Dekret vom 18. November 1852 gesetzlich anerkannt wurde. Ihre größte Einnahmequelle war die Börsenspekulation mit Wertpapieren der von ihr gegründeten Aktiengesellschaften. Die Bank war eng liiert mit der Regierung Napoleons III. und genoß deren Schutz. Nach ihrem Vorbild wurden ähnliche Institutionen auch in einer Reihe anderer Länder geschaffen. Die Bank machte 1867 Bankrott und wurde 1871 liquidiert. 55

63 *Rheinbund* – eine Vereinigung der Staaten Süd- und Westdeutschlands, die im Juli 1806 unter dem Protektorat Napoleons I.

ins Leben gerufen wurde. Die Bildung eines solchen politisch-militärischen Blocks in Deutschland gelang Napoleon infolge seines Sieges über Österreich im Jahre 1805. Dem Bund gehörten erst 16 und später alle deutschen Staaten außer Preußen und Österreich an. Die Mitglieder des Rheinbundes waren faktisch Vasallen des napoleonischen Frankreich. Der Bund zerfiel 1813 nach den Niederlagen der napoleonischen Armee in Deutschland. 55

64 Nach der Zerschlagung Österreichs durch das napoleonische Frankreich im Juli 1805 und der Bildung des Rheinbundes der deutschen Staaten, die ihre Loslösung vom Deutschen Reich erklärten, verzichtete der österreichische Kaiser Franz I. im August 1806 auf die deutsche Kaiserkrone; das Heilige Römische Reich Deutscher Nation (siehe Anm. 44) hörte damit auf zu existieren. 57

65 Die Garnisonen der vor allem nahe der französischen Grenze liegenden Festungen des Deutschen Bundes (siehe Anm. 37) wurden von Truppen der größeren Staaten des Bundes, vorwiegend von österreichischen und preußischen Soldaten, gebildet. 57

66 *nachmärzliche Regierung* – die reaktionäre Regierung des Fürsten Schwarzenberg, die im November 1848, nach der Niederlage der durch den Wiener Volksaufstand vom 13. März 1848 (siehe Anm. 78) eingeleiteten bürgerlich-demokratischen Revolution, gebildet wurde. 58

67 Im August 1863 wurde auf Betreiben des österreichischen Kaisers Franz Joseph in Frankfurt (Main) ein Kongreß der deutschen Fürsten einberufen, auf dem das österreichische Bundesreformprojekt, das auf die faktische Hegemonie Österreichs hinzielte, beraten werden sollte. Wilhelm I. lehnte die Teilnahme am Fürstentag ab. Da auch noch einige kleinere Staaten Österreich die volle Unterstützung versagten, brachte der Fürstentag keinerlei Ergebnisse. 58

68 Als *»Realpolitik«* bezeichneten Zeitgenossen die Politik Bismarcks, worunter vor allem seine berechnende Politik verstanden wurde. 58

69 Am 5. August 1796 wurde in Berlin ein Geheimvertrag zwischen Preußen und der Französischen Republik abgeschlossen, in dem der König von Preußen gegen territoriale Entschädigung Frankreich das Recht auf die von französischen Truppen besetzten

linksrheinischen Gebiete zugestand, deren größter Teil früher den reichsdeutschen Fürstenbistümern angehört hatte. Bei der Regelung der territorialen Fragen durch die auf Geheiß Napoleons handelnde Reichsdeputation (siehe Anm. 50) erhielt Preußen als Entschädigung das säkularisierte Bistum Münster und einige andere Besitzungen in Westdeutschland. 59

70 An der 1805 gebildeten dritten antifranzösischen Koalition beteiligten sich England, Österreich, Rußland, Schweden und Neapel. Preußen hatte seine Neutralität erklärt und verweigerte daher die Teilnahme an der Koalition. Im November 1805 schloß es in Potsdam ein Abkommen mit Rußland, in dem es sich verpflichtete, gegen Napoleon vorzugehen, falls seine Versuche zur Vermittlung zwischen Frankreich und der dritten Koalition zurückgewiesen würden. Am 15. Dezember 1805 schloß jedoch Preußen ein Abkommen mit Frankreich, durch das Preußen im Austausch gegen kleinere territoriale Abtretungen am Rhein und an anderen Stellen in den Besitz des Kurfürstentums Hannover gelangte. Als Napoleon nach seinem Sieg über die dritte Koalition die Vorherrschaft Frankreichs in West- und Süddeutschland errichtet hatte, sah sich Preußen doch gezwungen, im September 1806 auf der Seite der vierten Koalition (England, Rußland, Preußen, Schweden) in den Krieg gegen das napoleonische Frankreich einzutreten. Am 14. Oktober 1806 wurde die preußische Armee in der Doppelschlacht bei Jena und Auerstedt vernichtend geschlagen. 59 157

71 *Zollverein* – eine wirtschaftspolitische Vereinigung deutscher Einzelstaaten unter preußischer Vorherrschaft zur Beseitigung der Binnenzölle und zur gemeinsamen Regelung der Grenzzölle. Bei seiner Gründung am 1. Januar 1834 umfaßte er 18 deutsche Staaten mit einer Bevölkerung von über 23 Millionen. Bis 1866 traten ihm alle deutschen Staaten, ausgenommen Österreich, die freien Hansestädte Lübeck, Hamburg und Bremen, Liechtenstein, Mecklenburg-Strelitz sowie Schleswig-Holstein, bei. Der im Interesse eines gesamtdeutschen Marktes geschaffene Zollverein trug wesentlich zu der 1871 vollzogenen politischen Einigung Deutschlands bei. 60

72 *»Rheinische Zeitung für Politik, Handel und Gewerbe«* (Köln) – Tageszeitung, erschien vom 1. Januar 1842 bis zum 31. März 1843; gegründet mit Unterstützung der rheinischen liberalen Bourgeoisie, wurde ein Sprachrohr der Junghegelianer, vertrat unter Marx'

Redaktion immer zielstrebiger revolutionär-demokratische Ansichten und entwickelte sich zum bedeutendsten oppositionellen Blatt Deutschlands; ab 1. April 1843 von der preußischen Regierung verboten. 60

73 *Einjährige* – seit 1814 bestand in Preußen für junge Leute mit höherer Schulbildung die Möglichkeit, ihrer Verpflichtung zum Wehrdienst als Einjährig-Freiwilliger nachzukommen. Für sie bestand freie Wahl der Waffengattung und des Truppenteils, sie mußten sich jedoch während ihrer Dienstzeit selbst bekleiden, ausrüsten und verpflegen. Nach einjähriger Dienstzeit wurden sie als Gefreite, Unteroffiziere oder Offiziere der Reserve bzw. Landwehr (siehe Anm. 16) entlassen. 61

74 *Kulturkampf* – eine von bürgerlichen Liberalen (siehe Anm. 134) stammende, weitverbreitete Bezeichnung für die von der Regierung Bismarck in den siebziger Jahren des 19. Jahrhunderts getroffenen Maßnahmen, die unter der Losung des Kampfes für eine weltliche Kultur durchgeführt wurden. Diese Maßnahmen richteten sich gegen die katholische Kirche und die Zentrumspartei (siehe Anm. 146), die die separatistischen und antipreußischen Tendenzen der Gutsbesitzer, der Bourgeoisie und teilweise auch der Bauernschaft in allen katholischen Gebieten Preußens und den südwestdeutschen Staaten unterstützten. Den Kampf gegen den Katholizismus benutzte die Regierung Bismarck als Vorwand, um auch die nationale Unterdrückung in den unter preußische Herrschaft geratenen polnischen Gebieten zu verstärken. Gleichzeitig sollte diese Politik durch Entfesselung der religiösen Leidenschaften die Arbeiter vom Klassenkampf abhalten. Ende der siebziger bis Mitte der achtziger Jahre hob Bismarck angesichts des Wachstums der Arbeiterbewegung den überwiegenden Teil dieser Maßnahmen auf, um die reaktionären Kräfte fester zusammenzuschließen. 61 124 130

75 *Kantönli-Liberale* – gemeint sind jene Liberalen, die die Umwandlung Deutschlands in einen Bundesstaat forderten, wie er ähnlich in der in autonome Kantone aufgeteilten Schweiz bestand. 62

76 Das *Lied vom Bürgermeister Tschech* entstand 1844. Tschech, der bis 1841 Bürgermeister in Storkow gewesen war, hatte am 26. Juli 1844 auf Friedrich Wilhelm IV. zwei Schüsse abgegeben, die aber ihr Ziel verfehlt hatten.

Das *Lied von der Freifrau von Droste-Vischering* entstand 1845 als eine Parodie auf den »heiligen Rock« in Trier, zu dem in jenen Jahren Wallfahrten durchgeführt wurden. 62

77 *Februarrevolution* (22.–25. Februar 1848) – in einem bewaffneten Aufstand stürzten die Pariser Arbeiter, Handwerker und Studenten die bürgerlich-konstitutionelle Monarchie Louis-Philippes und erzwangen die Proklamierung der Französischen Republik. 62

78 *Wiener Märztage* – vom 13. bis 15. März 1848 erzwangen die Wiener Bürger, Arbeiter und Studenten den Rücktritt Metternichs, Pressefreiheit und die Einberufung gesamtösterreichischer Stände zur Ausarbeitung einer konstitutionellen Verfassung. 62

79 Der *18. März 1848*, an dem in Berlin Arbeiter, Handwerker, Bürger und Studenten im Barrikadenkampf das preußische Heer besiegten, bildete den Höhepunkt der bürgerlich-demokratischen Revolution von 1848/49. 62

80 Der Aufstand des Pariser Proletariats vom 23. bis 26. Juni war die erste große Auseinandersetzung zwischen der Bourgeoisie und dem Proletariat. Er wurde zum Wendepunkt der Revolution in ganz Europa. Die Konterrevolution formierte sich endgültig und trat zum Gegenangriff an. 63

81 Im November/Dezember 1848 erfolgte der konterrevolutionäre Staatsstreich in Preußen, der die Periode der Reaktion einleitete. Am 1. November 1848 kam das offen konterrevolutionäre Ministerium Brandenburg-Manteuffel an die Macht. Am 9. November 1848 wurde der preußischen Nationalversammlung eine »Allerhöchste Botschaft« des Königs bekanntgegeben, durch welche die Vertagung der Versammlung und ihre Verlegung von Berlin nach der Provinzstadt Brandenburg angeordnet wurde. Die in Berlin verbliebene Mehrheit der Nationalversammlung jagte General Wrangel am 15. November 1848 mit seinen Truppen auseinander. Der Staatsstreich endete mit der Auflösung der preußischen Nationalversammlung am 5. Dezember 1848 und der Veröffentlichung der oktroyierten Verfassung. Mit ihr wurde das Zweikammernsystem eingeführt. Der König hatte das Recht, die von den Kammern beschlossenen Gesetze zu verwerfen oder einzelne Artikel der Verfassung selbst zu revidieren. Diese Verfassung enthielt jedoch noch einige demokratische Errungenschaften, insbesondere das allgemeine Wahlrecht. Ende April 1849 löste Friedrich Wilhelm IV. die auf der Grundlage der oktroyierten

Verfassung gewählte Zweite Kammer (Abgeordnetenhaus) auf und erließ am 30. Mai 1849 ein neues Wahlgesetz, das das Dreiklassenwahlsystem einführte. Dieses System beruhte auf einem hohen Vermögenszensus und ungleicher Vertretung der verschiedenen Bevölkerungsschichten. Gestützt auf die servile Mehrheit des neuen Abgeordnetenhauses, erreichte der preußische König die Annahme einer noch reaktionäreren Verfassung, die am 31. Januar 1850 in Kraft trat. Die Erste Kammer (Herrenhaus), die sich hauptsächlich aus Vertretern des Adels zusammensetzte, blieb bestehen. Die Verfassung gab der Regierung das Recht, in Sachen des Hochverrats besondere Gerichte einzusetzen. Im November 1850 trat an die Stelle des Ministeriums Brandenburg-Manteuffel das Ministerium Manteuffel, unter dem die Periode der äußersten politischen Reaktion in Preußen bis November 1858 fortdauerte. 63 104

82 *»Der Sozialdemokrat«* – Wochenzeitung, erschien während des Sozialistengesetzes (siehe Anm. 156) von September 1879 bis September 1888 in Zürich und ab Oktober 1888 bis 27. September 1890 in London; wurde in Deutschland illegal vertrieben; Zentralorgan der deutschen Sozialdemokratie; ab 1881 waren Marx und Engels Mitarbeiter der Zeitung. 63

83 *Neue Ära* – Prinz Wilhelm von Preußen (ab 1861 unter dem Namen Wilhelm I. König) verkündete bei seiner Einsetzung als Prinzregent im Oktober 1858 einen »liberalen« Kurs. 1858 verabschiedete er das Kabinett Manteuffel und berief gemäßigte Liberale in die Regierung. In der bürgerlichen Presse wurde dieser Kurs überschwenglich als »Neue Ära« gefeiert. In Wirklichkeit diente diese Politik lediglich der Festigung der Machtpositionen der preußischen Monarchie und der Junker; es wurde keine einzige der von der Bourgeoisie erwarteten Reformen durchgeführt. Mit dem Verfassungskonflikt (siehe Anm. 85) und dem Machtantritt Bismarcks im September 1862 endete die »Neue Ära«. 63

84 In seiner Rede im preußischen Abgeordnetenhaus am 30. Januar 1869 bezeichnete Bismarck die Gegner der Regierung als Reptilien. Der Ausdruck wurde im Volksmund jedoch auf diejenigen Journalisten und Presseorgane angewendet, die im Interesse der Regierung Bismarck tätig waren und aus dem zur Unterstützung der regierungsfreundlichen Presse bestimmten Fonds (Reptilienfonds) bezahlt wurden. 64

85 Der sogenannte *Verfassungskonflikt* entstand Anfang der sechziger Jahre zwischen der preußischen Regierung und der liberalen Mehrheit des Abgeordnetenhauses im preußischen Landtag. Im Februar 1860 weigerte sich die Mehrheit, dem vom Kriegsminister Roon eingebrachten Plan der Heeresreorganisation (Verlängerung der Reservepflicht für das stehende Heer und Erhöhung des Militärbudgets) ihre Zustimmung zu geben. Die Regierung erreichte jedoch eine einmalige Bewilligung von 9 Millionen Talern zur Erhaltung des Heeres in erhöhter Kriegsbereitschaft bis 30. Juni 1861, womit praktisch die geplante Reorganisation begann. Im März weigerte sich die liberale Mehrheit erneut, die Militärausgaben zu bewilligen, woraufhin die Regierung den Landtag auflöste und Neuwahlen ansetzte. Ende September 1862 kam es zur Bildung des Ministeriums Bismarck, das im Oktober abermals den Landtag auflöste und die Heeresreform zu Ende führte, indem es die Mittel ohne Bewilligung des Landtags ausgab. Im Januar 1864 lehnte das Abgeordnetenhaus die von Bismarck im Zusammenhang mit der Vorbereitung des Krieges gegen Dänemark geforderte 12-Millionen-Taler-Anleihe ab, woraufhin der Landtag am 25. Januar geschlossen wurde. Auch 1865 und 1866 wurden die Militärvorlagen vom Abgeordnetenhaus abgelehnt. Der Konflikt wurde erst in der zweiten Hälfte des Jahres 1866 beigelegt, als die preußische Bourgeoisie nach dem Sieg Preußens über Österreich vor Bismarck kapitulierte. 64

86 Im Herbst 1850 kam es zu revolutionären Erhebungen in Kurhessen, die Österreich und Preußen zum Anlaß nahmen, sich in die inneren Angelegenheiten Kurhessens einzumischen. Sowohl Preußen als auch Österreich forderten für sich das Recht, als führende Macht in Deutschland die revolutionäre Bewegung zu unterdrücken. Als schließlich in Hessen österreichische Truppen einrückten, erklärte die preußische Regierung Anfang November die *Mobilmachung* und sandte ihrerseits Truppen nach Hessen. Am 8. November 1850 kam es zu einem unbedeutenden Geplänkel zwischen der österreichisch-bayrischen und der preußischen Vorhut bei Bronnzell. Die ernsten Mängel des Militärsystems, die veraltete Ausrüstung der preußischen Armee, die durch die Mobilmachung zutage traten, sowie der energische Widerstand Rußlands, das in dem deutschen Konflikt Österreich unterstützte, zwangen Preußen, von militärischen Aktionen abzusehen und vor Österreich zu kapitulieren. 64

87 Entsprechend den Festlegungen des Londoner Protokolls (siehe Anm. 36) blieb das Herzogtum Holstein im Deutschen Bund (siehe Anm. 37) und wurde gleichzeitig Dänemark angegliedert. Das Herzogtum Schleswig ging in den Besitz des Dänischen Königreichs über, wobei es einige Sonderrechte behielt, die jedoch von den herrschenden Klassen Dänemarks nicht respektiert wurden. Diese ließen nicht ab von ihrem Bestreben, beide Herzogtümer völlig unter ihre Herrschaft zu bringen. Die dänische Regierung veröffentlichte 1855 eine Verfassung, die entgegen dem Londoner Protokoll die Unabhängigkeit und Selbstverwaltung der beiden Herzogtümer ausschloß. Nur unter dem Druck des Deutschen Bundestags erklärte sich die dänische Regierung 1858 bereit, die Verfassung in Holstein nicht einzuführen unter der Bedingung, daß sich Holstein an den nationalen Ausgaben beteilige. Schleswig jedoch blieb vollständig eingegliedert im Dänischen Königreich. Am 13. November 1863 nahm das dänische Parlament eine neue Verfassung an, die den vollständigen Anschluß Schleswigs an Dänemark proklamierte. 65

88 Der *Nationalverein* wurde am 15./16. September 1859 auf dem Kongreß der bürgerlichen Liberalen der deutschen Staaten in Frankfurt (Main) gegründet. Die Organisatoren des Nationalvereins, die die Interessen der deutschen Bourgeoisie vertraten, stellten sich das Ziel, ganz Deutschland mit Ausnahme Österreichs unter der Hegemonie Preußens zu vereinigen. Nach dem Preußisch-Österreichischen Krieg 1866 (siehe Anm. 17) und der Bildung des Norddeutschen Bundes (siehe Anm. 98) erklärte sich der Verein im November 1867 für aufgelöst. 65 150

89 *preußische Spitze* – Friedrich Wilhelm IV. von Preußen hatte am 21. März 1848 seine Bereitschaft verkündet, sich »zur Rettung Deutschlands an die Spitze des Gesamtvaterlandes« zu stellen. In den Jahren des Kampfes um die Einigung Deutschlands bezeichnete man mit diesem Ausdruck die Bestrebungen Preußens, Deutschland unter seiner Hegemonie zu einigen. 66

90 Anspielung auf Louis Bonapartes Buch »Des idées napoléoniennes«, einer 1839 erschienenen Programmschrift, die den Bonapartismus als das Evangelium der Freiheit durch die Gewalt anpreist. 67

91 Während des nationalen Befreiungsaufstandes in Polen wurde am 8. Februar 1863 in St. Petersburg auf Betreiben Bismarcks von dem russischen Außenminister Gortschakow und dem Vertreter

der preußischen Regierung General Alvensleben eine Konvention unterzeichnet. Sie sah gemeinsame Truppenoperationen gegen die Aufständischen vor und gab den Truppen auch das Recht, bei der Verfolgung der Aufständischen die Staatsgrenzen überschreiten zu dürfen. Noch ehe die Konvention unterzeichnet wurde, besetzten preußische Truppen die Grenze, um den Übergang der Aufständischen auf preußisches Gebiet zu verhindern. Obgleich die Konvention nicht ratifiziert wurde, erleichterte ihr Abschluß der zaristischen Regierung in bedeutendem Maße die Unterdrückung des polnischen Aufstandes. 69

92 Unter dem Einfluß der Revolutionen in Frankreich und Deutschland erhob sich im März 1848 die nach Vereinigung mit Deutschland strebende Bevölkerung Schleswig-Holsteins und führte bis 1850 einen nationalen Befreiungskrieg gegen die dänische Herrschaft. Ihr Kampf fand im deutschen Volk volle Unterstützung. Preußen ließ sich vom Deutschen Bund (siehe Anm. 37) mit der Führung des Krieges gegen Dänemark beauftragen, um unter dem Vorwand, die Interessen Deutschlands zu vertreten, seine eigenen Machtpositionen zu stärken, die revolutionäre Stimmung der Massen in Deutschland nach außen abzulenken und eine demokratische Entwicklung in Schleswig-Holstein zu verhindern. Es führte darum nur einen Scheinkrieg, ließ die Truppen nutzlos hin und her marschieren und sah ruhig zu, wie einzelne Abteilungen der schleswig-holsteinischen Armee von den Dänen geschlagen wurden. Am 26. August 1848 schloß Preußen einen Waffenstillstand mit Dänemark, durch den alle demokratischen Errungenschaften in Schleswig-Holstein zunichte gemacht wurden. Der Krieg wurde Ende März 1849 wieder aufgenommen. Die militärischen Aktionen, die mit wechselndem Erfolg durchgeführt wurden, endeten mit einem neuen Verrat Preußens, das am 2. Juli 1850 mit Dänemark Frieden schloß und es der Bevölkerung Schleswig-Holsteins überließ, den Krieg mit eigenen Kräften fortzusetzen. Im Juli 1850 wurde die schleswig-holsteinische Armee von dänischen Truppen zerschlagen, und die Herzogtümer blieben unter der Herrschaft des Königreichs Dänemark.

Österreich unterstützte zusammen mit anderen europäischen Mächten die dänische Monarchie und zwang Preußen im Juli 1850, mit Dänemark Frieden zu schließen. Im Winter 1850/1851 wurden auf Betreiben Österreichs österreichische und preußische Truppen nach Holstein entsandt, um die Entwaffnung der schleswig-holsteinischen Armee zu beschleunigen. 70

93 Nach dem Tode des dänischen Königs Friedrich VII. stellten Österreich und Preußen am 16. Januar 1864 der dänischen Regierung das Ultimatum, die Verfassung von 1863, die den vollständigen Anschluß Schleswigs an Dänemark proklamiert hatte, aufzuheben (siehe Anm. 87). Dänemark lehnte das Ultimatum ab; es kam zum Krieg, der mit der Niederlage des dänischen Heeres im Juli 1864 endete. Frankreich und Rußland wahrten während des ganzen Krieges Österreich und Preußen gegenüber wohlwollende Neutralität. Im Friedensvertrag, abgeschlossen in Wien am 30. Oktober 1864, wurden Schleswig und Holstein zum gemeinsamen Besitz Österreichs und Preußens erklärt und nach dem Preußisch-Österreichischen Krieg 1866 (siehe Anm. 17) Preußen angegliedert. 70

94 Friedrich Christian August, Herzog von Schleswig-Holstein-Sonderburg-Augustenburg, erklärte sich nach dem Tod Friedrichs VII. von Dänemark in einer Proklamation vom 16. November 1863 für den nächstberechtigten Erben (siehe Anm. 36) und wurde in Holstein als Herzog Friedrich VIII. ausgerufen. 71

95 Das *Warschauer Protokoll* vom 5. Juni 1851, das von Rußland und Dänemark unterzeichnet worden war, sowie das *Londoner Protokoll* vom 8. Mai 1852 (siehe Anm. 36) legten die Thronfolgeordnung für die Besitztümer der dänischen Krone, einschließlich der Herzogtümer Schleswig und Holstein, fest. 71

96 *Zug nach Mexiko* (1861–1867) – eine bewaffnete Intervention Frankreichs (anfangs gemeinsam mit Spanien und England) in Mexiko, mit dem Ziel, die mexikanische Revolution niederzuschlagen und Mexiko in eine Kolonie der europäischen Großmächte zu verwandeln. Darüber hinaus wollten die Interventen Mexiko als Aufmarschgebiet für ihr Eingreifen in den Amerikanischen Bürgerkrieg und die Unterstützung der Sklavenhalterstaaten benutzen. Obwohl es den französischen Interventen im Sommer 1863 gelungen war, die Hauptstadt Mexiko einzunehmen und 1864 ein »Kaiserreich« mit dem Schützling Napoleons III., dem österreichischen Erzherzog Maximilian, als Monarchen zu proklamieren, wurden den Franzosen von dem heroisch kämpfenden mexikanischen Volk schwere Niederlagen beigebracht. Im März 1867 war Frankreich gezwungen, seine Truppen aus Mexiko abzuziehen. Der mexikanische Feldzug hatte Frankreich riesige Summen gekostet und dem Zweiten Kaiserreich sehr geschadet. 71

97 Den Ausdruck *frischer fröhlicher Krieg* gebraucht zum erstenmal der reaktionäre Historiker und Publizist Heinrich Leo im Juni 1853 in Nr. 61 des »Volksblatts für Stadt und Land«. Er wurde in den folgenden Jahren auch im militaristischen und chauvinistischen Sinne angewandt. 73

98 Der *Norddeutsche Bund* war ein deutscher Bundesstaat, der am 18. August 1866 unter Führung Preußens nach seinem Sieg im Preußisch-Österreichischen Krieg (siehe Anm. 17) an Stelle des auseinandergefallenen Deutschen Bundes (siehe Anm. 37) gebildet wurde. Im Norddeutschen Bund waren 19 deutsche Staaten und drei Freie Städte vereinigt, die formal als selbständig anerkannt waren. Die Verfassung des Norddeutschen Bundes sicherte Preußen die Vormachtstellung; das Präsidium des Bundes stand der Krone Preußens zu, es hatte über die Außenpolitik zu entscheiden; der König von Preußen wurde zum Bundesfeldherrn erklärt. Die gesetzgebenden Vollmachten des Reichstags des Norddeutschen Bundes, der auf der Grundlage des allgemeinen Wahlrechts gewählt worden war, waren äußerst begrenzt. Die von ihm angenommenen Gesetze traten nach Billigung durch den seiner Zusammensetzung nach reaktionären Bundesrat sowie nach Verkündigung durch das Präsidium in Kraft. Die drei süddeutschen Staaten Bayern, Württemberg und Baden sowie ein Teil Hessens blieben außerhalb des Bundes. Der Norddeutsche Bund bestand bis zum 31. Dezember 1870. 73

99 Bei den diplomatischen Vorbereitungen des Preußisch-Österreichischen Krieges (siehe Anm. 17) gelang es dem preußischen Botschafter in Paris, Robert von der Goltz, im März 1866, Napoleon III. zu der Erklärung zu veranlassen, daß er Preußen gegenüber im Falle eines Krieges mit Österreich wohlwollende Neutralität wahren und Preußens Ansprüche auf die führende Rolle bei der Einigung der norddeutschen Staaten unterstützen werde gegen territoriale Kompensationen für Frankreich. Zur gleichen Zeit führte Bismarck in Berlin Verhandlungen mit dem italienischen General Govone über ein gemeinsames Vorgehen Italiens und Preußens in einem Krieg gegen Österreich. Bismarck, der damit rechnete, daß der Inhalt seiner Unterredung mit Govone Napoleon III. zur Kenntnis kommen werde, gab in diesen Gesprächen zu verstehen, daß er nichts dagegen einwenden werde, Frankreich das deutsche Gebiet zwischen Rhein und Mosel abzutreten, wenn Frankreich der Bildung einer preußisch-italie-

nischen Allianz gegen Österreich freie Bahn ließe. Die Verhandlungen mit Govone endeten am 8. April 1866 mit dem Abschluß eines Geheimvertrages zwischen Preußen und Italien über ein Offensiv- und Defensivbündnis. Der Vertrag sah im Falle des Sieges über Österreich die Angliederung Venetiens an Italien vor. 73

100 Im Juni 1866 führte Österreich im Bundestag (siehe Anm. 37) Beschwerde, daß Preußen das Abkommen über die gemeinsame Verwaltung der Herzogtümer Schleswig und Holstein verletzt habe (siehe Anm. 93). Bismarck lehnte es ab, sich der Entscheidung des Bundestags zu unterwerfen, der hierauf auf Vorschlag Österreichs Preußen den Krieg erklärte. Die militärischen Erfolge Preußens zwangen den Bundestag im Verlaufe des Krieges, seinen Sitz von Frankfurt (Main) nach Augsburg zu verlegen und am 24. August 1866 seine Tätigkeit einzustellen. 74

101 Im Juli 1866 wurde in Schlesien eine Legion aus ungarischen Soldaten zusammengestellt, die in der österreichischen Armee gedient hatten und im Laufe des Krieges von den Preußen gefangengenommen worden waren; sie wurde dem Kommando des ungarischen Generals Klapka und anderer ungarischer Offiziere, die an der Revolution 1848/49 teilgenommen hatten, insbesondere den zu dieser Zeit zwecks Beteiligung am Krieg nach Preußen zurückgekehrten Emigranten, unterstellt; die Legion überschritt die ungarische Grenze, kehrte jedoch bald nach Schlesien zurück und wurde bei Kriegsende aufgelöst. 74

102 Den Wortlaut der »Ansprache an die Einwohner des glorreichen Königreichs Böhmen« siehe im »Königlich Preußischen Staats-Anzeiger« (Berlin) vom 11. Juli 1866. 74

103 Nach seinem Sieg über Österreich annektierte Preußen das Königreich Hannover, das Kurfürstentum Hessen-Kassel, das Großherzogtum Nassau und entthronte deren Herrscher König Georg V., Kurfürst Friedrich Wilhelm I. und Herzog Adolf.

Weiterhin annektierte Preußen die Freie Stadt Frankfurt (Main), die Herzogtümer Schleswig und Holstein sowie einige Teile Bayerns und Hessen-Darmstadts. 74

104 Im September 1866 nahm der preußische Landtag mit 230 gegen 75 Stimmen die von Bismarck eingebrachte Indemnitätsvorlage, d. h. den Gesetzentwurf über die Entlastung der Regierung von der Verantwortung für die budgetlose Verwaltung während des Verfassungskonflikts (siehe Anm. 85), an. Somit endete der Ver-

fassungskonflikt mit der völligen Kapitulation der bürgerlichen Opposition. 76

105 Bei *Königgrätz* – in der Nähe des Dorfes Sadowa – wurde am 3. Juli 1866 die entscheidende Schlacht des Preußisch-Österreichischen Krieges geschlagen. Sie endete mit einer vollständigen Niederlage der österreichischen Armee. 76

106 Gemeint sind August Bebel und Wilhelm Liebknecht. 77

107 *»The Manchester Guardian«* – Tageszeitung; erschien von 1821 bis 1954; Organ der Freihändler, später der Liberalen. 79

108 *Zollparlament* – das 1867 gebildete oberste Organ des Zollvereins, der nach dem Krieg von 1866 und einem zwischen Preußen und den süddeutschen Staaten abgeschlossenen Vertrag vom 8. Juli 1867 umgebildet worden war. Das Zollparlament bestand aus den Mitgliedern des Norddeutschen Reichstages und Abgeordneten Bayerns, Badens, Württembergs und Hessens. Es sollte sich ausschließlich mit den Fragen der Handels- und Zollpolitik befassen; Bismarck hingegen verfolgte das Ziel, die Kompetenzen dieses Organs auf politische Fragen auszudehnen. Dabei stieß er auf den hartnäckigen Widerstand der Vertreter Süddeutschlands. 78

109 *Mainlinie* – Grenze zwischen dem Norddeutschen Bund und den süddeutschen Staaten. 78

110 Die *luxemburgischen deutschen Kaiser* (Kaiser der Dynastie Luxemburg), die ursprünglich nur über die kleine Grafschaft Luxemburg herrschten, saßen mit Unterbrechungen von 1308 bis 1437 auf dem Thron des Heiligen Römischen Reiches Deutscher Nation (siehe Anm. 44). Gleichzeitig nannte diese Dynastie von 1310 bis 1437 die tschechische Krone und von 1387 bis 1437 auch die ungarische Krone ihr eigen. 79

111 Nach dem in Wien am 3. Oktober 1866 zwischen Österreich und Italien geschlossenen Friedensvertrag wurde Venetien an Italien zurückgegeben. Italien hatte im Preußisch-Österreichischen Krieg 1866 an der Seite Preußens teilgenommen. Den Forderungen Italiens nach den zu Österreich gehörenden Gebieten Südtirol und Triest wurde jedoch nicht stattgegeben. 80

112 *Metternichscher »geographischer Begriff«* – vom österreichischen Kanzler Metternich auf Italien angewandter Ausdruck »Italien ist ein geographischer Name«, den er in einer am 6. August 1847 an den Grafen Apponyi, Botschafter in Paris, gerichteten Depesche gebrauchte. 80

113 Die *Londoner Konferenz* der Vertreter Österreichs, Rußlands, Preußens, Frankreichs, Italiens, Hollands, Belgiens und Luxemburgs über die luxemburgische Frage tagte unter dem Vorsitz des englischen Außenministers vom 7. bis 11. Mai 1867. Der am 11. Mai unterzeichnete Vertrag erklärte die Neutralität Luxemburgs. Der Herzogtitel blieb nach wie vor dem König der Niederlande vorbehalten. Die Neutralität Luxemburgs wurde von den Signatarmächten garantiert. Preußen mußte unverzüglich seine Garnison aus der Festung Luxemburg abziehen und Napoleon III. auf den Anschluß Luxemburgs an Frankreich verzichten. 81

114 *Schwefelbande* – ursprünglich Bezeichnung einer Studentenvereinigung an der Jenaer Universität in den siebziger Jahren des 18. Jahrhunderts, die wegen der von ihren Mitgliedern verursachten Skandale einen üblen Ruf genoß; später wurde der Ausdruck »Schwefelbande« zum allgemeinen Begriff für Spitzbubengesindel. 82

115 In den Schlachten bei *Spichern* (Lothringen) und *Wörth* (Elsaß) am 6. August 1870 wurden einige französische Korps von den deutschen Truppen geschlagen. Dieser Sieg zu Beginn des Deutsch-Französischen Krieges 1870/71 ermöglichte es dem preußischen Generalstab offensiv zu operieren, im weiteren Verlauf des Krieges die französische Armee weiter aufzusplittern und ihre einzelnen Teile getrennt zu schlagen.

Im Gebiet von *Sedan* fand am 1. und 2. September 1870 eine der größten Schlachten des Deutsch-Französischen Krieges statt; die französische Armee wurde von den preußischen Truppen zerschlagen und Napoleon III. gefangengenommen. Die Katastrophe bei Sedan beschleunigte den Zusammenbruch des Zweiten Kaiserreichs und führte am 4. September 1870 zur Proklamation der Französischen Republik. 83

116 Als in Paris die Nachricht von der vernichtenden Niederlage der französischen Armee bei Sedan eintraf, kam es am 4. September 1870 in Paris zu einem revolutionären Massenaufstand. Das Regime des Zweiten Kaiserreichs wurde gestürzt und die Republik proklamiert. In die sogenannte Regierung der Nationalen Verteidigung kamen jedoch neben gemäßigten Republikanern auch Monarchisten, die die wichtigsten Funktionen besetzten. An der Spitze dieser Regierung stand der Kommandant von Paris, Trochu. Ihr eigentlicher Inspirator war der Führer der orleanistischen Fraktion der Monarchisten, Thiers, der anfangs keine offiziellen

Regierungsämter innehatte. Die Regierung der Nationalen Verteidigung ließ sich in ihrer Politik von den Kapitulationsstimmungen der französischen Bourgeoisie und Gutsbesitzer und deren Furcht vor den Volksmassen leiten und »verwandelte sich in eine Regierung des nationalen Verrats« (siehe MEW, Bd. 17, S. 573). 84

117 *Die preußische Landsturmordnung vom 21. April 1813* sah die umfassendste Volksbewaffnung in Preußen im Befreiungskrieg von 1813 vor. Die gesamte nicht dem Heer angehörende wehrfähige männliche Bevölkerung war verpflichtet, sich dem Landsturm zu stellen, wenn dieser aufgeboten wurde. Diese Abteilungen hatten keine Uniformen; sie sollten im Hinterland und in den Flanken der napoleonischen Armee einen Partisanenkrieg führen. Das Landsturmedikt wurde unter dem Einfluß der reaktionären Kräfte bereits im Sommer 1813 wieder rückgängig gemacht. 85

118 Am 15. Januar 1871 kam es bei Héricourt (in der Nähe von Belfort) zu einer bis zum 17. Januar andauernden Schlacht zwischen deutschen Truppen und der französischen Ostarmee unter dem Kommando Bourbakis. Dieser war in das Gebiet der südlichen Vogesen vorgedrungen, um von dort aus einen Flankenstoß gegen die Hauptverbindungslinie der deutschen Truppen zu führen, welche Paris belagerten. Die Angriffe der Ostarmee wurden von den Deutschen abgewehrt; Bourbaki mußte mit seiner Armee den Rückzug antreten, in dessen Verlauf diese gegen die Schweizer Grenze gedrängt und auf Schweizer Boden interniert wurde. Noch während des Rückzuges wurde von Jules Favre, dem Vertreter der Regierung der Nationalen Verteidigung, am 28. Januar 1871 die Konvention mit Bismarck über den Waffenstillstand und die Kapitulation von Paris unterzeichnet. 85

119 Nach dem siegreichen Volksaufstand vom 18. März 1848 in Berlin (siehe Anm. 79) zwangen die Aufständischen König Friedrich Wilhelm IV. am Morgen des 19. März, sich mit entblößtem Haupt vor den gefallenen Barrikadenkämpfern zu verneigen. 87

120 Nach dem Abschluß der Konvention über den Waffenstillstand und die Kapitulation von Paris am 28. Januar 1871 wurden die Kampfhandlungen zwischen Frankreich und Preußen nicht wieder aufgenommen. Die herrschenden Kreise Frankreichs, an ihrer Spitze Thiers, beeilten sich, den Präliminarfrieden von Versailles am 26. Februar 1871 mit den von Bismarck diktierten Bedingun-

gen zu unterzeichnen. Der endgültige Friedensvertrag wurde am 10. Mai 1871 in Frankfurt (Main) unterzeichnet. Er bestätigte die Annexion des Elsaß und des östlichen Teils von Lothringen durch Deutschland. Der Vertrag erschwerte die Bedingungen für die von Frankreich zu zahlende 5-Milliarden-Kontribution und verlängerte die Besetzung französischen Territoriums durch deutsche Truppen. Faktisch war das der Preis für die Hilfe, die Bismarck der Versailler Regierung bei der Niederschlagung der Kommune (siehe Anm. 129) geleistet hatte. 87

121 Durch den Westfälischen Frieden von 1648, der den Dreißigjährigen Krieg (siehe Anm. 32) beendete, fielen Elsaß und ein Teil Lothringens, die bis dahin den Habsburgern gehört hatten, an Frankreich. Straßburg blieb beim Deutschen Reich. Auf Befehl Ludwigs XIV. vom 30. September 1681 wurde die Stadt als zum Elsaß gehörig von französischen Truppen besetzt. Die vom Bischof Fürstenberg geführte katholische Partei Straßburgs begrüßte den Anschluß an Frankreich und sorgte dafür, daß den Franzosen kein Widerstand geleistet wurde. 87

122 *Reunionskammern* (*chambres de réunion*) – von Ludwig XIV. in den Jahren 1679/1680 eingesetzte Gerichte, die die Ansprüche Frankreichs auf diese oder jene Teile der Nachbarstaaten, vor allem am linken Rheinufer, juristisch und historisch begründen und als gerecht hinstellen mußten. Auf Grund der Urteile der Reunionskammern wurden die Gebiete von französischen Truppen besetzt und Frankreich angeschlossen. 88

123 Der *Wiener Präliminarfrieden* vom 3. Oktober 1735, abgeschlossen zwischen Österreich und Frankreich, beendete den sogenannten polnischen Erbfolgekrieg von 1733 bis 1735. Der polnische Erbfolgekrieg wurde um die Besetzung des polnischen Throns geführt. Rußland und Österreich unterstützten die Kandidatur des sächsischen Kurfürsten – ab 1734 polnischer König August III. –, Frankreich strebte die Kandidatur des Schwiegervaters von König Ludwig XV., Stanisław Leszczyński, an. In dem Vertrag verzichtete Ludwig XV. auf die polnische Thronkandidatur seines Schwiegervaters und machte den österreichischen Habsburgern eine Reihe weiterer Zugeständnisse. Leszczyński wurde dafür das Herzogtum Lothringen überlassen, das bis dahin Franz Stephan, Herzog von Lothringen, besessen hatte, der dafür mit Toskana entschädigt wurde. Lothringen sollte nach Leszczyńskis Tod an die französische Krone fallen. Die Bedingungen des Prä-

liminarfriedens wurden durch den Wiener Vertrag von 1738 endgültig bestätigt. 88

124 Das *Festungsviereck in der Lombardei* bestand aus den Festungen Peschiera, Mantua, Verona und Legnago und spielte in den Kriegen des 19. Jahrhunderts als Militärstützpunkt eine große Rolle. 91

125 Vergleiche die »Zweite Adresse des Generalrats über den Deutsch-Französischen Krieg« (MEW, Bd. 17, S. 271–279). 92

126 In seiner Reichstagsrede vom 6. Februar 1888, während der Debatte über den neuen Wehrgesetzentwurf, bestand Bismarck darauf, die Stärke der Streitkräfte zu erhöhen. Er räumte die Möglichkeit ein, daß ein antideutsches Bündnis zwischen Frankreich und Rußland zustande kommen könne. Gleichzeitig lobte er die Politik Alexanders III., die sich im Gegensatz zur damaligen deutschfeindlichen Kampagne in der russischen Presse befand. 92

127 Im Winter 1886/1887 benutzte Bismarck eine gewisse Verschlechterung der Beziehungen zwischen Deutschland und Frankreich und die in der Presse forcierte Kampagne über eine »Kriegsgefahr«, um vom Reichstag die Annahme eines Gesetzentwurfs über eine beträchtliche Verstärkung des Heeres und über die Bewilligung des Militärbudgets für die kommenden sieben Jahre zu fordern. Die Mehrheit der Abgeordneten lehnte eine Annahme dieses Gesetzentwurfs ab und wollte die Heeresverstärkung nur für drei Jahre bewilligen. Daraufhin wurde der Reichstag aufgelöst. Bei den Neuwahlen am 21. Februar 1887 erhielten die bismarckfreundlichen Parteien – die Konservativen, die Reichspartei (Freikonservative) (siehe Anm. 133) und die Nationalliberalen (siehe Anm. 134), die sich zum sogenannten *Kartell* vereinigt hatten – die meisten Stimmen. Der neue Reichstag bewilligte das von Bismarck geforderte Budget. 94

128 Am 9. Dezember 1870 bestätigte der Norddeutsche Reichstag den Anschluß Badens, Hessens, Württembergs und Bayerns an den Norddeutschen Bund (siehe Anm. 98) und beschloß am 10. Dezember dessen Umbenennung in Deutsches Reich. Die offizielle Proklamation des Deutschen Reiches erfolgte anläßlich der Kaiserkrönung am 18. Januar 1871 in Versailles. 95

129 Die *Pariser Kommune* (18. März bis 28. Mai 1871) war der erste Versuch des Proletariats zur Errichtung der politischen Herrschaft der Arbeiterklasse. Sie führte so wichtige politische Maß-

nahmen durch wie die Zerschlagung des alten Staatsapparates, die Einführung der Wählbarkeit und Absetzbarkeit aller Staatsfunktionäre, die Beseitigung der Trennung von Legislative und Exekutive und die Ersetzung des stehenden Heeres durch allgemeine Volksbewaffnung. Das Fehlen einer klaren, wissenschaftlich begründeten Konzeption des Kampfes und einer führenden revolutionären Partei des Proletariats sowie die erdrückende Übermacht der Konterrevolutionäre waren Ursachen des Scheiterns der Pariser Kommune. Grausam niedergeschlagen, gewann sie die größte Bedeutung durch die Erschließung ihrer Lehren durch Marx und Engels. Die marxistische Analyse bestätigte die Notwendigkeit der Zerschlagung des bourgeoisen Staatsapparates und erweiterte und konkretisierte die Vorstellungen von der Diktatur des Proletariats, der Bündnispolitik und der Lehre von der Partei. 95

130 *nationaldeutscher Krach* – mit der Wirtschaftskrise von 1873 endete die Periode der sogenannten Gründerjahre, eine Periode stürmischen industriellen Aufschwungs, verbunden mit großen Spekulationen und Börsenmanipulationen, die mit Hilfe der nach dem Krieg 1870/71 von Frankreich erpreßten Kontributionen (siehe Anm. 13) eingesetzt hatte. 98 127

131 Gemeint sind die Vertreter der im Juni 1861 gegründeten bürgerlichen Fortschrittspartei. Die Fortschrittspartei forderte die Einigung Deutschlands unter der Hegemonie Preußens, die Einberufung eines gesamtdeutschen Parlaments und die Schaffung eines starken liberalen, dem Abgeordnetenhaus gegenüber verantwortlichen Kabinetts. 1866 spaltete sich der rechte Flügel der Fortschrittspartei ab und bildete die Nationalliberale Partei (siehe Anm. 134), die vor der Regierung Bismarck kapitulierte. Im Unterschied zu den Nationalliberalen bezeichneten sich die Fortschrittler auch nach der Reichseinigung 1871 noch als Oppositionspartei; diese Opposition blieb allerdings reine Deklaration. Aus Furcht vor der Arbeiterklasse und aus Haß gegen die sozialistische Bewegung akzeptierte die Fortschrittspartei die halbabsolutistischen Verhältnisse in Deutschland und schloß Frieden mit dem preußischen Junkertum. Die Schwankungen in der Politik der Fortschrittspartei spiegelten die Unbeständigkeit der Handelsbourgeoisie, der kleinen Industriellen und teilweise auch der Handwerker wider, auf die sie sich stützte. 1884 schlossen sich die Fortschrittler mit dem linken Flügel der Nationallibe-

ralen zur Deutschfreisinnigen Partei zusammen (siehe Anm. 174). 99 128

132 Die sozialdemokratischen Arbeiter waren gespalten in den 1863 gegründeten Allgemeinen Deutschen Arbeiterverein (Lassalleaner) und in die 1869 in Eisenach gegründete Sozialdemokratische Arbeiterpartei (Eisenacher).

Der Allgemeine Deutsche Arbeiterverein war eine gesamtdeutsche politische Arbeiterorganisation, stand aber unter dem Einfluß der opportunistischen Ansichten Lassalles und seiner Nachfolger, die die Arbeiterbewegung in reformistische Bahnen zu lenken bestrebt waren, den ökonomischen Kampf und Gewerkschaftsorganisationen ablehnten, Bismarcks Politik der Einigung Deutschlands von oben unterstützten und mit ihm zu paktieren suchten.

Die Sozialdemokratische Arbeiterpartei war mit Unterstützung von Marx und Engels geschaffen worden und wurde von Bebel und Liebknecht geführt; sie schloß sich der Internationalen Arbeiterassoziation an. Wenn ihr Programm auch verschiedene fehlerhafte Thesen enthielt, so stand die Partei doch insgesamt auf dem Boden des Marxismus. Sie verfocht einen revolutionären proletarischen Standpunkt in der Frage der Einigung Deutschlands und in anderen Fragen und entlarvte den Reformismus und Nationalismus der lassalleanischen Führer.

Unter dem Einfluß der Einigungsbestrebungen der Arbeiter wurde vom 22. bis 27. Mai 1875 auf dem Gothaer Kongreß die Vereinigung der beiden Richtungen zu einer einheitlichen Partei vollzogen. Damit erhielt die Partei der deutschen Arbeiterklasse endgültig einen gesamtnationalen Charakter. Die vereinigte Partei trug bis 1890 den Namen Sozialistische Arbeiterpartei Deutschlands. 99 127

133 Die *Konservative Partei* war die Partei der preußischen Junker, der Militärkamarilla, der Spitzen der Bürokratie und des lutherischen Klerus. Sie leitete ihre Herkunft von dem äußersten rechten Flügel der monarchistischen Fraktion in der preußischen Nationalversammlung 1848 ab. Die Konservativen traten für die Erhaltung der feudalen Überreste und des reaktionären politischen Systems ein. Ihre Politik war vom Geist des kriegslüsternen Chauvinismus und Militarismus durchdrungen. Nach der Gründung des Norddeutschen Bundes und in den ersten Jahren nach der Reichsgründung trat sie als rechte Opposition gegen die

Regierung Bismarck auf, da sie befürchtete, Bismarcks Politik werde Preußen in Deutschland »aufgehen« lassen. Bereits 1866 trennte sich von den Konservativen die Freikonservative Partei (auch Reichspartei genannt) ab, die die Interessen der Großagrarier und eines Teils der Industriemagnaten vertrat. Sie unterstützte vorbehaltlos Bismarcks Politik. 99 127

134 *Nationalliberale* – eine Partei der deutschen, in erster Linie der preußischen Bourgeoisie, die sich im Herbst 1866 nach der Spaltung der bürgerlichen Fortschrittspartei (siehe Anm. 131) gebildet hatte. Die Nationalliberalen hatten den Anspruch der Bourgeoisie auf die politische Herrschaft um der Befriedigung der materiellen Interessen ihrer Klasse willen fallengelassen und betrachteten die Vereinigung der deutschen Staaten unter preußischer Führung als ihr Hauptziel. Ihre Politik spiegelte die Kapitulation der deutschen liberalen Bourgeoisie vor Bismarck wider.

Nach der Einigung Deutschlands entwickelte sich die Nationalliberale Partei endgültig zur Partei der Großbourgeoisie und Industriemagnaten. Die Innenpolitik der Nationalliberalen nahm immer mehr treuuntertänigen Charakter an, wobei sie so weit gingen, sogar auf früher von ihnen erhobene liberale Forderungen zu verzichten, wie z. B. auf die im Programm von 1866 betonte Notwendigkeit, »vor allem das Budgetrecht zu verteidigen«. 99 127

135 Im November 1870 wurden Verträge mit den süddeutschen Staaten über ihren Beitritt zum Norddeutschen Bund abgeschlossen (siehe Anm. 128). Es wurde festgelegt, einige Abänderungen an der Verfassung des Norddeutschen Bundes (siehe Anm. 98) vorzunehmen, die den Mitgliedstaaten des Bundes mehr Selbständigkeit sichern sollten.

Die Sonderrechte, die sich einige süddeutsche Staaten durch diese Verträge gesichert hatten, wurden in der am 16. April 1871 angenommenen Verfassung des Deutschen Reiches verankert. Bayern und Württemberg behielten unter anderem das Recht auf besondere Besteuerung von Bier und Branntwein und sicherten sich auch Sonderrechte in der Post- und Telegraphenverwaltung; Bayern behielt außerdem das Recht der eigenen Heeres- und Eisenbahnverwaltung. 103

136 Nach der Verfassung des Norddeutschen Bundes wurden die Mitglieder des *Bundesrates* von den Regierungen aller dem Bunde beigetretenen deutschen Staaten ernannt. Der Bundesrat

sollte neben dem Reichstag die Gesetze beschließen und ihre Durchführung überwachen. 103 127

137 »Verfassung des Deutschen Reichs« vom 16. April 1871, veröffentlicht im »Reichs-Gesetzblatt 1871«, Berlin, Nr. 16, S. 68. 104

138 1804 wurde auf Veranlassung Napoleons I. das noch heute geltende Zivilgesetzbuch Frankreichs, der Code civil des Français, das 1807 als Code Napoléon neu gefaßt wurde, eingeführt. Er galt bis 1900 auch in Teilen der Rheinlande. 107

139 *Schöffengerichte* wurden in einigen deutschen Staaten nach der Revolution von 1848/49 und in ganz Deutschland 1871 eingeführt. Sie bestanden aus dem beamteten Richter und zwei Beisitzern (Schöffen), die an der Urteilsfindung beteiligt waren, wobei sie zum Unterschied von den Schwurgerichtsbeisitzern nicht nur die Schuld feststellten, sondern auch das Strafmaß bestimmten; ihre Urteilsfindung war anfechtbar. 107

140 Das »Allgemeine Landrecht für die preußischen Staaten« von 1794 war eine Zusammenfassung des bürgerlichen Rechts, des Handels-, Wechsel-, See- und Versicherungsrechts, ferner des Straf-, Kirchen-, Staats- und Verwaltungsrechts; es verankerte den rückständigen Charakter des feudalen Preußens in der Rechtsprechung und galt in wesentlichen Teilen bis zur Einführung des Bürgerlichen Gesetzbuches im Jahre 1900. 108

141 Die *Kreisordnung* für die Provinzen Preußen, Brandenburg, Pommern, Posen, Schlesien und Sachsen vom 13. Dezember 1872 war die Grundlage einer Verwaltungsreform in Preußen. Das vererbbare Recht der Polizeigewalt der Gutsbesitzer wurde abgeschafft, und es wurden gewisse Elemente der Selbstverwaltung eingeführt. Die neuen, wählbaren Ämter besetzten jedoch zum größten Teil die Gutsbesitzer oder ihre Beauftragten. 108 129

142 Im März 1888 wurde von der Regierung Salisbury (1886–1892) die Bill über eine Reform der englischen Lokalverwaltung eingebracht und im August desselben Jahres vom Parlament angenommen. Nach dieser Reform wurden die Aufgaben des Sheriffs von den gewählten Grafschaftsräten übernommen, die für die Steuereinziehung, für das örtliche Budget usw. zuständig waren. Zur Wahl der Grafschaftsräte waren alle Personen zugelassen, die das Parlamentswahlrecht besaßen, sowie Frauen über 30 Jahre. Durch diese bürgerlich-demokratische Reform wollte die konservative Regierung ihre Stellung festigen und die Aufmerksamkeit der breiten Volksschichten von den zunehmen-

den Ausgaben für die Armee und Flotte sowie für die aggressive Außenpolitik ablenken. 109

143 *Pairsschub* – gleichzeitige Ernennung einer größeren Anzahl von Pairs des englischen Oberhauses, die in der Regel deshalb erfolgt, um eine der Regierung günstige Mehrheit zu erzielen. Der Ausdruck ist auch auf die Ersten Kammern anderer Staaten (in Preußen auf das Herrenhaus) übernommen worden. 110 129

144 *Ultramontanismus* – äußerst reaktionäre Richtung des Katholizismus, die jedes nationalkirchliche Bestreben ablehnte und das päpstliche Recht der Einmischung in die inneren Angelegenheiten jedes Staates verfocht. Der zunehmende Einfluß des Ultramontanismus in der zweiten Hälfte des 19. Jahrhunderts äußerte sich u. a. in der Bildung katholischer Parteien in verschiedenen europäischen Staaten und in der Proklamation des Dogmas von der Unfehlbarkeit des Papstes durch das Vatikanische Konzil im Jahre 1870. 110 126

145 Am 20. September 1870 marschierten in das bis dahin unter der Macht des Papstes stehende Rom die Truppen des italienischen Königreiches ein. Bei einer Volksabstimmung im Kirchenstaat am 2. Oktober erklärte sich die überwältigende Mehrheit seiner Einwohner für den Anschluß an Italien, worauf ein königliches Dekret die Einverleibung Roms in Italien verkündete. Damit war die politische Einigung des Landes vollzogen und die weltliche Macht des Papstes aufgehoben. Das 1871 erlassene sogenannte Garantiegesetz beließ dem Papst die staatliche Souveränität nur innerhalb der Grenzen des Vatikans und Laterans sowie in der außerhalb der Stadt gelegenen Residenz. Pius IX. exkommunizierte hierauf die für die Einnahme Roms Verantwortlichen, lehnte das Garantiegesetz ab und erklärte sich zum »Gefangenen im Vatikan«. Der Konflikt zwischen dem Papst und der italienischen Regierung wurde erst 1929 offiziell beigelegt. 111

146 *Zentrum* – bürgerlich-klerikale Partei, die von 1870 bis 1933 bestand, benannt nach der Sitzordnung im Reichstag. Entstanden als Reaktion auf die Einigung Deutschlands unter Führung des protestantischen Preußen und den Verlust des Kirchenstaates 1870, hatte die Partei eine starke Massenbasis unter den katholischen Kleinbürgern, Bauern und Arbeitern. Der führende Kern wurde zunächst von Vertretern des katholischen Klerus und des vorwiegend schlesischen und westfälischen Großgrundbesitzes gebildet, später von Vertretern der katholischen Bourgeoisie West-

und Süddeutschlands. Seit den neunziger Jahren trat das Zentrum in grundsätzlichen Fragen überwiegend für die Regierung ein. Der konfessionelle Anstrich und die heterogene Sozialstruktur machten den bourgeoisen Klassencharakter des Zentrums schwer durchschaubar, so daß sie sich zu einer führenden Partei des deutschen Imperialismus entwickeln konnte. 111 130

147 *Welfen* – deutschhannoversche Rechtspartei, die sich 1866 nach der Einverleibung Hannovers durch Preußen (siehe Anm. 103) gebildet hatte. Sie ist nach dem hannoverschen Fürstengeschlecht der Welfen benannt. Die Partei stellte sich das Ziel, das hannoversche Königshaus wieder in seine Rechte einzusetzen und die Autonomie Hannovers im Deutschen Reich wiederherzustellen. Da sie nicht die erforderliche Fraktionsstärke hatte, unterstützte sie, wie die anderen kleinen nationalen Fraktionen des Deutschen Reichstags, darunter die *Elsässer* und die *Polen,* die großen oppositionellen Parteien und trat wiederholt im Block mit der Zentrumspartei auf. 111 131

148 Hier bricht die Handschrift ab; über die weitere Gedankenführung der von Engels unvollendet zurückgelassenen Arbeit »Die Rolle der Gewalt in der Geschichte« siehe die im Anhang abgedruckte »Gliederung des Schlußteils des vierten Kapitels« (S. 124/125). 111

149 Die folgenden Gliederungspunkte finden sich auf einem Blatt der insgesamt 33 Seiten umfassenden Notizen und Ausführungen zu Eugen Dührings »Cursus der National- und Socialökonomie«, 2. Auflage, »Cursus der Philosophie« und »Kritische Geschichte der Nationalökonomie und des Socialismus«. Engels hatte diese Blätter, die meist nicht untereinander zusammenhängen und die von ihm nicht numeriert sind, vermutlich in den Jahren 1876/1877 niedergeschrieben.

Die Handschrift wurde für den Abdruck in der neuen Marx-Engels-Gesamtausgabe (MEGA) neu entziffert. 117

150 Zu Engels' Vorarbeiten zum »Anti-Dühring« gehören einzelne Blätter (insgesamt 35 Seiten), die Auszüge aus Büchern von Dühring und Notizen von Engels enthalten. Sie sind teilweise durchgestrichen, soweit sie für den Text des »Anti-Dühring« benutzt worden waren. In der vorliegenden Ausgabe werden diejenigen Vorarbeiten gebracht, die den Grundtext wesentlich ergänzen. Über den Notizen sind in eckigen Klammern die Seiten angegeben, auf die sie sich beziehen.

Außerdem kommen zu den Vorbereitungsmaterialien zum »Anti-Dühring« drei Notizen hinzu, die sich unter den Materialien des 1. Konvoluts der »Dialektik der Natur« befanden. Von ihnen wird die Notiz über die Sklaverei hier abgedruckt. 118

151 *Direktorium* – oberstes Regierungsorgan in Frankreich, bestehend aus fünf Mitgliedern, von denen eines jährlich durch Neuwahl zu ersetzen war. Das Direktorium wurde gebildet auf der Grundlage der nach dem Sturz der Jakobinerdiktatur angenommenen Verfassung von 1795. Es bestand bis zum Staatsstreich Louis Bonapartes am 18. Brumaire (9. November) 1799, führte ein Terrorregime gegen die demokratischen Kräfte und vertrat die Interessen der Großbourgeoisie. 119

152 Am 4. August 1789 verkündete die französische Verfassunggebende Versammlung unter dem Druck der wachsenden Bauernbewegung feierlich die Abschaffung einer Reihe von Feudalrechten, die zu jener Zeit bereits durch die aufständischen Bauern faktisch beseitigt waren. Jedoch beseitigten die unmittelbar darauf erlassenen Gesetze nur einige persönliche Dienstverpflichtungen. Von allen wesentlichen Verpflichtungen sollten sich die Bauern loskaufen. Die Vernichtung aller Feudalrechte ohne Loskauf wurde erst in der Zeit der Jakobinerdiktatur durch das Gesetz vom 17. Juli 1793 verwirklicht.

Das Dekret über die Konfiskation der kirchlichen Güter wurde von der Verfassunggebenden Versammlung am 2. November 1789 angenommen, das Dekret über die Konfiskation des Eigentums des emigrierten Adels nahm die Gesetzgebende Versammlung am 9. Februar 1792 an. 120

153 Gemeint ist die 1516 in Löwen erschienene Schrift »Utopia« des Vertreters des utopischen Kommunismus Thomas Morus. 121

154 Bei den Materialien zur »Gewaltstheorie«, die sich in Engels' Nachlaß fanden, lag auch ein Blatt mit der Gliederung des vierten, nicht vollendeten Kapitels der geplanten Broschüre. Auf die untere Hälfte der Seite schrieb Engels eine detaillierte Aufteilung des ersten Teils des 7. Gliederungspunktes »Französischer Krieg«. Die Streichung dieser Ausführungen (siehe Abb. S. 123) rührt offensichtlich von Eduard Bernstein her (siehe Anm. 1). 122

155 *Bismarckbeleidigung* – gemeint ist die von Bismarck 1876/1877 erhobene Beleidigungsklage gegen einige konservative Journalisten und Politiker, die seine Teilnahme an Börsenspekulationen und am Gründungsfieber in der Presse entlarvt hatten. All das

widerspiegelte die verschärften Spannungen zwischen der Regierung Bismarck und den Konservativen (siehe Anm. 133), die seine Politik von rechts angriffen. 122 124 127

156 Das *Sozialistengesetz* (»Gesetz gegen die gemeingefährlichen Bestrebungen der Sozialdemokratie«), am 19. Oktober 1878 vom Deutschen Reichstag angenommen, trat am 21. Oktober 1878 in Kraft. Es verbot alle Organisationen der Partei und alle Gewerkschaften, sofern sie sozialistische Ziele verfolgten. Alle bedeutenden sozialistischen Presseorgane wurden unterdrückt, jede Versammlung sozialistischen Charakters untersagt. Am 25. Januar 1890 lehnte der Reichstag unter dem Druck der Massen eine Verlängerung des Sozialistengesetzes ab. Die Gültigkeitsdauer erlosch am 30. September 1890. 122 125 141

157 Engels spielt auf den vom Kabinett Bismarck in den siebziger Jahren des 19. Jahrhunderts geführten Kulturkampf (siehe Anm. 74) an. Bismarck, der zu Beginn des Konflikts mit der katholischen Kirche im Mai 1872 im Reichstag erklärt hatte: »Nach Canossa gehen wir nicht«, mußte Ende der siebziger Jahre, als er die Unterstützung der katholischen Zentrumspartei (siehe Anm. 146) für den Kampf vor allem gegen die Arbeiterbewegung und den wachsenden Einfluß der Sozialistischen Arbeiterpartei Deutschlands brauchte, fast alle während des Konflikts erlassenen katholikenfeindlichen Gesetze aufheben und die führenden Vertreter der katholikenfeindlichen Politik zum Rücktritt zwingen.

Der Ausdruck »nach Canossa gehen« wird abgeleitet von der demütigenden Pilgerfahrt des deutschen Kaisers Heinrich IV. nach Canossa (Norditalien) im Jahre 1077, wo er Papst Gregor VII. kniefällig um Aufhebung seiner Exkommunikation bat. 125 134

158 *Septennat* – Militärvorlage, die 1874 von Bismarck im Zusammenhang mit dem von ihm entfachten Geschrei über eine »Kriegsgefahr« seitens Frankreichs im Reichstag eingebracht und von diesem am 20. April 1874 angenommen wurde. Dieses Militärgesetz sah die Bewilligung des Militärbudgets und die Erhöhung der Friedenspräsenzstärke des deutschen Heeres auf 401 000 Mann für sieben Jahre vor. 125 131

159 Engels meint Bismarck und Kaiser Wilhelm I. 125

160 Unter den von Engels hinterlassenen Manuskripten und Materialien zu seiner Broschüre »Die Rolle der Gewalt in der Geschichte«

(siehe Anm. 1) fanden sich auch die folgenden chronologischen Auszüge aus der deutschen Geschichte der siebziger und achtziger Jahre des 19. Jahrhunderts, die offensichtlich Vorarbeiten zum Schlußteil des vierten Kapitels der Broschüre darstellen. Es handelt sich dabei im wesentlichen um Auszüge aus Constantin Bulle, »Geschichte der neuesten Zeit. 1815–1885«, 2., umgearb. Aufl., Bd. 4: Von 1871–1885, Berlin 1888. In einigen Fällen vermerkte Engels selbst die entsprechenden Seitenzahlen aus dem Werk Constantin Bulles. Wo dies nicht geschah, werden im vorl. Band diese Verweise in eckigen Klammern ergänzt, soweit die Bezüge klar erkennbar sind. 126

161 Gemeint sind die Elsaß-Lothringer, die sich ihre französische Staatsangehörigkeit auch nach der Annexion (siehe Anm. 120) erhalten wollten. 126

162 *frères ignorantins (unwissende Brüderlein)* – Spitzname eines religiösen Ordens, der 1680 in Reims entstanden war und dessen Mitglieder sich dem Unterricht der Armenkinder widmeten; in den Schulen des Ordens erhielten die Schüler hauptsächlich eine religiöse Erziehung, während andere Wissensgebiete sehr vernachlässigt wurden. 126

163 *Protestler* – Anhänger der sogenannten Protestpartei, die die Einverleibung Elsaß-Lothringens in das Deutsche Reich ablehnte. Dagegen traten die gemäßigteren *Autonomisten* nicht gegen die Einverleibung auf, sondern forderten nur die Gewährung weitgehender Autonomie für Elsaß-Lothringen. 126

164 *onus probandi* – Beweislast in der Rechtspflege, d. h. die Pflicht, den juristischen Beweis zu liefern. Nach dem 1871 erlassenen Haftpflichtgesetz waren die Betriebe nur dann für die im Produktionsprozeß aufgetretenen Körperverletzungen bzw. Tötungen von Arbeitern schadenersatzpflichtig, wenn die geschädigten Arbeiter bzw. deren Hinterbliebene beweisen konnten, daß sie den Unglücksfall nicht selbst verschuldet hatten. 127

165 *Kathedersozialisten* – Vertreter einer bürgerlich-sozialreformerischen Richtung in der Nationalökonomie, die sich im letzten Drittel des 19. Jahrhunderts an den deutschen Universitäten herausbildete. Sie forderten das Eingreifen des bürgerlichen Staates zur Minderung der sozialen Gegensätze durch Reformen, um dadurch die Ausweitung der revolutionären Arbeiterbewegung zu verhindern und die Arbeiter vom politischen Klassenkampf abzuhalten. 127

166 Gegen den Grafen Harry von Arnim, der bis zu seiner Abberufung im Februar 1874 in Paris als Botschafter des Deutschen Reiches tätig war, wurde im Dezember 1874 in Berlin ein Prozeß wegen Aneignung diplomatischer Dokumente geführt. Im Juni 1875 wurde er verurteilt. Arnim war ein politischer Gegner Bismarcks. 127

167 Die *Ultramontanen* (siehe Anm. 144) beschuldigten Bismarck, daß er 1866 ungarische und dalmatische Regimenter zum Abfall vom österreichischen Kaiser veranlaßt und mit Louis Bonaparte über die Abtretung des linken Rheinufers an Frankreich verhandelt habe. 127

168 *»Reichsglocke«* (Berlin) – konservative Zeitung, die als eine der ersten auf Bismarcks Beteiligung an verschiedenen Gründungsunternehmen aufmerksam machte. 127

169 *»Neue Preußische Zeitung«* (Berlin) – gegründet im Juni 1848; extrem reaktionäres Organ des preußischen Junkertums und des Hochadels; auch *»Kreuz-Zeitung«* genannt, da sie im Titelkopf das Eiserne Kreuz trug. 127

170 Es handelt sich um das »Gesetz über den Landsturm« vom 12. Februar 1875, das eine Weiterentwicklung des Gesetzes vom 9. November 1867 war. Nach dem Gesetz von 1867 mußte der Landsturm aus den Militärpflichtigen im Alter von 17 bis 42 Jahren gebildet werden, die weder im Heer noch in der Marine Dienst getan hatten. Der Landsturm sollte nur aufgeboten werden, wenn ein feindlicher Einfall das Bundesgebiet bedrohte.

Das Gesetz von 1875 sah im Bedarfsfalle eine Auffüllung der Landwehr (siehe Anm. 16) durch Reservisten aus den zum Landsturm einberufenen Personen vor. 128

171 Mitte der siebziger Jahre begann Bismarck auf der Suche nach neuen Geldquellen für die ständig wachsende Aufrüstung des preußisch-deutschen Militärstaates die Verstaatlichung der preußischen Eisenbahnen und die Einführung des staatlichen Tabakmonopols im Deutschen Reich zu propagieren und zu betreiben. 130

172 Am 11. Mai und 2. Juni 1878 waren auf Wilhelm I. zwei Attentate verübt worden, das erste von dem Klempner Max Hödel und das zweite von dem Anarchisten Karl Eduard Nobiling. Bismarck versuchte, diese Attentate der deutschen Sozialdemokratie zuzuschreiben, und benutzte sie als Vorwand, um das Sozialistengesetz (siehe Anm. 156) durchzusetzen. 132

173 *Sezession* – 1880 trennten sich einige Mitglieder des linken Flügels der Nationalliberalen von der Nationalliberalen Partei (siehe Anm. 134) und gründeten 1884 mit den Fortschrittlern (siehe Anm. 131) die Deutschfreisinnige Partei (siehe Anm. 174). 132

174 Die *Deutschfreisinnige Partei* bildete sich im März 1884 durch die Verschmelzung der Fortschrittspartei mit dem linken Flügel der Nationalliberalen. Diese Partei vertrat die Interessen der liberalen Bourgeoisie und des Kleinbürgertums und stand in Opposition zur Regierung Bismarck. 133

175 *»Germania«* (Berlin) – erschien von Januar 1871 bis Dezember 1938. 133

176 *Kanzelparagraph* – im Dezember 1871 als Gesetz verkündeter Zusatz zum Strafgesetzbuch, der jeden Geistlichen mit Gefängnis bis zu zwei Jahren bedrohte, wenn seine Predigten staatsfeindliche Äußerungen enthielten. 134

177 *Maigesetze* – gemeint sind folgende Gesetze, die während des Kulturkampfes (siehe Anm. 74) erlassen wurden: 1. Gesetz über die Vorbildung und Anstellung der Geistlichen vom 11. Mai 1873; 2. Gesetz über die kirchliche Disziplinargewalt und die Errichtung des Königlichen Gerichtshofes für kirchliche Angelegenheiten vom 12. Mai 1873; 3. Gesetz über die Grenzen des Rechts zum Gebrauche kirchlicher Straf- und Zuchtmittel vom 13. Mai 1873; 4. Gesetz, betreffend den Austritt aus der Kirche vom 14. Mai 1873 (siehe »Gesetz-Sammlung für die Königlichen Preußischen Staaten«, Berlin 1873, S. 191–208). 134

178 Am 13. Juli 1874 wurde in Kissingen von dem katholischen Böttcher Eduard Kullmann auf Bismarck als dem Verfechter des Kulturkampfes ein Attentat verübt. 135

179 Diese Artikel der preußischen Verfassung vom 31. Januar 1850 lauten:

Artikel 15: »Die evangelische und die römisch-katholische Kirche, sowie jede andere Religionsgemeinschaft, ordnet und verwaltet ihre Angelegenheiten selbständig und bleibt im Besitz und Genuß der für ihre Kultus-, Unterrichts- und Wohltätigkeitszwecke bestimmten Anstalten, Stiftungen und Fonds.«

Artikel 16: »Der Verkehr der Religionsgesellschaften mit ihren Oberen ist ungehindert. Die Bekanntmachung kirchlicher Anordnungen ist nur denjenigen Beschränkungen unterworfen, welchen alle übrigen Veröffentlichungen unterliegen.«

Artikel 18: »Das Ernennungs-, Vorschlags-, Wahl- und Bestätigungsrecht bei Besetzung kirchlicher Stellen ist, soweit es dem Staat zusteht..., aufgehoben...«. (Siehe »Gesetz-Sammlung für die Königlichen Preußischen Staaten«, Berlin 1850, S. 17–35.) 135

180 *Marpingen* – Dorf im Saargebiet, 1875/1876 Schauplatz angeblicher Muttergotteserscheinungen. 136

181 *Anzeigepflicht* – in den Maigesetzen (siehe Anm. 177) festgelegte Pflicht der Bischöfe, den staatlichen Behörden die Namen der Kandidaten für geistliche Ämter anzuzeigen. 136

182 Mit dem Gesetz über die »diskretionären Vollmachten« wurde die Regierung ermächtigt, einige der gegen die Bischöfe und die katholische Geistlichkeit erlassenen Gesetze außer Kraft zu setzen, so z. B. die Bistumsverweser vom Eid zu befreien oder eingestellte staatliche Zahlungen an den Klerus wiederaufzunehmen. Engels ließ diesen Satz unvollendet, da er mit der Seitenzahl (S. 430) auf die Aufzählung der erreichten Vollmachten der Regierung in Bulles Buch verweist. 136 137

183 Die Zusammenkunft Wilhelms I., Franz Josephs I. und Alexanders II. in Berlin vom 9. bis 11. September 1872 war in erster Linie eine politische Demonstration der Zusammenarbeit der reaktionär-militaristischen Mächte Osteuropas. Während des Treffens kam es zu politischen Gesprächen der leitenden Staatsmänner Bismarck, Andrássy und Gortschakow über gemeinsame Maßnahmen zur Unterdrückung der revolutionären Bewegung, über eine russisch-österreichische Verständigung über den Status quo auf dem Balkan und über die Stellung zum republikanischen Frankreich. Schriftlich formulierte Abmachungen wurden nicht getroffen. Die mit dem Treffen angebahnte Zusammenarbeit brachte die Verwirklichung der außenpolitischen Pläne Bismarcks einen Schritt voran und bereitete das Dreikaiserabkommen von 1873 vor. 139

184 *Kadregesetz* – am 12. März 1875 billigte die französische Nationalversammlung einen Gesetzentwurf über den Kader- und Mannschaftsbestand der Feld- und der Territorialarmee. Auf Grund dieses Gesetzes wurde die Stärke eines Regiments von 3 auf 4 Bataillone erhöht; die Stärke des gesamten Heeres wurde dementsprechend um 144 000 Mann vergrößert. 139

185 Der erste illegale Parteikongreß der deutschen Sozialdemokratie fand vom 20. bis 23. August 1880 auf Schloß Wyden in der Schweiz statt. Er beendete die Periode des Schwankens und der

Verwirrung und zog das Fazit aus den Auseinandersetzungen um die Strategie und Taktik der Sozialistischen Arbeiterpartei unter dem Sozialistengesetz (siehe Anm. 156). Die Beschlüsse orientierten die Partei – in Auseinandersetzungen mit den rechts- bzw. linksopportunistischen Kräften – auf eine eindeutig revolutionäre Taktik im Kampf gegen den preußisch-deutschen Militärstaat. Entsprechend den neuen Bedingungen des Klassenkampfes wurde einstimmig beschlossen, im Parteiprogramm festzulegen, daß die Partei nunmehr »mit allen Mitteln«, nicht nur »mit allen gesetzlichen Mitteln«, wie es bis dahin im Gothaer Programm (siehe Anm. 132) hieß, ihre Ziele verfolge. Weiterhin wurde beschlossen, den »Sozialdemokrat« (siehe Anm. 82) zum offiziellen Organ der Partei zu machen, und es wurde außerdem seine Rolle und Bedeutung für die Festigung der Partei und die Verbreitung marxistischer Ideen in der Arbeiterklasse geklärt. Der Kongreß schuf damit die Voraussetzungen für den späteren Sieg über das Sozialistengesetz. 144

186 Anspielung auf die am 8. November 1848 vom preußischen König verfügte Verlegung der preußischen Nationalversammlung von Berlin in die Provinzstadt Brandenburg (siehe Anm. 81). 145

187 *»Patrimonium der Enterbten«* – diesen Begriff prägte der Vulgärökonom Adolph Wagner, ein vertrauter Anhänger Bismarcks, in einer seiner Wahlreden 1881. Gestützt auf ein Schreiben des Grafen Herbert von Bismarck verkündete er, daß Bismarck die Erträge des für das ganze Reichsgebiet geplanten Tabakmonopols dazu verwenden wolle, die angekündigte Unfall-, Alters- und Invalidenversicherung für die Arbeiter zu finanzieren und damit ein »Patrimonium (Erbgut) der Enterbten« zu schaffen. 145

188 Die Nationalliberalen (siehe Anm. 134) versuchten, die Beratungen des Etats für das bereits begonnene Etatsjahr 1883/1884 hinauszuzögern, da sie befürchteten, daß die Regierung gleichzeitig den Etat für 1884/1885 beschließen lassen und damit auf einem Umweg die abgelehnte zweijährige Etatsberatung durchsetzen würde. 146

189 Anläßlich des Todes von Eduard Lasker, der Anfang Januar 1884 in New York starb, übermittelte das amerikanische Repräsentantenhaus eine Beileidsresolution an Bismarck mit der Bitte, diese im Reichstag zu verlesen. Der Reichskanzler wies dies jedoch entschieden zurück, da er die dort vorgenommene Würdigung Laskers ablehnte. Durch diese Handlungsweise kam es im

Zusammenhang mit der von Freunden Laskers veranstalteten Gedächtnisfeier im Reichstag am 13. März 1884 zu lebhaften Debatten. 147

190 Am 28. September 1883 wurde ein Denkmal zur Erinnerung an den Deutsch-Französischen Krieg 1870/71 (siehe Anm. 18) auf dem Niederwald gegenüber von Bingen in Anwesenheit von Wilhelm I. und einigen deutschen Fürsten enthüllt. Bei der Einweihungsfeier versuchte eine anarchistische Gruppe, auf Wilhelm I. ein Dynamitattentat zu verüben.

Am 29. Oktober 1883 wurde ebenfalls von Anarchisten versucht, das Polizeigebäude in Frankfurt (Main) zu sprengen. Beide Attentate mißlangen jedoch. 147

191 *Dynamitgesetz* – Sprengstoffgesetz vom 9. Juni 1884. Die Dynamitattentate (siehe Anm. 190) wurden zum Anlaß genommen, diese Gesetzesvorlage im Reichstag einzubringen. Das Gesetz gestattete Herstellung, Vertrieb und Besitz von Sprengstoffen nur, wenn die Polizei die Genehmigung dazu erteilt hatte. 147

192 Die von Bismarck geforderte Anstellung eines dritten Direktors im Auswärtigen Amt wurde von den Freisinnigen (siehe Anm. 174) gemeinsam mit dem Zentrum (siehe Anm. 146) abgelehnt. Nach längeren Diskussionen, teils auch unter dem Einfluß von Stellungnahmen bismarcktreuer Kreise der Öffentlichkeit, stimmte in der dritten Lesung am 4. März 1885 auch ein Teil der Freisinnigen dafür, so daß der dritte Direktor mit 172 gegen 153 Stimmen bewilligt wurde. 148

193 *Lex Huene* – ein von dem Zentrumspolitiker und Abgeordneten Huene im preußischen Landtag am 14. Mai 1885 eingebrachtes und nach ihm benanntes Gesetz über die Verwendung der Agrarzölle in Preußen. 148

194 Die preußische Regierung hatte die Ausweisung der nichtpreußischen Polen aus Preußen verfügt. Als am 1. Dezember 1885 im Reichstag die Frage gestellt wurde, welche Schritte die Reichsregierung gegen diese Maßnahme ergreifen wolle, erklärte Bismarck brüsk, daß er nicht zur Polonisierung der Grenzprovinzen beitragen werde und daß man »die Reichsbude« nur zumachen solle, wenn man dem Kanzler deswegen das Gehalt versagen wolle. 148

195 Von den bis 31. März 1871 gezahlten 4463202618 Mark (einschließlich Zinsen) wurde der größere Teil wie folgt verteilt: 1902285149 Mark an die Staaten des ehemaligen Norddeutschen

Bundes, 269 376 391 Mark an Bayern, 84 964 074 Mark an Württemberg, 61 009 861 Mark an Baden und 28 730 189 Mark an Südhessen (siehe Bulle, S. 55). 149

196 *samojedisch* – hier wahrscheinlich in der Bedeutung »sich selbst verzehrend«, da der Invalidenfonds (560 Millionen Mark) eine einmalige, feststehende Summe war, die sich einschließlich der Zinsen in etwa 50 Jahren aufzehren sollte. 149

197 Engels verweist hier auf Manuskriptseiten seines vierten Kapitels (siehe vorl. Band, S. 65/66), wo er diese Gedanken näher ausführt. 150

198 Engels bezieht sich offenbar auf den Artikel 5 des Versailler Präliminarfriedens vom 26. Februar 1871, in dem sich die deutsche Regierung verpflichtet, »der freien Auswanderung der Bewohner der von Frankreich abgetretenen Gebiete« (Elsaß-Lothringen) »keinerlei Hindernisse« zu bereiten und auf jede gegen ihre Person oder ihr Eigentum gerichtete Maßnahme zu verzichten. Im Frankfurter Friedensvertrag vom 10. Mai 1871 ist diese Verpflichtung nicht mehr enthalten. Die Möglichkeit der Übersiedlung von Elsaß-Lothringern nach Frankreich ist eingeschränkt auf die Zeit bis zum 1. Oktober 1872 und abhängig von einer zuvor bei den zuständigen deutschen Behörden abgegebenen Erklärung über den Wunsch, die französische Staatsangehörigkeit zu behalten. 150

199 *Indigenat* – nach der Verfassung des Norddeutschen Bundes erhielten die Bürger jedes Bundesstaates zugleich ein gemeinsames Bundesindigenat, so daß Bürger eines jeden Bundesstaates in jedem anderen Bundesstaat als Inländer zu behandeln waren.

In vorliegendem Fragment werden Maßnahmen der Regierung Bismarck von 1867 bis 1873 aufgezählt. 151

200 Ursprünglich war dieser Artikel ein Bestandteil des Manuskripts des III. Kapitels des zweiten Abschnitts des »Anti-Dühring« und umfaßt das Ende der 20., die 21. bis 24. Seite und einen größeren Teil der 25. Seite des Manuskripts. Später ersetzte Engels diese Seiten durch einen anderen kürzeren Text (siehe vorl. Band, S. 22–26); der frühere Text erhielt die Überschrift »Taktik der Infanterie aus den materiellen Ursachen abgeleitet. 1700–1870«. Das Fragment wurde 1877 geschrieben, und zwar zwischen Anfang Januar (als Engels den ersten Abschnitt abgeschlossen hatte) und Mitte August (als im »Vorwärts« das III. Kapitel des zweiten Abschnitts des »Anti-Dühring« veröffentlicht wurde). 152

201 Die Schlacht bei *Albuera* (Spanien) fand am 16. Mai 1811 zwischen der englischen Armee unter dem Kommando des Generals William Carr Beresford, die die von den Franzosen besetzte Festung Badajoz belagerte, und den französischen Truppen unter dem Befehl des Marschalls Niclas-Jean de Dieu Soult statt, die der Festung Hilfe bringen wollten. Diese Schlacht endete mit der Niederlage der napoleonischen Truppen. 157

202 Die Schlacht bei *Inkerman* auf der Krim zwischen der russischen Armee und den englisch-französischen Truppen fand am 5. November 1854 statt. Die Schlacht endete mit der Niederlage der russischen Truppen; jedoch zwangen die aktiven Operationen der russischen Armee die Alliierten, von der sofortigen Erstürmung Sewastopols abzusehen und zu einer langwierigen Belagerung der Festung überzugehen. 157

203 Alle hier angeführten Angaben über zahlenmäßige Zusammensetzung und Verluste der deutschen Armee in der Schlacht bei St-Privat waren offensichtlich das Resultat von Engels' Durcharbeitung der Materialien der offiziellen Geschichte des Deutsch-Französischen Kriegs, die von der kriegsgeschichtlichen Abteilung des Großen Generalstabs zusammengestellt worden war (siehe »Der deutsch-französische Krieg 1870–71«, Teil I, Bd. 2, Berlin 1875, S. 669 ff., 197–199 und 233). 159

Literaturverzeichnis

Bei den von Engels zitierten und erwähnten Schriften werden, soweit sie sich feststellen ließen, die vermutlich von ihm benutzten Ausgaben angegeben. In einigen Fällen, besonders bei allgemeinen Quellen- und Literaturhinweisen, wird keine bestimmte Ausgabe angeführt. Gesetze und Dokumente werden nur dann nachgewiesen, wenn aus ihnen zitiert wurde. Einige Quellen konnten nicht ermittelt werden.

Arndt, Ernst Moritz: Des Deutschen Vaterland. 49

Bismarck, Otto von: Ansprache an die Einwohner des glorreichen Königreichs Böhmen. In: Königlich Preußischer Staats-Anzeiger (Berlin), 11. Juli 1866. 74

– Rede des Reichskanzlers über die politische Lage. In: Stenographische Berichte über die Verhandlungen des Reichstags. VII. Legislaturperiode. II. Session 1887/88. Bd. 2. Berlin 1888. 92

Bonaparte, Napoléon-Louis: Des idées napoléoniennes. Paris 1839. 66 67

Bulle, Constantin: Geschichte der neuesten Zeit. 1815–1885. 2., umgearb. Aufl. Bd. 4: Von 1871–1885. Berlin 1888. 126–149

Cervantes Saavedra, Miguel de: Don Quijote. 101

Code Napoléon. Paris, Leipzig 1808. 107

Defoe, Daniel: Robinson Crusoe. 11–13 21

Dühring, Eugen: Cursus der National- und Socialökonomie einschliesslich der Hauptpunkte der Finanzpolitik. 2., theilw. umgearb. Aufl. Leipzig 1876. 11–14 16–19 21 29 31 32 34 35 41 42

– Cursus der Philosophie als streng wissenschaftlicher Weltanschauung und Lebensgestaltung. Leipzig 1875. 11–14 17 19 21 22 28–30 33 41 42

– Kritische Geschichte der Nationalökonomie und des Socialismus. 2., theilw. umgearb. Aufl. Berlin 1875. 11

– Natürliche Dialektik. Neue logische Grundlegungen der Wissenschaft und Philosophie. Berlin 1865. 32

Engels, Friedrich: Die Entwicklung des Sozialismus von der Utopie zur Wissenschaft (MEW, Bd. 19, S. 177–228).
– Развитие научнаго соціализма. Переводь со 2-го немецкаго изданія 1883 г. Женева 1884. 7
– Herrn Eugen Dührings Umwälzung der Wissenschaft (»Anti-Dühring«) (MEW, Bd. 20, S. 1–303).
– Herrn Eugen Dühring's Umwälzung der Wissenschaft. Philosophie. Politische Oekonomie. Sozialismus. Leipzig 1878. 31
– Herrn Eugen Dühring's Umwälzung der Wissenschaft. 2. Aufl. Hottingen-Zürich 1886. 7

Friedrich Wilhelm IV.: Neujahrsgratulation 1849 an das Heer. Potsdam, den 1. Januar 1849. In: Preußischer Staats-Anzeiger (Berlin), Nr. 3 vom 3. Januar 1849. 42

Hanssen, Georg: Die Gehöferschaften (Erbgenossenschaften) im Regierungsbezirk Trier. Berlin 1863. 15
Hinkel, E.: Jugend-Muth und -Kraft. In: Deutsche Volkslieder. Mainz 1849. 48
Hoffmann von Fallersleben, August Heinrich: Lied der Deutschen. 49

Jähns, Max: Macchiavelli und der Gedanke der allgemeinen Wehrpflicht. In: Kölnische Zeitung, Nr. 108, 110, 112 und 115 vom 18., 20., 22. und 25. April 1876. 28

Lied vom Bürgermeister Tschech. In: Historische Volkslieder der Zeit von 1756 bis 1871. Hrsg. von Franz Wilhelm von Ditfurth. Bd. 2. Berlin 1872. 62
Lied von der Freifrau von Droste-Vischering. In: Historische Volkslieder der Zeit von 1756 bis 1871. Hrsg. von Franz Wilhelm von Ditfurth. Bd. 2. Berlin 1872. 62

Die Marseillaise → Rouget de Lisle, Claude
Marx, Karl: Das Kapital. Kritik der politischen Ökonomie. Erster Band (MEW, Bd. 23).
– Das Kapital. Kritik der politischen Oekonomie. Bd. 1. Buch 1: Der Produktionsprocess des Kapitals. Hamburg 1867. 99
– Das Kapital. Kritik der politischen Oekonomie. Bd. 1. Buch 1: Der Produktionsprocess des Kapitals. 2., verb. Aufl. Hamburg 1872. 16 17 43

– Zweite Adresse des Generalrats über den Deutsch-Französischen Krieg (MEW, Bd. 17, S. 271–279).
– Second Address of the General Council of the International Working-Men's Association on the war. To the members of the International Working-Men's Association in Europe and the United States. [London 1870.] 92

Marx, Karl, Friedrich Engels: Manifest der Kommunistischen Partei. London 1848 (MEW, Bd. 4, S. 459–493). 36

Maurer, Georg Ludwig von: Einleitung zur Geschichte der Mark-, Hof-, Dorf- und Stadt-Verfassung und der öffentlichen Gewalt. München 1854. 33
– Geschichte der Dorfverfassung in Deutschland. Bd. 1–2. Erlangen 1865–1866. 33
– Geschichte der Fronhöfe, der Bauernhöfe und der Hofverfassung in Deutschland. Bd. 1–4. Erlangen 1862–1863. 33
– Geschichte der Markenverfassung in Deutschland. Erlangen 1856. 33
– Geschichte der Städteverfassung in Deutschland. Bd. 1–4. Erlangen 1869–1871. 33

Morus, Thomas: De optimo re publicae statu deque nova Insula Utopia. Louvain 1516. 121

Plinius Secundus, Gaius: Naturalis historia. Lib. XVIII. 34

Rouget de Lisle, Claude: La Marseillaise. 89 91

Verfassung des Deutschen Reichs vom 16. April 1871. In: Reichs-Gesetzblatt 1871, Berlin, Nr. 16. 104

Verfassungs-Urkunde für den Preußischen Staat. Vom 31. Januar 1850. In: Gesetz-Sammlung für die Königlichen Preußischen Staaten. Berlin 1850. 135

Personenverzeichnis

Jacobini, Ludovico (1832–1887) Diplomat des Vatikan; seit 1874 Erzbischof und seit 1879 Kardinal; wirkte für die Beilegung des Kulturkampfes. 136

Jähns, Max (1837–1900) preußischer Offizier und Militärschriftsteller, Lehrer an der Kriegsakademie (1872–1886). 28

Joseph II. (1741–1790) Kaiser von Österreich (1780–1790), Kaiser des Heiligen Römischen Reiches Deutscher Nation (1765–1790). 57

Kardorff, Wilhelm von (1828–1907) Politiker, Mitglied des preußischen Abgeordnetenhauses (1866–1876 und 1888–1907); des Norddeutschen und Deutschen Reichstags (1868–1906); Mitbegründer der Freikonservativen Partei, unterstützte die Innen- und Außenpolitik Bismarcks. 143

Karl Ludwig Johann (1771–1847) Erzherzog von Österreich, Feldmarschall und Militärschriftsteller, Oberbefehlshaber in den Kriegen gegen Frankreich (1796, 1799, 1805 und 1809); Kriegsminister (1805–1809). 88

Katharina II. (1729–1796) Zarin von Rußland (1762–1796). 121

Klapka, György (1820–1892) ungarischer General, befehligte während der Revolution 1848/49 eine ungarische Armee; danach Emigrant; hatte in den fünfziger Jahren Verbindung zu bonapartistischen Kreisen; kehrte 1867 nach der Amnestie nach Ungarn zurück. 74

Krementz, Philipp (1819–1899) Kardinal und Erzbischof von Köln, 1867 Bischof von Ermland; trat während des Kulturkampfes gegen die Maigesetze auf. 134 138

Krupp, Alfred (1812–1887) Großindustrieller; Waffenfabrikant, belieferte viele Staaten Europas. 20 29

Kullmann, Eduard (1853–1892) Böttcher, Katholik; verübte am 13. Juli 1874 ein Attentat auf Bismarck. 135

Lasker, Eduard (1829–1884) Jurist und Politiker, Mitglied des preußischen Abgeordnetenhauses (1865–1879) sowie des Norddeutschen und Deutschen Reichstags (1867–1883); Mitglied der Fortschrittspartei, 1866 Mitbegründer und Führer der Nationalliberalen Partei; lehnte Bismarcks Schutzzollpolitik ab. 129 147

Ledóchowski, Mieczysław Halka von Ledochow, Graf von (1822–1902) Erzbischof von Posen-Gnesen seit 1866, 1875 Kardinal; wegen seines Widerstandes gegen die Maigesetze mit Gefängnis bestraft, 1876 von der preußischen Polizei ausgewiesen; verzichtete 1886 auf sein Erzbistum. 138

und Staatskanzler (1821–1848); Mitbegründer der Heiligen Allianz. 57 80

Milde, Karl August (1805–1861) Kattunfabrikant in Breslau, Liberaler; Mai bis Juni 1848 Präsident der preußischen Nationalversammlung (rechter Flügel); Handelsminister (Juni bis September 1848). 62

Minghetti, Marco (1818–1886) italienischer liberaler Staatsmann; Innenminister (1860/1861), Premierminister (1863/1864 und 1873–1876). 139

Minié, Claude-Étienne (1804–1879) französischer Offizier und Waffenkonstrukteur. 158

Miquel, Johannes von (1828–1901) Rechtsanwalt; Teilnehmer der Revolution 1848/49; Mitglied des Bundes der Kommunisten; ging später auf die Seite der Bourgeoisie über; seit 1867 ein Führer der Nationalliberalen Partei; Mitglied des preußischen Abgeordnetenhauses, des Norddeutschen und Deutschen Reichstags (1867–1877); Finanzminister (1890–1901). 147

Morny, Charles, duc de (1811–1865) französischer Politiker; Deputierter der gesetzgebenden Nationalversammlung (1849–1851), Bonapartist; ein Organisator des Staatsstreichs vom 2. Dezember 1851; Innenminister (Dezember 1851 bis Januar 1852) und Präsident des Corps législatif (1857–1865); Halbbruder Napoleons III. 67

Morus (More), Sir Thomas (1478–1535) englischer Humanist, Staatsmann und Schriftsteller, Begründer des utopischen Sozialismus. 121

Mühler, Heinrich von (1813–1874) preußischer Staatsmann, 1849 Mitglied des Evangelischen Oberkirchenrats, Kultusminister (1862–1872). 134

Namszanowski Bischof in partibus von Agathopolis, Feldpropst der Armee; 1872 vom Kriegsminister seines Amtes enthoben. 134

Napoleon I. Bonaparte (1769–1821) Kaiser der Franzosen (1804–1814 und 1815). 24 44 49 50 54 57 59 92 107 119 157

Napoleon III. Louis Bonaparte (1808–1873) Präsident der Zweiten Republik (1848–1852), Kaiser der Franzosen (1852–1870); Neffe Napoleons I. 50–56 66–69 71–73 75 78–84 91 95 122 125

Nikolaus I. (1796–1855) Zar von Rußland (1825–1855). 45 50 51 70

Nobiling, Karl Eduard (1848–1878) Anarchist; verübte am 2. Juni 1878 ein Attentat auf Wilhelm I.; beging Selbstmord. 141

Orsini, Felice (1819–1858) italienischer bürgerlicher Demokrat, Republikaner, Teilnehmer am Kampf für die nationale Befreiung und

Verzeichnis der literarischen und mythologischen Namen

Inhalt